コンセプチュアル思考

物事の本質を
見極め、解釈し、
獲得する

キャリア・ポートレート
コンサルティング代表

村山昇 | 著

CONCEPTUAL
THINKING

BY

NOBORU
MURAYAMA

Discover

まえがき

2021年5月、私は連日、オンライン研修の講義にあたっていました。受講者は、ビール・酒・飲料を製造する国内大手のグループ企業の社員の方々です。

『コンセプチュアル思考ブートキャンプ〜製品・サービスに独自の概念の光を入れる』と名づけた研修は、DAY1〜DAY3まで3回シリーズで行われました。

280名超の受講者は、6クラスに分かれ、毎回、講義とワークを通し、新たな概念起こし、自己の再定義、意味・価値の言語化、枠組みの図化、事業の世界観づくりなどに取り組みます。

「VUCA（不安定で・不確かで・複雑で・あいまいな）」と呼ばれる時代が到来し、事業の成功の鍵がもはや一つの正解値に集約していかないなかで、受講者は独自の意志・解釈による答えをつくり出すべく、アタマではなく、肚で考える汗をおおいに流したのでした。

客観的・分析的にアタマを駆使して、製品スペックやコスト面で改良・改善に励み、競合他社に対する比較優位を得ることは重要です。しかし、それによって出てくる答えは最終的にはどこも似たり寄ったりになってしまい、早晩、コモディティ化による持久戦を招いてしまいます。

消費者のデータ分析依存や、他社の成功事例の過剰なリバースエンジニアリング、イノベーションにかこつけたプロダクトアウト発想のものづくり……。科学・分析・論理が万能だとする「知」の過信が先導する製品・サービス開発は、逆に個性を失わせる結果に陥っています。

また、「お客様の声に寄り添う」という「情」の構えばかりが優勢になっても、革命的な事業は生まれえません。確かに、ユーザーというのは既存の商品の不備・不具合・不満については雄弁に答えることができます。したがってそこからは改良・改善的な製品・サービスはできます。しかし、ユーザーは「まったく新し

い何か」については答えられないのです。

　「まったく新しい何か」を起こし、形にし、ユーザーに投げかけることこそ、つくり手側の仕事ではなかったでしょうか。

VUCA時代に必要な「概念や意味、価値を考える」思考

　マーケティングの世界では、次のようによく言われます。

　「消費者調査はクルマの運転席のバックミラーのようなものだ。後ろはよく見せてくれるが、けっして前の景色を見せてくれるわけではない。それは自分の目で見なければならない」

　昨今、ビール・酒・飲料業界に限らずどこの業界も「知」や「情」への偏りが大きく、というか、それを言い訳にしているようにも見えます。

　「お客様の調査データから分析し、最新の技術でこんな機能を盛り込んでつくってみたのですが……（残念、売れませんでした）」のような。

　市場にはモノやサービスが溢れていますが、つくり手のほんとうに深いところから出てくるコンセプト、強い意志や哲学、世界観を伴ったものはとても少なくなっています。VUCAの時代をたくましく切り拓く鍵は、「意」の思考力の復権・錬磨にあります。

　こうしたなかで「コンセプチュアル思考」を鍛える研修への需要が高まりをみせています。この研修では、概念や意味、価値を考えます。コモディティ化が進む業界の中で、みずからの事業・製品・サービスをどう再定義して売っていくか。たとえば「アズ・ア・サービス」モデルを考える箇所では、次のような思考ワークをします。

「ビール as a ⬜」（→空欄に新しい切り口を考える）

「酒 as a ⬜」（→空欄に新しい形態を考える）

「⬜ as a サービス」（→空欄に中核的価値を考える）

「ビールを●●として売る」「酒を●●として売る」「●●をサービスとして売る」……。受講者は担当する事業・製品・サービスに対し、他社との比較競争で優位になる小手先の工夫を考えるのではなく、「在り方」を見つめなくてはなりません。ここでは根本の在り方、自分独自の在り方を起こす答えが求められます。

　この研修の狙いは、こうした「意」の思考が主導となり、「知」や「情」を携え、独自の世界観をもった事業をつくり出すことにあります。

人間の3つの思考活動
──知の思考・情の思考・意の思考

　哲学者カントは、「私は何を知りうるか・私は何を望んでよいか・私は何をなすべきか」との有名な問いを発し、人間の精神のはたらきとして「知・情・意」を考えました。人間の思考は当然そうした精神のはたらきの影響下にあります。その観点からすると、思考活動を3つに分けてながめることができそうです。すなわち、「知の思考・情の思考・意の思考」です。

　たとえば思考の中でも、「鋭く分析する」「賢く判断する」「速く処理する」といったときの思考は、「知」のはたらき主導でなされる種類であるように思います。

　一方、「人の気持ちをくんで考える」とか「心地よさを形にする」「美しいを表現する」ときの思考は、「情」のはたらきに引っ張られているように思います。

　さらにはもう一つ、「深く洞察する」「総合してとらえる」「意味を掘り起こす」といった思考は、「意」のはたらきが影響する種類とみることができます（図表0-1）。

図表0-1 | 「知・情・意」のはたらきに引っ張られる思考

意
のはたらき

・深く洞察する
・総合してとらえる
・意味を掘り起こす

肚（はら）で考える

思 考 活 動

・鋭く分析する　　・気持ちをくんで考える
・賢く判断する　　・心地よさを形にする
・速く処理する　　・美しいを表現する

頭で考える　　五感で考える

知
のはたらき

情
のはたらき

そうした3つの思考を考えるとき、「ロジカル思考」は「知の思考」に属するものです。また、「デザイン思考」は「情の思考」に属するものと言えるでしょう。

では、「意の思考」に属するものに何があるでしょう──それが本書で起こす新しい思考「コンセプチュアル思考」です。

「意の思考」でいう「意」とは、意志、意味、意義、意図の意です。意は「念」に通じていて、概念、観念、信念、理念にかかわります。そして意や念は、英語の「コンセプト：concept」に通じます。

「知の思考」にかかわる「ロジカル思考」は次のようなことを目指しているのではないでしょうか。

- 鋭い頭をつくる
- 知識を増やし、知識をたくみに扱う
- 技術に長けた商品・サービスをつくる
- 論理にもとづく思考態度をつくる
- 分析力／批判力のある仕事ができる
- 効果／効率を狙う仕事ができる
- 利発的な人をつくる

「情の思考」にかかわる「デザイン思考」は次のようなことを目指します。

- 「美しい／快い／優しい」を扱う
- 共感にもとづく思考態度をつくる
- 「カッコイイ／かわいい／心地よい／面白い／ウレシイ」を形にする
- 五感豊かな発想力を養う
- 美意識／アート感覚にもとづいた仕事ができる
- 「体験」を商品化・サービス化できる

これらに対し、「意の思考」にかかわる「コンセプチュアル思考」は、わかりやすく言うと次のようなことを目指します。

- 根源を見つめ概念化する思考態度をつくる
- 洞察力を鍛錬する
- 意志の通った仕事ができる
- 独自のとらえ方＝観をつくる
- 深く豊かに咀嚼する力を養う
- 理念にもとづいた製品・サービスをつくる
- 意味をつくり出す人をつくる

このように3つの思考法には、それぞれが得意とし、目指す領域があります。本書はこれから、いまだ十分に体系化されてこなかった「意の思考」たる「コンセプチュアル思考」の技法について詳しくみていきます。

コンセプトというと、何か企画を起こすときの軸となる考え方を思い浮かべる方が多いかもしれませんが、それは狭い意味で、この語は本来、「つかむ・内に取り込む」という意味を持っています。

私たちは感覚器官を通してものごとからさまざまな刺激や情報を受け取り、意や念としてつかんでいきます。さらには経験として取り込んだものを総合して、ものごとの奥にひそむ本質をみようとしたり、ものごとに意味を与えたりします。そうして観（＝ものごとの見方）という心のレンズを醸成します。これらの認識活動を包括する言葉が「コンセプチュアル」です。

振り返ってみれば、私たちビジネスパーソンにとって、日ごろ「コンセプチュアルに考える」場面はたくさんあります（図表0-2）。

こうした問いに向かう思考は、「わかる」を目指すものではありません。「わかる」とは「分かる／解る」と書くように、ものごとを分解していって何か真理に当たることです。これは「ロジカル思考」をはじめとする「知の思考」が担当する分野です。

また「デザイン思考」をはじめとする「情の思考」が得意とする「表現する」ことを目指す思考とも違います。

こうした問いを考えるときこそまさに「意の思考」の出番です。「コンセプチュアル思考」は、客観を超えたところに意志的な答えを「起こす」思考だからです。自分の内に概念を起こす、意や念を起こす、とらえ方を起こすのです。

20代 ―――――――――――――――→ 50代 ―――――→

業務担当者として

- 「新サービス開発のコンセプトをどうしようか」

- 「商品のスペック改良とコストダウンではもはやジリ貧競争になる。本質的なところを変えないと。でも、その本質的なところって何だ?」

- 「直面する状況の問題構造をどう一枚の図に描いて説明しようか」

- 「ああいうコロンブスの卵的な発想はうちにはなかった。固定観念を外して再度施策を練り直さなければ」

- 「このコモディティ化した製品市場を魅力的に蘇生させる鍵はどこになるのか?」

- 「こんなモグラたたき状態の業務をいつまで続ければいいの?一度、問題の根っこを真剣に考えましょう」

- 「このサービスの考え方を一般に普及させるために、何か新しい言葉をつくるべきだ」

- 「組織全体の流れにのみ込まれるのではなく、まず"担当者としての私の意志"は何かを固めよう」

- 「さまざまな成功事例から鍵となる要因を抽出し、行動できるパターンに落とし込もう」

- 「数量を増加させることがこの事業の本質か? この事業の社会的意義は何だ?」

管理職者として

- 「このプロジェクトのビジョンを掲げなければ。メンバーと共有すべき絵はどんなだ?」

- 「自分には、人間力や人格でメンバーを率いる自信はない。だから目的や意義で求心力を出すしかない」

- 「リーダーとして"ぶれない軸"を持たなければ。で、その軸とは何か?」

- 「この事業のコンセプトを打ち立てよう。それは利用者のまだ気づいていない価値に着目し、利用者を導くものにしよう」

- 「個人の信念を組織の信念と重ね合わせるにはどうすればいいのだろう?」

専門職者として

- 「自分のこの組織での存在意義は何なのか?」

- 「自分が他の技術者と違う点は何だろう?」

- 「職人が抱くべき矜恃とはどんなものか?それをわかりやすい形で若い世代に伝承したい」

- 「時代の変化とともに、自分を変えていくべきか、それとも変えるべきではないか?」

一個人・一職業人として

- 「私の働く目的は何か?動機は何か?」

- 「私のロールモデルは誰々です。彼(彼女)の生き方から引き出したこんな点を自分の生き方に応用しています」

- 「現実の自分を冷静に見つめる"もう一人の自分"がこうせよと言っている」

- 「他人は合理的な選択とは思われないかもしれないが、私はこの道を信じ、選ぶ」

- 「リタイヤ後の自分のアイデンティティは?生きるモチベーションは?」

- 技術や会社にしがみつくのではなく、技術を生かしてどう選択肢を広げられるか、会社を舞台にしてどう自分を開くことができるか」

- 「人生・キャリアという航海の最終目的地はどこだろう?そもそもこの航海の意味は何なのだろう?」

論理のみでは大きな答えは出せない
── 「知・情・意」を融合させ、分厚い思考をせよ

1981年にノーベル化学賞を受賞した福井謙一氏は次のように言っています。

> 「結局、突拍子もないようなところから生まれた新しい学問というのは、結論をある事柄から論理的に導けるという性質のものではないのです。では、何をもって新しい理論が生まれてくるのか。それは直観です。まず、直観が働き、そこから論理が構築されていく。(中略)だれでも導ける結論であれば、すでにだれかの手で引き出されていてもおかしくはありません。逆に、論理によらない直観的な選択によって出された結論というのは、だれにも真似ができない」　　　　　　　　──『哲学の創造』より

企業の人事部や経営層の方々と議論をすると、必ず出てくるのが「うちも『iPhone』のような製品を生み出す人材が育てられないか」「なぜうちの社員は『iPhone』のような発想ができないのか」という声です。

スティーブ・ジョブズ氏を中心にアップル社がつくりあげた一連の製品群(iMacからiPod、iPhone、iTunes、iPadに至るまで)は、はたして論理的な思考の賜物だったのでしょうか。

確かに論理は重要だったでしょう。しかし何よりも決定的だったのは、**コンセプトを起こす力**であり、**グランドデザインを描く力**であり、**製品世界をイメージする力**でした。さらには「Think different」という同社が文化として持っている強力な意志の力でした。これらはコンセプチュアルな能力に属するものです。

もう一つ忘れてはならないのは、彼らの美・快の体験価値を具現化する力です。あれらの道具に最初に触れたときの操作感覚の驚き。そして日常使うときの

ウキウキ感。それらの実現には卓越したデザイン的思考が不可欠でした。

　ビジネスパーソンにとって、帰納的・演繹的に推論ができる、「MECE」に考えることができる、あるいは「4C」や「SWOT」「5Forces」などの思考ツールを使いこなすことができる、といった「知の思考」の技術は武器になります。

　しかし、それらは万能ではありません。『iPhone』のような独創的なアイディアは、福井氏も指摘するように論理とはちがうところでの飛躍によって起こります。

　その飛躍を可能にするものこそ、「意の思考」であり、「情の思考」です。むしろ論理はその発想の飛躍を助けるための手段として有用なものといえます。要は、「知・情・意」3つの思考の基盤能力を養い、それらをたくみに融合させる分厚い思考ができるようにならねばなりません。

　そうしたことから、本書は「意の思考」の基盤能力養成に目を向け、ビジネス現場にマッチした題材で講義とワーク（演習）を組みました。

　ビジネスパーソンのための思考リテラシーと位置づけたとおり、年次、立場、職種を問わず、だれもがその思考の基盤をつくるために読んでいただきたい内容です。

　では、新しい第三の思考リテラシー「コンセプチュアル思考」でおおいに肚を使ってみてください。あとがきでまたお会いしましょう。

第2章

ものごとの本質をつかむ

第3章

ものごとの仕組みを単純化して表す

第4章

ものごとの原理を他に応用する

第5章

ものごとをしなやかに
鋭くとらえなおす

第**6**章

ものごとに意味づけや価値づけをする

第 **7** 章

事業・製品・サービスを
独自で強いものにするために

第 1 章

「コンセプチュアル思考」
を知る

「コンセプチュアル思考」とは何か?

時代はつねに
新しい思考法を要請する

思考は人間の奥深くて複雑な能力です。そして人間は思考について思考することをやめません。

古くより「帰納法・演繹法」といった論理的な思考法が編み出され、さらにそこに科学哲学者チャールズ・パースは「アブダクション」という第三の方法を加えました。

また、発明家エドワード・デボノは「垂直思考と水平思考」を唱え、その思考分類は世界に大きな影響を与えました。

そのほかにも「右脳思考／左脳思考」、「ブレーンストーミング」「(川喜田二郎による) KJ法」「マインドマップ」など、思考を切り取る新しい概念や方法論、フレームワークは次々と生まれています。

そしてこれらのものをビジネス現場は積極的に取り込んできました。

「**ロジカル** (論理的) **思考**」や「**クリティカル** (批判的) **思考**」は、学術研究者の世界の思考法をビジネスパーソン向けに展開したものです。

複雑な事象を前に、データを分析し、仮説を立てて検証していく。そして論理を組み立てて、真理を追究し、客観的に説明をする。その思考法は、まさにビジネス現場が求めているものと親和性がありました。

また昨今では「**デザイン思考**」にも注目が集まっています。

参入する企業がどこも経済的合理性を追求する商品開発を行うと、その結果は似たり寄ったりのスペック競争・価格競争に陥ります。

そこで、デザイン思考の出番です。モノや体験に肥えた消費者はますます審美的な価値や社会善的な価値にお金を惜しまないようになっており、その欲求を満たす商品開発の手法として、デザイン思考からのアプローチがじわり効力を発揮します。

万人を説き伏せる理詰めの発想ではなく、一人の生活者の美的感覚による発想が、そこかしこで成功を生んでいます。

サイエンスの思考・アートの思考・フィロソフィーの思考

　私はさまざまな企業に向けて、『プロフェッショナルシップ』（一個のプロフェッショナルとして醸成すべき基盤意識）の研修、自律的なキャリア開発の研修などを行ってきました。

　そこでは、「自律とは何か／自立とは何か」や「目的と目標はどう違うのか」、「現在の仕事に与える意味は何か」「成長を自分の言葉で定義せよ」「プロとしての自分の存在価値を1行で宣言しなさい」「理念・ビジョンを1枚の図で示せ」などのワークをやっています。

　これらは、ものごとから本質的なことを抽出したり、概念化したり、意味を与えたりするための問いです。意味や価値を扱い、主観的・意志的に答えをつくりだす作業が求められます。それは必ずしも論理分析から解が出てくるものではありません。

　思考技術を高めるというと、何か論理的でキレのある解明力をつけるという印象が先行しています。しかし、それは一部のことでしかありません。

　論理的思考が生まれたサイエンス（科学）の世界では、物質的なことがらを考える対象とし、客観的に万人を納得させるような鋭い思考技術が求められました。

　一方でビジネスやキャリア（仕事・人生）においては、サイエンスの部分だけでなく、むしろアート（技芸）やフィロソフィー（哲学）の部分が大きく関わってきます。

　アートやフィロソフィーは、美意識や存在意義・価値といった次元の問いに答えを出していくことが求められます。そこには唯一無二の正解はなく、あいまいなことをあいまいなまま、しかし自分なりの主観を持ち、独自の形で表現や定義をする思考態度が求められます。

　まえがきでも触れたとおり、本書では思考を、人間の精神の代表的なはたらきである「知・情・意」の3つに振り分けて整理します。それをまとめたのが図表1-1です。

　3つの思考はきっちりと分離独立しているわけではなく、3極的に分かれながらも境界は不明瞭で相互に混ざり合っています。

　なお、クリティカル思考は、本来的には「ものごとをいろいろな角度から吟味・検討する」という思考全般にかかわる態度です。

図表1-1 ｜ 3つの思考比較

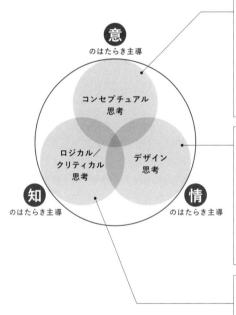

- 総合的にものごとを把握する思考
- インサイトフルマインド（洞察によって本質・枠組みをつかむ知性）
- 根源・存在を問う思索
- 概念や観をつくる、意味を与える
- 理念・ビジョンの構築と共有、事業・商品のコンセプト立案や再構築、全体俯瞰、本質探究、仕事の意味化によるアイデンティティの再考やモチベーション喚起などに向く
- 「哲学者」の目
- 「善・正」の価値を目指す
- 肚（はら）で考える
- 最終目的は「自分にとって最善の解釈を生み出すこと」

- 審美的合理性を求める思考
- クリエイティブマインド（創造の知性）
- 共感（エンパシー）に基づいた発想
- 美しく機能的で快い表現を生み出す
- 独自性のある商品開発、人の生活を起点にしたモノづくり、体験価値を形にする作業、現物（試作品・デモンストレーション）による説得などに向く
- 「アーティスト」の目
- 「美・快」の価値を目指す
- 五感（視・聴・嗅・味・触）とともに考える
- 最終目的は「理想の美を具現化すること」

- 分析し真理を探究する思考
- アナリティカルマインド（分析・批判の知性）
- 論理的手続きによって真を重ね広げていくやり方
- 論理体系を構築する
- 戦略・戦術立案、目標計画策定、データ分析、仮説検証作業、複雑化した問題の解決、システム構築、明瞭な資料作成などに向く
- 「科学者」の目
- 「真・利」の価値を目指す
- 頭で考える
- 最終目的は「論理をもって客観的事実を解明すること」

しかし、ビジネスの文脈においては、ロジカル思考の内容と大部分が重なってきており、本書では「ロジカル／クリティカル思考」として、まとめて扱うことにします。

「真・美・善」それぞれに適した思考法

三者はそれぞれ向き・不向きがあります。

たとえば、ロジカル／クリティカル思考は複雑にからまる問題を分解していき、理を詰めて、最適な処理方法を導き出す思考です。

しかし、この思考は「いまの仕事には何の意味があるのか」という問いに対しては非力です。やりがいの問題は「知」の論理では割り切れないからです。

やりがいの問題は、与えられた仕事課題をどういう概念で切り出し、さらにそれをどう信念や理念といった熱量をもった解釈に昇華させていくかという種類のものです。そこは「意」が得意とするテーマであり、コンセプチュアル思考が適しています。

また、スマートフォン市場で画期的な成功を収めた米国アップル社の『iPhone』。この商品の使い心地、持っていることのウキウキ感、情報端末機の新しいあり方、これらをつくり出しえた思考とは何か。

それは理論でもなく、概念でもなく、美を形にする思考です。それは生活に根ざしたところから発想する感性的知恵というべきものです。こういった領域には、「情」がつかさどるデザイン思考が最適です。

「知・情・意」のはたらきをそれぞれ「真・美・善」という価値に結び付けて考えると、ロジカル／クリティカル思考は真の価値を目指す思考だといえます。

ビジネスにとっての真は、ある意味「利（利益）」を求めることですから、利を最大化するために論理的な分析と戦略実行を積み重ねるという姿勢を呼び込みます。そこにあるのは明晰な「科学者の目」です。

デザイン思考は美の価値に根ざすものです。ビジネスにおいては「快」という価値に置き換えたほうがわかりやすいかもしれません。

持っていてカッコイイ製品、癒されるサービス、胸のすく感動体験、心地よい空間など、それらを生み出すためには「アーティストの目」を入れることが不可欠です。

そして、コンセプチュアル思考は**善の価値**、ビジネスの世界で言い表すと「**自分が正しいと信じる事業の理念・理想**」に向かいます。ものごとの根源を見つめ、存在を考え、どう世の中を自分なりに解釈すればよいかを探っていきます。

担当する事業が社会とどうつながり貢献していくのか、どう独自の世界観を持った事業に仕立て上げていくのか、それらを考えるために「哲学者の目」を持とうとする思考です。

「人間中心の時代」において「意の思考」は必須の能力

図表1-2にまとめたように、時代は「生産主導の時代」「マーケティング主導の時代」を経て、「人間中心の時代」へと移行しつつあります。

ロジカル／クリティカル思考は、ますます巨大・複雑化・グローバル化する事業環境において、必須のものとなりました。

この「知の思考」による科学分析・戦術・エンジニアリング・方法論などは、これまではもちろん、これからも有効なものでありつづけるでしょう。

さらにそこに「情の思考」によるデザイン・美的訴求・共感性を得るコミュニケーションなどが加われば、いっそう強力になります。

デザイン思考でいう「デザイン」とは、単に見映えをおしゃれにするということを超え、そ

図表1-2 ｜ 時代の変化と必要とされる能力

生産主導の時代 「モノの良品化」が成功鍵	マーケティング主導の時代 「情報分析」が成功鍵	人間中心の時代 「提供価値×仕組み化」が成功鍵
プロダクト・アウト	**マーケット・イン**	**ヒューマン・センタード**
安くて良いものをつくれば売れた時代	顧客・市場を分析し、生産・販売を合理化し、競合他社に対し優位性を保つことが成功につながった時代	1人1人の生活者を見つめ、その気持ちに寄り添い、継続的関係性を築く時代。モノやコトを「ここの仕組みから買いたい」と思わせる存在になる

「知の思考」による科学分析・戦術・エンジニアリング・方法論などが必要

「情の思考」によるデザイン・美的訴求・共感性などが必要

「意の思考」によるコンセプト・在り方・哲学・意味などが必要

れを使う人間の生活文脈の中でモノやコトをつくりかえていくという作業を含んでいます。現代においても、機能競争、価格競争に行き詰まった製品づくりの世界に新しい切り口を与えつつあります。

とはいえ、それで留まっていては不十分です。「人間中心の時代」においては、コンセプト・在り方・哲学・意味などを洞察し、創出する力が不可欠ですが、それこそ「意の思考」の得意分野なのです。

コンセプチュアル思考の系譜

経営の分野でコンセプチュアル能力の重要性を唱えた一人にロバート・L・カッツがいます。彼は、『ハーバード・ビジネス・レビュー』（1974年9月号）に寄稿した「Skills of an Effective Administrator」のなかで、管理者に求められるスキルとして、「テクニカル・スキル」（方法やプロセスを知り、道具を使いこなす技能）、「ヒューマン・スキル」（人間を扱う技能）、「コンセプチュアル・スキル」（事業を包括的に把握する技能）の3つをあげました。

カッツはこれら3つのスキルをセットで切り

出したことで有名になりましたが、それぞれのスキルの中身についてはあまり細かく述べていません。

「コンセプチュアル・スキル」については、おおむね、事業全体を俯瞰し各部門の関係性や構造を把握する力、ある施策がその後どのような影響を各所に与えるかを推測する力、共通の目的を描き関連部署の意識をそこに集中させる力といったような記述をしています。

いずれにせよ、包括的、総合的な認知および想像能力を言っているようです。

ちなみに、カッツが言う「コンセプチュアル・スキル」と、本書で扱う「コンセプチュアル思考」がどう異なるかですが、両者はほぼ同じものとお考えください。マネジメント技能の1つとみるのか、それとも思考法の1つとみるのか、という目線の違いになります。

カッツの論考から時は下って2005年。『フリーエージェント社会の到来』など、時代の潮流変化を鋭く予見する著作で知られるダニエル・ピンクが、『ハイ・コンセプト──「新しいこと」を考え出す人の時代』を著します。

彼はこの本で情報化社会からコンセプチュ

アル社会への移行を論じました。彼の表現をいくつかピックアップしてみます。

「私たちの経済や社会は、『情報化の時代』のロジカルで直線的で、まるでコンピュータのような能力を基盤に築かれたものだった。だが、これからは、創意や共感、そして総括的展望を持つことによって社会や経済が築かれる時代、すなわち『コンセプトの時代』になる」

「新しい時代を動かしていく力は、これまでとは違った新しい思考やアプローチであり、そこで重要になるのが『ハイ・コンセプト』『ハイ・タッチ』である。『ハイ・コンセプト』とは、パターンやチャンスを見出す能力、芸術的で感情面に訴える美を生み出す能力、人を納得させる話のできる能力、一見ばらばらな概念を組み合わせて何か新しい構想や概念を生み出す能力、などだ。『ハイ・タッチ』とは、他人と共感する能力、人間関係の機微を感じ取る能力、自らに喜びを見出し、また、他の人が喜びを見つける手助けをする能力、そしてごく日常的な出来事についてもその目的や意義を追求する能力などである」

「個人、家族、組織を問わず、仕事上の成功においてもプライベートの充足においても、まったく『新しい全体思考』が必要とされているのだ」

カッツ、ピンクの分類を先ほどの「知・情・意」の思考に当てはめると、次のようになります。

> ・知の思考
> 「テクニカル・スキル」「ハイ・テック」
> ・情の思考
> 「ヒューマン・スキル」「ハイ・タッチ」
> ・意の思考
> 「コンセプチュアル・スキル」
> 「ハイ・コンセプト」

カッツにせよ、ピンクにせよ、やはりどことなく3つの分類で眺めていたように感じられます。

思いや信念といった
「主観」の重要性が見なおされる

　一方、日本の先見人はどんな見方をしているでしょう。暗黙知や形式知など知識創造のダイナミズムを唱えた「SECIモデル」で知られる野中郁次郎（一橋大学名誉教授）らは、「MBB」（Management By Belief：思いのマネジメント）を提唱しています。

　論理的・合理的に数値目標を割り出し、それによって事業やヒトを管理する「MBO」（Management by Objectives）のみでは、さまざまな限界もみえてきている。そこに「思い」という主観的な要素がどうしても必要になってくるという主張です。

　「これまで主観は、論理的分析優先の世の中で、経営の中でまともに扱われず背後に追いやられていた。しかし、WHATの位置づけを高め、考える現場を取り戻すためには、この主観をきちんと経営の中に位置づけることが必要だ。このような主観と客観、右脳と左脳、アートとサイエンス、WHATとHOW、思いと数値目標、このバランスを回復しなくてはならない」
　――一條和生・徳岡晃一郎・野中郁次郎『MBB：「思い」のマネジメント』

　主観的な思いというのは、信念と置き換えてもいいでしょう。このあと詳しくみていきますが、信念は概念と地続きです。そうした意味で、「MBB」の実践はコンセプチュアル能力を基盤とするものになります。

　このように、コンセプチュアル思考は、概念や信念、気づきや悟り、あいまいな問いの中での本質のつかみ、包括知・全体知といった種類の思考であり、認知科学や哲学、心理学、複雑系、宗教の分野にまたがる広がりをもっています。

　境界がなく横断的であるという点では、コンセプチュアル思考は東洋的なものの考え方に近いといえます。日本人は、むしろこの思考力を手なずけることで、みずからの事業やキャリアに有効かつ有意義な答えを与えていけるのではないでしょうか。

鍵概念①
抽象と具体

4つの鍵概念と
「ハンモック・モデル」

「コンセプチュアル思考」と呼ぶべき思考ジャンル・思考法は、いままさにその重要性が認知されはじめ、生成途上にある「新しいスキル」です。

　本書ではコンセプチュアル思考を、ひとまず「ものごとの本質をつかみ、概念を起こす思考」としておき、この思考を理解するための鍵となる概念——概念的思考を把握するための概念——を4項目あげ、順にみていきます。
　これらがコンセプチュアル思考のスキルを習得する土台となるものです。

- 鍵概念① ｜ 抽象と具体
- 鍵概念② ｜ 「一」対「多」
- 鍵概念③ ｜ 概念・観念・信念・理念
- 鍵概念④ ｜ 「πの字」思考プロセス

　4つの鍵概念を用いたコンセプチュアル思考の概括イメージが図表1-3です。本書ではこれを「ハンモック・モデル」と呼びます。

「抽象化」と「具体化」という2本の樹が左右に立ち、そこに「概念化」というハンモックが掛かっています。

　ハンモックという網で捕捉されるのが「コンセプト」。コンセプトとは、とらえられた内容であり、「概念」寄りのものもあれば、「観念」「信念」「理念」寄りのものもあります。

　また、「事象・経験・多」という地面では有象無象のことが起こっていて、ふと高く空を見上げれば「本質・原理・一」ともいうべき太陽がさんさんと輝いている……。

　このメタファー（比喩）を用いた概念図はそれこそとても抽象的なので、現時点ではこの図の表すところを十分に味わっていただけないかもしれません。
　が、第1章の4つの鍵概念について読み終える頃には、なるほどそうかと肚落ちしているはずだと思います。では、そのハンモックの様子を詳しくみていきましょう。

図表1-3 | コンセプチュアル思考の概括イメージ 「ハンモック・モデル」

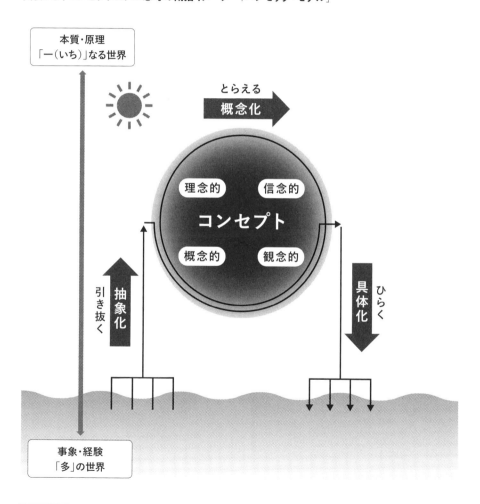

抽象とはある要素を
引き抜くこと

「抽象」という言葉は、本来の意味を十分に理解されていないように感じます。「抽象的＝漠然としてわかりにくい」というような二次的な意味に色が染まってしまい、ネガティブなニュアンスの言葉になった感があるからです。

　抽象の抽は「**抜く、引く**」という意味です。象は「**ものの姿、ありさま**」。したがって抽象とは、ものごとの外観や性質をながめ、そこから何かしらの要素を引き抜くことをいいます。

　小難しい言葉に聞こえますが、意味的には「抽出」とほぼ同じです。「植物の種からエッセンシャルオイルを抽出する」と言ったときの「抽出」です。本書で、抽象と出てきたら抽出と置き換えてもかまいませんし、単に「引き抜く」と考えても大丈夫です。

　では、抽象化のイメージをつかむために、ひとつ簡単な問題をやってみましょう。

ミニワーク

ここにある図形を2つのグループに分けなさい。

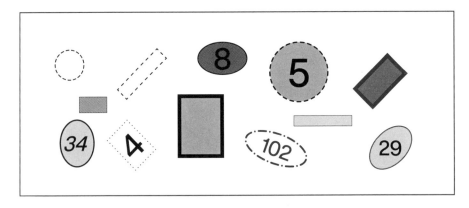

これらの図形をグループ分けしようとするとき、まず私たちは、図形の特徴をあれこれ眺めます。

すると、「あ、形に違いがあるな」とか「数字表記のあるものとないものがあるな」「大きさがばらばらだな」などと気がつきます。

そして、その気づきをもとに分類を考えます。

ここでは、代表的な答案を3つあげておきましょう（図表1-4）。

答案例1のように考えた人は、「四角か／丸か」という形状の要素を引き抜き分類したわけです。

一方、答案例2のように分けた人は、数字の有無に着目し、その要素を引き抜きました。

さらに、答案例3のように考えた人は、形状

図表1-4 | ミニワーク［答案例1］

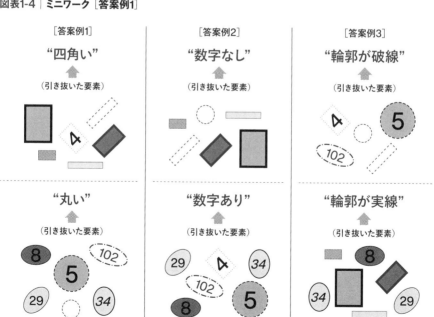

の違いや数字の有無はとりあえず見ないことにし、輪郭が「破線か／実線か」を引き抜いて分類しました。

このように、個々のものごとを眺め、そこから、
① ある要素を引き抜いて、
② その共通の要素で括る＝グループ分け

をする。そしてラベルを付ける。
まさにこれが抽象作業です。

ちなみに2番めの作業でラベルに書いた「丸い」とか「四角い」というキーワードこそ、私たちが概念と呼ぶものです（図表1-5）。

図表1-5｜引き抜く→括る→ラベルを付ける

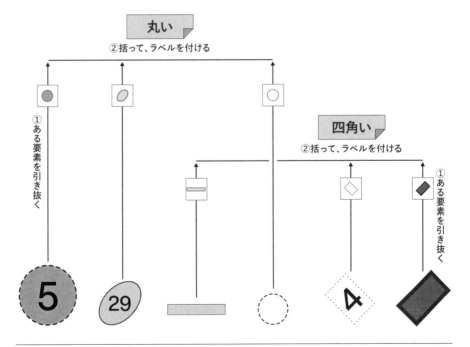

抽象度を上げると
漠然さが増すのはなぜか

さらにミニワークを続けましょう。「ヒト」「キリン」「カエル」「ミジンコ」「サクラ」と並んでいます。そこでまず「ヒト」と「キリン」を括る〈共通性A〉は何でしょうか。次に「ヒト」と「カエル」を括る〈共通性B〉は何でしょうか。そういった具合で、〈共通性C〉〈共通性D〉に入る言葉を考えていきます。

まずは、下記ワークを考えてみてください。

答えの一例をあげると、順に「哺乳動物」「脊椎動物」「動物」「生き物」です（図表1-6）。

この作業もまた、

①個々の外観や性質から特徴的な要素を引き抜き、

②共通の要素で括り、ラベルを付ける

という抽象化の思考です。

このラベルに与えた「哺乳動物」「脊椎動物」といった言葉こそ、概念というべきものです。

ミニワーク

共通性A〜Dを考えなさい。

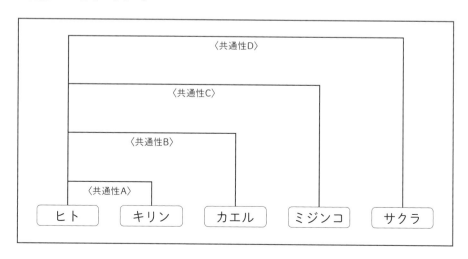

　この図表をみてわかるように、より幅広ものごとを括ろうとすればするほど、抽象度は高くなっていきます。そしてその分、ラベルには幅広い意味の言葉や大きな概念を持ってこなければなりません。そのために、そこに漠然さやあいまいな感じが出てきます。

　それは共通性Aの「哺乳動物」と、共通性Dの「生き物」とを比べてみても明らかでしょう。後者のほうが漠然とした言葉になっています。

　抽象的な言葉が「漠然としてわかりにくい」とか「何となくあいまいだ」という意味を帯びるのは、こういうところに一因があります。

　ただし、抽象化によって生じるあいまいさは悪いものとはかぎりません。**あいまいさをにじませることによってしか表せない深遠な本質**もあるからです。それについては追々説明していきます。

図表1-6 ｜ 抽象度の高低

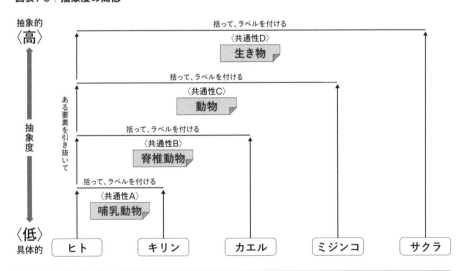

具体とはそれに備わるものを一つ一つみていくこと

では、抽象度を下げていく、すなわち具体的にものごとをみていくとはどういうことでしょうか。それは、**多くのものごとを一括りにするのをやめて、個別的に、それが備えている要素をていねいにみていこうとすること**です。その過程では、あいまいさはどんどん排除され、ものごとの粒立ちがはっきりしてきます。

たとえば、目の前に子どもたちがいます（図表1-7）。彼らを具体的にみてみましょう。まず、最初の子どもに目を向けます。

「この子の名前はユウトなんだ」「男の子だな。3人兄弟の末っ子だと本人が言っている」「サッカー好きのようだ」……。

具体的にものごとをみるとは、このように一人一人について、目に見える特徴をていねいにみていくことです。抽象化は要素を引き抜く作業でしたが、具体はその逆で、ものごとに要素をどんどん備えさせます。具体の具は「備わる／備える」という意味です。

図表1-7 | ものごとを具体的にみるとは

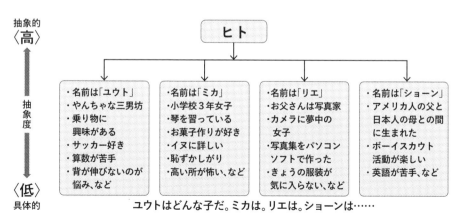

抽象的
〈高〉

ヒト

抽象度

〈低〉
具体的

| ・名前は「ユウト」
・やんちゃな三男坊
・乗り物に興味がある
・サッカー好き
・算数が苦手
・背が伸びないのが悩み、など | ・名前は「ミカ」
・小学校3年女子
・琴を習っている
・お菓子作りが好き
・イヌに詳しい
・恥ずかしがり
・高い所が怖い、など | ・名前は「リエ」
・お父さんは写真家
・カメラに夢中の女子
・写真集をパソコンソフトで作った
・きょうの服装が気に入らない、など | ・名前は「ショーン」
・アメリカ人の父と日本人の母との間に生まれた
・ボーイスカウト活動が楽しい
・英語が苦手、など |

ユウトはどんな子だ。ミカは。リエは。ショーンは……

抽象の裏に捨象あり

観点をふたたび抽象に戻します。先ほどの子どもたちについて抽象度を上げる目線でとらえていくとどうなるでしょう。

たとえば、男か女かという性別や、2人と2人という個体数で括り、「ここには男の子が2人、女の子が2人いるな」というとらえ方ができます（図表1-8）。

ユウトにはユウトという名前、サッカー好き で算数が苦手という性質、さらに背が低めという外見上の特徴もあります。他の子も同様に、いろいろな性質や要素がありました。

ですが「男の子が2人、女の子が2人」という把握においては、そういった個別詳細な情報はばっさり切り捨てられています。

さて、ここで一つ大事なことがみえてきました。**何かを引き抜くことは、同時に何かを捨てることだということです。**これを「捨象」といいます。

抽象の裏には必ず捨象があり、両者はつねにセットとなります。

図表1-8 ｜ **抽象と捨象〜引き抜くと同時に何かを捨てている**

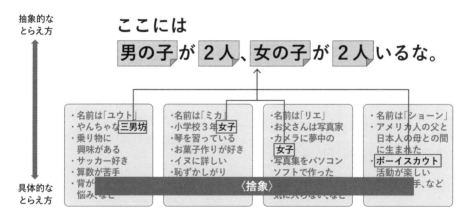

抽象と具体の往復幅が
認知の深まりになる

抽象的に考えるのと具体的に考えることに、よしあしや優劣はありません。どちらも大事です。実際、私たちは知らず知らずのうちにこの2つを往復しながら認知の世界を広げています。

たとえば、子どものころを思い出してください。

あるときから親に連れられて、広場のようなところで思う存分遊ばせてもらうようになります。子ども本人はその場所をよく観察し、次第にそこがふだん食べたり寝たりする場所とは違うことを感じ取ります。そしていつしか〈公園〉という概念を頭の中に形成します。

しばらくすると、今度は少しタイプの異なった公園に行くようになります。そこの様子を一つ一つ詳しくみていくと、どうやら自分が知っている〈公園〉の中でも、特別な何かがあるように思えてきます。そして、それが〈テーマパーク〉という概念のものであることを知ります。

さらにそこから、いくつかのテーマパークに行き慣れてくると、〈面白いテーマパークとはこうあるべき〉といったような自分なりの本質が見えてきます（図表1-9）。

図表1-9 | 抽象と具体の往復運動

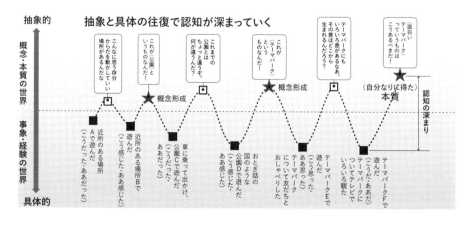

概念はものごとをとらえる枠となり、自分なりにつかんだ本質はものごとの価値を判断するものさしになります。ですから、いったん自分の中に概念や本質がつくられるや、ものごとの見え方は以前と違ってきます。

次にテーマパークに行ったときには、それを観察する目も肥えてくるでしょう。その本質に照らし合わせて、あれこれ評価するようにもなるでしょう。

そうこうしているうちにさらに新しい概念を獲得し、本質を深めていくという次の往復が始まることになります。

このように、私たちは事象や経験から概念をつくり出したり、本質をとらえようとしたりします。また、それら概念や本質を獲得することによって、事象や経験がより有意義に立ち現れてくることになります。

その意味で、具体なき抽象はやせてリアル感のないものになってしまうでしょう。同時に、抽象なき具体は散漫なものになってしまう危険性があります。

抽象と具体について、概括するイメージを一枚にまとめたのが図表1-10です。

図表1-10 ｜ 抽象と具体のまとめ図

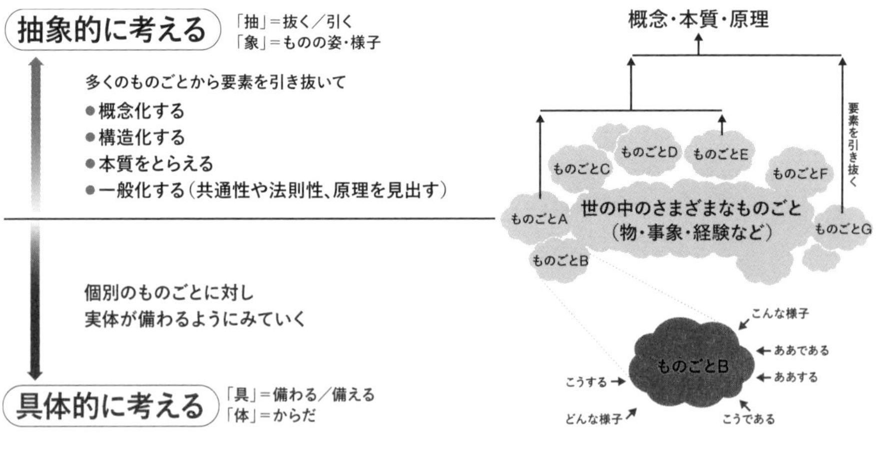

鍵概念②
「一」対「多」

「on=〜の上に」ではない!?

　私たちは日々、事業の現場で雑多な情報や状況に対処しながら仕事を進めています。その際、ものごとを抽象化してとらえる能力はきわめて重要です。

　それは目の前の課題を処理する直接的な知識や技術よりも重要かもしれません。なぜなら、ものごとを個別具体的にとらえるレベルに留まっていると、永遠に個別具体的に処置することに追われるからです。

　そのことを次の例で押さえてみましょう。

　下に並べたのは英語の問題です。

　それぞれのカッコ内には前置詞が入ります。一つ一つ答えてみてください。

- a fly [　　　] the ceiling
  （天井に止まったハエ）
- a crack [　　　] the wall
  （壁に入ったひび割れ）
- a village [　　　] the border
  （国境沿いの町）
- a ring [　　　] one's little finger
  （小指にはめた指輪）
- a dog [　　　] a leash
  （紐につながれた犬）

　……さて、どうでしょう。

　正解は、すべて「on」です。

　私たちは、前置詞「on」を「〜の上に」と習ってきました。習ってきたというか、暗記してきました。

　そうした暗記的なやり方で英語と接してきた人は、「天井にさかさまに止まった」とか「壁に入った」とか、「国境沿いの」などの言い表しと「on」が直接的に結びつかないので、それぞれの問題にすぐさま「on」が思い浮かばなかったでしょう。

　そして正解を見た後に、「そうかonだったか」と言って、また一つ一つ丸暗記していくことになります。

　これに対し、いま私の手元にある一冊の英和辞典『Eゲイト英和辞典』（ベネッセコーポレーション）の帯には、こんなコピーが記載されています──。

「on=『上に』ではない」と。

　さっそく、この辞書で「on」を引いてみる。すると、そこに載っていたのは、下のような図でした（図表1-11）。

図表1-11 ｜ 前置詞「on」のコア・イメージ

on：…に接触して

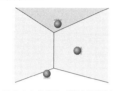

水平・垂直方向を問わず「接触関係」を表す

出典：『Eゲイト英和辞典』（ベネッセコーポレーション）

「on」は本来、天地・左右を問わず「何かに接触している」ことを示す前置詞だというのです。確かにこの図をイメージとして持っておくと、さまざまに「on」使いの展開がききます。

この辞典は、その単語の持つ中核的な意味や機能を「コア」と呼び、それをイラストに書き起こして紙面に多数掲載しています。10個の末梢の使い方を暗記するより、1つの中核イメージを頭に定着させたほうがよいというのが、この辞書づくりの狙いなのです。

まさにこの「コア」に基づく単語学習が、ものごとを抽象化して把握することにほかなりません。

おおもとの「一」をつかめ

私たちは、ものごとの抽象度を上げておおもとの「一（いち）」を本質としてつかめば、以降、一貫性をもってそれを10通りにも、100種類にも応用展開することができます。

逆にいえば、抽象化によって「一」をとらえなければ、いつまでたっても末梢の10通りや100種類に振り回されることになります。1000パターンにも覚えることが広がったら、もうお手上げでしょう。

「一」をつかんだ者は、100のパターンにも対応がきくし、その「一」から発想した100のパターンは、抹消にとどまっていたときの100パターンとはまったく異なったものになるでしょう。**独自性のある強い発想というのは、必ずといっていいほど、その本人が見出した本質の「一」を基にして、それを現実に合うように具体化するというプロセスを経ているものです。**

すなわち「多」→「一」→「多」です（図表1-12）。

多から一をつかみ、一を多にひらくこと。これが、この後に触れる「πの字」思考プロセスと呼ぶべきコンセプチュアル思考の骨格となる流れです。

図表1-12 | 「多」から「一」をつかみ、「一」を「多」にひらく

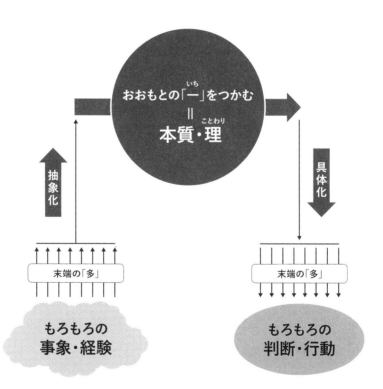

概念・観念・信念・理念

抽象によってとらえた内容
——それが「コンセプト」

そのものごとが何であるかを考えるとき、そこから要素を引き抜く形が抽象化ということでした。

その抽象によって「とらえた内容」——そこには、本質的なことやおおもとの「一」なること、いくつかのものごとを括る共通性などが含まれていました——を本書では「コンセプト｜concept」と呼ぶことにします。

conceptという英単語は、強調の接頭語「con-」に語根「cept」が付いた形です。ceptは「ceive＝つかむ・受け取る」の名詞形です。

したがって、conceptは「しっかりとつかんだもの（そして自分の中に取り込んだ内容）」がおおもとのニュアンスです（図表1-13）。

同じ語根を持つ単語にperceptがありますが、これは「（感覚器官による）知覚」です。

conceptはこの知覚したことを、さらにそれが何であるかという理解や解釈、構成にまで進めるはたらきです。一般的には「概念」という訳語が与えられています。

ちなみに、このconceptには「妊娠」という意味もあります。たしかに、語根が「つかむ・受け取る」ですからうなずけます。

また、ドイツ語では概念を表す言葉のひとつに「begriff」がありますが、これも「つかむ」を語根としています。

図表1-13｜「コンセプト」の原義

コンセプトの原義は——しっかりつかんで内に取り込む、取り込んだ内容

〈動詞形〉	〈名詞形〉	〈形容詞形〉
con ceive	**concept**	**conceptual**
強調の意＋つかむ・受け取る	つかんだ内容	
●（アイデアや計画などを）思いつく、着想する、抱く	●概念や観念	●概念の、とらえ方の
●妊娠する	●（ものごとのおおまかな）理解や把握	●概念形成にかかわる
	●（制作の）構想や意図	

いずれにせよ、私たちは抽象して何かをとらえようとする。しかしそのとらえた内容、すなわちコンセプトは、最初の段階では「粗い念」で、いまだ曖昧模糊としています。

理を求める動物である人間は、そのようなモヤモヤとした状態が嫌いで、とらえた内容を言葉として定着させようとします。

そう、「定義」です。

ものごとを定義することによってはじめて、「粗い念」だったコンセプトは中身と輪郭が与えられることになり、より確かにとらえられた状態になるのです。人間はそうした安定した状態を好みます。

定義がコンセプトを形づくる

ビジネス社会に生きる私たちにとって、「事業」とは当たり前すぎるほどの言葉ですが、いざ定義するとなるとけっこう難しいかもしれません。

まず、事業のいろいろな場面や形式、実態などを思い浮かべます。そして本質の部分に入り込んでいき、そこから何を抽象してくるかです。最後に抽象したことを言葉に落とす。

さて、あなたは事業をどう定義するでしょう。下記のミニワークを考えてみてください。

たとえば、一般的定義の代表として『広辞苑 第七版』の表記はこうです。

● 事業とは「一定の目的と計画とに基づいて経営する経済的活動」である

なるほど、とても客観的な説明となっています。ちなみに、経営学者として著名なピーター・ドラッカーは、次のように定義しました。

> ### ミニワーク
>
> 「事業」を下の形式で自分の言葉で定義せよ。
>
> ● 事業とは「　　　　　　　　　　　　　」である。

● 事業とは「市場において知識という資源を経済価値に転換するプロセス」である

　　　　　　　──『創造する経営者』より

彼独自の言い回しによる鋭い説明になっています。

では私が日ごろ行っている研修では受講者たちはどんな定義を出しているでしょうか。その答案例をいくつかみてみましょう。

● 事業とは「モノ・サービスを通じての利益獲得活動」である
● 事業とは「顧客を獲得しつづける活動」である
● 事業とは「ヒト・モノ・カネを組み合わせて行う価値創造」である
● 事業とは「それにかかわる人びとが可能性を開くチャンスの場」である
● 事業とは「自分一人ではかなわない夢を成就する仕組み」である
● 事業とは「広く雇用を生み出し、世のカネを循環させるべき社会的活動」である
● 事業とは「資本家がわるだくみをして自分を成り上がらせるゲーム」である

このように言葉に凝らせる作業はとても大事です。人は何となく頭で思っているだけでは本当に考えたことになりません。頭を絞って言語化してはじめて、思考が深まり、結果的に「あ、自分はこう考えて、こう解釈するのか」と知ることができます。

出てきた定義のうち、どれが正解かを問うことはコンセプチュアル思考においては的外れです。コンセプトは人それぞれのものであり、そこに唯一絶対の正しいものはないからです。

その定義がどれほどのものだったかは、他人が評価するものではなく、「あぁ、あのころの自分のとらえ方は浅かったな」というように、将来の自分が一番明確に評価できるものです。

あえて「よい定義」に言及するとすれば、それは「ずっしり肚落ちして、自分の思考や行動をプラスにはたらかせる」のがよい定義でしょう。

「概念」は多数で了解するもの、「観念」は個別で取り込んでいるもの

ものごとが何であるかを言葉で定めると、それは**概念**としてやりとりされます。

概念とは「概の・念い」と書くように、「**人びとがおおかたこう思い浮かべるだろうこと**」です。

つまり、大勢の人間が共通了解することが前提としてあり、客観的な説明に向かいます。その意味で、辞書や事典は概念集と言ってもいいでしょう。

ところがものごとの定義は、この「事業とは何か」を一つ取ってみてもわかるように、人によって、またその立場・状況によってさまざま出てきます。

私たちが自分の頭の中でものごとを定義するとき、出てきた定義がそれこそ概念的なものもあるでしょう。

ところが場合によっては、概念的というより、観念的なものが出てくるかもしれません。

また、信念的に振れるものもあれば、理念的に振れるものもあるかもしれません。

さて、ここで出てきた概念的と観念的、そして理念的、信念的の違いとは何でしょうか。それを表したのが図表1-14です。

一つの軸は、ものごとのとらえ方が「客観的（皆で共通了解しようとする）」か「主観的（独自の観点でよいとする）」か。もう一つの軸は、とらえた内容が「説明的」か「意志的」か。これによって4つの象限ができます。

「桜」を例に考えてみましょう。

桜とは何かを定義するとき、定義される内容はつぎのようにニュアンスの違いが生まれてきます。

- ●サクラとは「バラ科サクラ属の落葉広葉樹の一部の総称である。日本の国花であり、古くは「花」といえば桜を指した」
  →「**概念的**」**な定義**〈客観的×説明的〉

- ●桜とは「多くの人の心を喜ばせる樹木の花の王女である（子どものころに見たあの一面の山桜が忘れられない）」
  →「**観念的**」**な定義**〈主観的×説明的〉

● 桜とは「この世に現れるはかなくも
たくましい美である(私もあのように自
分をめいっぱい咲かせて、潔く逝く人生であ
りたい)」
→「信念的」な定義〈主観的×意志的〉

● 桜とは「清らかにわき出る春の生命
の象徴である。(だから、我が校の校章
は桜をモチーフにした)」

→「理念的」な定義〈客観的×意志的〉

これらの違いをふまえて、先の「事業とは
何か」についての定義をみると、さまざまな
ニュアンスの違いが分かります。

「事業とは、モノ・サービスを通じての利益獲
得活動である」は、**概念的**です。

また、「事業とは、それにかかわる人びとが
可能性を開くチャンスの場である」は、少し主
観に振れていて**観念的**です。

「事業とは、自分一人ではかなわない夢を成
就する仕組みである」は、主観と意志の側に
寄っていて**信念的**です。
同様に、「事業とは、資本家がわるだくみを

図表1-14 ｜ 定義された内容のニュアンス的広がり

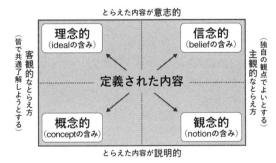

して自分を成り上がらせるゲームである」も<u>信念的</u>です。これは負のエネルギーを帯びた信念といえるでしょう。

そして、「事業とは、広く雇用を生み出し、世のカネを循環させるべき社会的活動である」は<u>理念的</u>な定義です。

概念を超え、観念を研ぎ澄まし、理念や信念にまで昇華させる

コンセプチュアル思考において、定義は客観的かつ説明的であらねばならないとは考えません。

確かに科学者や辞書・事典の編集者であれば、仕事の特性上、客観的な説明に向かわなければなりません。

しかし、それ以外のほとんどの場合、人がものごとをとらえようとするとき、客観と主観はあいまいに混ざり合ってきます。

意のはたらきや情のはたらきによって、そこに何らかの意志という熱量、情緒的判断による偏りが加わることはふつうです。むしろ、純粋に知のはたらきだけによって、意志や情緒を完全に抜き去り、客観的かつ説明的な定義をすることは特異で難しいことでしょう。

ビジネスの世界は、サイエンスとアート、そしてフィロソフィーの複雑な混合です。

もちろんサイエンスはものごとを冷徹に概念的にとらえよと要求してきます。しかし、アートやフィロソフィーはむしろ、概念を超えて、観念を研ぎ澄まし、理念や信念にまで昇華させよと訴えてきます。

歴史上で語り継がれる卓越した事業というのは、例外なく、主導者の独自の解釈そして理念・信念によって成就されてきた事実も見逃せない点です。

その観点から、ビジネス現場で活用されるべきコンセプチュアル思考においては、「コンセプト」や「ものごとの定義づけ」を客観的な認知・把握の範囲に留めず、主観的な意志創出・意味付与まで広く押し広げてとらえていきます。また、客観的定義と主観的定義というテーマで発展的に言及しますので、参考にしてください。

「a事業」を定義するか「the事業」を定義するか

日本が生んだ名経営者である松下幸之助や本田宗一郎は、事業に対しどんな定義を持っていたのでしょう。

松下は『実践経営哲学』(PHP研究所)の中で、こう述べています。「"事業は人なり"と言われるが、これはまったくそのとおりである。(中略)私はまだ会社が小さいころ、従業員の人に、「お得意先に行って、『君のところは何をつくっているのか』と尋ねられたら、『松下電器は人をつくっています。電気製品もつくっていますが、その前にまず人をつくっているのです』と答えなさい」ということをよく言ったものである」

また、本田は昭和35 (1960) 年に本田技術研究所を分社独立させたとき、創立式典で次のように語ったそうです。「私は研究所におります。研究所で何を研究しているか。私の課題は技術じゃないですよ。どういうものが"人に好かれるか"という研究をしています」(本田技研工業広報誌『Honda Magazine』2010年夏号より)。

松下電器産業 (現パナソニック) にとって「事業とは、人をつくることである」。本田技術研究所にとって「事業とは、人の気持ちを研究することである」──これらはまったく主観的なとらえ方です。2人はむしろそれを意図的に行ったのでしょう。

ものごとの定義に主観と客観の違いが生まれる理由の一つに、定義をする人がそれを一般的にとらえるか、特定的にとらえるかのスタンスの違いがあります。事業を定義する場合でいえば、「a事業」を想定するか、「the事業」を想定するか。

前者は事業をおしなべてながめ、「一般論として事業はそもそもこういうものである」と考えるスタンス。後者は、ある特定の事業を思い浮かべ「自分にとって事業とはこういうものである」と考えるスタンスです。

松下や本田ともなれば、「a事業」の定義を聞いてみても、おそらく的確な表現が出てきたでしょう。しかし、客観的かつ的確な説明であればあるほど、定義は辞書の文言のようになります。

彼らは学者ではなく、経営の実践者、大勢の従業員を率いるリーダー。独自の色や熱量をもった言葉を発しなくてはなりません。そのために、自分がとらえる「the事業」を簡潔で強い言葉にしたのでしょう。

鍵概念④
「πの字」思考プロセス

引き抜き、とらえ、ひらく

ものごとを定義するワークをもう一つ紹介
しましょう。

ミニワーク

「成長」について、ワークシートをもとに自分の言葉や絵で考えなさい。

【作業2：成長の定義】
「成長とは何か」「成長についての解釈」を自分なりの言葉で表すとどうなりますか？

【作業3：成長の図化】
左の定義をふまえて「成長」を図や絵で表してみてください。

【作業1：成長体験】
これまでの仕事経験・人生経験の中で、「自分が成長したな」と思える出来事をいろいろ思い浮かべてください。

【作業4：行動習慣】
成長を持続的に起こすための行動習慣としてどのようなものが考えられますか？3つあげてみましょう。

① _____

② _____

③ _____

このワークシートは、4つの作業に分かれています。

〈作業1〉これまでの仕事経験・人生経験の中で、「自分が成長したな」と思える出来事をいろいろ思い浮かべる
〈作業2〉「成長とは何か」「成長についての解釈」を自分なりの言葉で表す
〈作業3〉作業2の定義をふまえて、「成長」を図や絵で表す
〈作業4〉成長を持続的に起こすための行動習慣を3つあげる

〈作業1〉では、現実生活でのさまざまな体験・成長エピソードを振り返ります。

そしてその具体的体験から本質的なことを引き出して、成長とは何かを短い文言に凝縮

図表1-15 | 「成長」の定義　〈研修・ワークショップでの答案例〉

成長とは、限界の壁が外にいき自信の空間が広がること。	成長とは、周囲に能力を認められること。	以前見えなかったものが見えてくる。それが成長。	成長とは、知識や技術に関し「これでよし！」という固さを持てるようになること。
成長とは、より大きな仕事を任せてもらえたときに気づくもの。	成長とは、新たなステージへ進むための切符。	成長とは、能力の"筋トレ"を継続的にやること。	成長とは、ものごとを見る観点が増えること。
成長は、自分に負荷をかけて、それを乗り切った時に起きる。	成長とは、課題を解決する力が大きくなること。	技術的な余裕が生まれると、精神的な余裕も生まれる。そんなとき成長を実感する。	成長とは、自分の存在意義を実感すること。

する。これが〈作業2〉です。

この思考の流れが抽象化・概念化です。雑多な体験から成長という概念を起こし、言葉で定着させるわけです。たとえば、実際の研修で出てくる答案は**図表1-15**のようなものです。

〈作業3〉は抽象化・概念化を深める流れです。つかんだものを言葉だけでなく、図的に表そうという作業です。概念をビジュアル的に描くと、言葉の定義では表しにくい全体の構造や要素間の関係性が見えやすくなります。

〈作業4〉は作業1〜3をふまえて、行動への変換です。抽象化・概念化だけで終えてしまうと、頭の中の遊戯で閉じてしまいます。思考は具体的な行動として展開されることが重要です。ひとたび行動に移されれば、いろいろな気づきが生まれるでしょう。そしてそこからまた新たな抽象化・概念化が始まります。

実はこのワークシート、コンセプチュアル思考の基本的な思考フローにそってつくられています。**抽象化**（引き抜く）→**概念化**（とらえる）→**具体化**（ひらく）という流れです（**図表1-16**）。

この思考の流れを本書では、その形から「**π の字思考プロセス**」と名づけます。まさに具

体次元と抽象次元の往復です。

━━━━━━
観が醸成されていく仕組み

私たちはそれぞれに「観」というものを内側に持っています。観とは、**もののの見方・とらえ方、および、それによってつくられる内的な認識世界**をいいます。仕事観、キャリア観、人生観、幸福観、社会観、歴史観、死生観などいろいろあります。

観の醸成具合は人によって差があります。「堅固な観／あやふやな観」「分厚い観／薄っぺらな観」「寛容な観／硬直化した観」「明るい観／暗い観」など。

さて、こうした観の醸成具合に差が生じてくるのはどうしてでしょう──？

その答えの一つが、**コンセプチュアル**（概念的）**に考える力の差**です。

さきほどの「成長を定義する」ワークでやったとおり、観醸成のベースにくるものは経験であり、事象を見つめることです。

しかし、それだけで観はつくられません。
具体次元から抽象の次元に上がっていき、

本質をつかみ、ものごとを定義づけしたり、原理や仕組みをイメージしたりする。さらには、そこから具体次元に再び下りて行動に移す。そこで気づきを得て、新たな抽象に向かう。

この「πの字」の思考プロセスをぐるぐると回すことで観は醸成されていきます。

このプロセスの回し方の「強い／弱い」「厚い／薄い」「大きい／小さい」「バランスがとれている／偏っている」などによって、醸成される観に個人差や個性が出てくるわけです。

図表1-16｜**「πの字」思考プロセス**

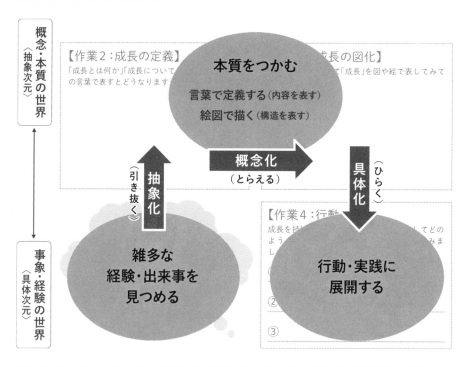

図表1-17 | 観が醸成されていく仕組み

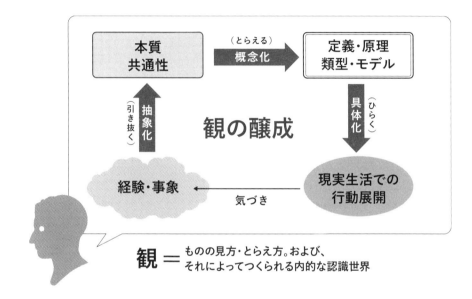

観 ＝ ものの見方・とらえ方。および、
それによってつくられる内的な認識世界

同じ業務経験を重ねていても社員によって「成長上手な人と成長下手な人」の差が出てきます。それはその業務特性と本人の能力がマッチしているかどうかという問題もあります。

しかし、それ以上に、経験から「人が成長するということは何なのか」という本質をつかみ、原理をイメージし、持続的に行動に移し、みずからを成長させていく態度をつくっているかという問題が大きいでしょう。

「ぶれない軸」を持つとは

「抽象化→概念化→具体化→気づき→（新たな）抽象化」を強力に回していくことで、堅固な観が醸成され、「ぶれない軸」が立ち上がって「ジャイロ効果」のように、回転すればするほど目に見えない自転の軸が立ち上がります。

そうした堅固な観・ぶれない軸によって、ど

図表1-18 │ 「ぶれない軸」を持つとは

観を堅固に醸成していくと、そこから「ぶれない軸」が立ち上がってくる。
その軸によって、どんな状況・情報に接しても
独自に安定したものごとのとらえ方・解釈・価値判断ができる。

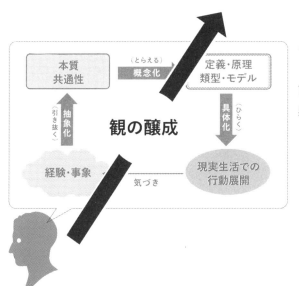

それはあたかも、地球上の
どんな位置にあっても必ず
南北という一定方向を示す
羅針盤のよう。

んな状況・情報に接しても独自に安定したものごとのとらえ方・解釈・価値判断ができる。それは言い換えると、「内なる羅針盤」を備えたということです（図表1-18）。

このようにコンセプチュアルに考える力は、もろもろの観の醸成に強く関わり、その延長で仕事・人生に向き合う態度をつくることにつながっています。コンセプチュアル思考を「意の思考」と呼ぶのもこうした点にあります。

「コンセプチュアル思考」の定義

　以上、コンセプチュアル思考の鍵となる概念──抽象と具体、一対多、概念・観念・信念・理念、πの字思考プロセス──をみてきました。ここまでの説明でコンセプチュアル思考がどういった種類の思考であるのかがだんだんみえてきたのではないでしょうか。

　ここで今一度「ハンモック・モデル」をながめていただくと、その表すところがよくみえてくると思います。

　基礎講義の結びとして、コンセプチュアル思考の本書なりの定義、そして特徴となる「4つの思考スタンス」「3つの思考フロー」「5つの思考スキル」を図表1-19にまとめます。

　コンセプチュアル思考の定義はいささかまだるい感じですが、このようにしか表せないことこそ、この思考の特性でもあります。この思考は、本質や理（ことわり）、意や念、価値を扱うものです。強く豊かな、そして独自の答えに出合うためには、すっきりとは割り切れないあいまいな状態の中でもがき、肚でつかんだものを彫り出してくるしぶとさが要ります。

　第2章からは、コンセプチュアル思考の5つのスキルについて、講義と演習を交え解説していきましょう。

図表1-19 | コンセプチュアル思考の概要

コンセプチュアル思考とは──────

- ●「概念的思考」
- ●「ものごとの本質を抜き出し、原理や枠組みをつかむ思考」
- ●「概念・観念・理念・信念を形成し、意をつくる思考」
- ●「森羅万象に接し、自分の内に理(ことわり)を形成し、理を具現しようとする思考」
  (ここでいう「理」とは、概念や意味・価値がつくりだす秩序)

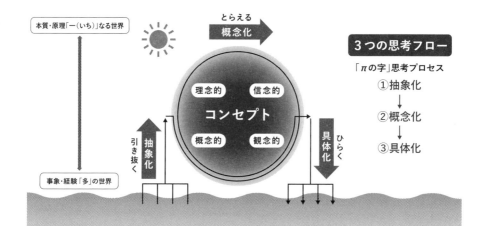

4つの思考スタンス

- **●根源を見つめる**
  考察の向け先は根源に。根源は本質をはらむ。

- **●全体を観る**
  分析よりも総合。物事の構造や要素間の関係性を包括的につかむ。

- **●抽象と具体を往復する**
  具体なき抽象はやせてリアル感がない。
  抽象なき具体は散漫となる。

- **●客観を超えて主観を持つ**
  コンセプチュアル思考の目的は、概念を起こすこと、意をつくること、ものごとに意味を与えること、自分にとって最善の解釈を生み出すこと。その思考による答えは人それぞれのものになってよいし、ならざるをえない。持つべきは客観を超えたところで研ぎ澄ませる主観。

5つの思考スキルとベースになる力

- **●定義化**────── ものごとの本質をつかみ表す
  - ●根源を見つめる力 ●本質を凝縮して表す力
  - ●概念を起こす力   ●独自の目線でものごとを切り取る力

- **●モデル化**────── ものごとの仕組みを単純化して表す
  - ●構造/関係性/仕組みをつかむ力
  - ●類型(パターン)化する力 ●考えを図化する力

- **●類推**────── ものごとの原理をとらえ他に適用する
  - ●他のものごとから学ぶ力 ●本質を応用展開する力
  - ●比喩を用いる力

- **●精錬**────── ものごとのとらえ方をしなやかに鋭くする
  - ●新しい概念をつくる力   ●概念を研ぎ澄ませる力
  - ●発想を変える力

- **●意味化**────── ものごとに意味づけ・価値づけをする
  - ●意味を掘り起こす力   ●ビジョンを描く力
  - ●価値の葛藤を乗り越える力 ●自己を再編する力

第 **2** 章

ものごとの本質をつかむ

準備

根源探索
ものごとのおおもとを見つめる

コンセプチュアル思考において最初に学ぶべきスキルは「定義化」です。

ものごとを定義することについてはすでに第1章で、「成長を定義する」「事業を定義する」といったテーマで少し触れました。ここでは「定義化」について詳しくやっていきますが、その前に下地の訓練から入りたいと思います。

概念的な思考力を鍛えるために怠ってはならない基本作業があります。それはものごとの根源を見つめることです。

何かものを考え理解を深めようとするとき、まずはその考えるテーマ──それはたいてい言葉になっているはずですが──の語源を探ってみることから始めるとよいでしょう。

たとえば、自分が旅行商品のマーケティングに携わっているなら、「旅」「トラベル」といった言葉はどう起こってきたのかを調べてみてください。

言葉は単なる記号ではなく、それが概念化された痕跡をちゃんと残しています。語源のようなおおもとにこそ本質は潜んでおり、それをつかむことで思考がぐんと深まり進展します。

そのように、ものごとを根っこで押さえようとする思考習慣がコンセプチュアル思考の基底部分をつくります。

「春」の奥にある「はる」というコンセプトに気づく

「春」という言葉を私たちは当然知っています。そう、「寒い冬の後にやってくるあの暖かな季節のこと」です。そのような認知は小学生でもしています。

ところが春という言葉を本質的なところまで下りていって、根っこにあるコンセプトをつかんでいる人はあまり多くありません。

そこで春という簡単な単語についてあらためて辞書を引いてみます。たとえば『広辞苑 第七版』によれば──

> （草木の芽が「張る」意、また田畑を「墾(は)る」意、気候の「晴る」意からとも）
> ①四季の最初の季節。日本・中国では立春から立夏の前日まで、……

と、冒頭にカッコ付きで語源の説明がなされ、その後、語の説明が続いています。

ここではこの語源に注目します。

つまり、寒くどんよりした冬が終わり、天空がきらきらと明るく「晴れて」くる。そして田畑を耕し開いて「墾る」。木々の芽たちが生命力をふくらませて形を「張る」。それに伴って、人間の心身もぴんと「張る」。

そうした**明るくなってくる、見通しが開けてくる、躍動してくる**という状態が「はる」のコンセプトであり、季節の呼び名としての春につながったわけです。

ちなみに、夏は「あつ（熱つ）」が変化したという説があります。秋は収穫を終えてじゅうぶんに食べることができるので、その充足の意味から「あき（飽き）」。冬は、寒くて冷えることから「ひゆ（冷ゆ）」、さらに震えるほど寒いことから「ふゆ（振ゆ）」になったと言われています（中西進著『ひらがなでよめばわかる日本語』新潮文庫より）。

同様に、英語で春は「spring＝弾む」、秋は「fall＝落ちる」。この語源コンセプトも十分にうなずけるところです。**言語それぞれ、それを生んだ人びとの思考や感性が反映されます。**

コンセプチュアル思考は、暗記力の思考ではありません。言葉の奥にある根源的な要素をつかんで、概念ごと理解し、その言葉がもつ全体像をながめることに重きを置きます。

「春」という言葉を目にしたとき、その根っこである「はる」がイメージできる。また、春の日に歩いていて、木々の芽のふくらみを見て、「ああ、これが"張る"なんだな」と感受できる。そういう種類の力が、コンセプチュアル思考が扱う力です。

辞典は根源探索の大洞窟

言葉は、古人たちがものごとをどうとらえてきたかという概念の最終表現形です。そして現代はありがたいことに、言葉を集大成した辞典（辞書）がさまざまに普及しています。

ものごとを概念的に考える力を鍛える第一歩は、辞典と仲良くなることです。

さきほどの「春」のように、一見、自明と思える語も、軽く扱わず、あらためて引いてみる習慣をつけてください。単純と思える言葉ほど、その奥に大きなコンセプトをはらんでいることが多いのです。

おすすめする辞典は次のようなものです。

● 国語辞典

● 漢和辞典・漢字辞典・字源辞典

- 語源辞典
- 語感辞典
- 表現辞典
- 古語辞典
- 故事成語辞典・ことわざ辞典
- 外国語辞典 (英和辞典、英英辞典など)
- 哲学用語辞典
- 名言集・格言集
- その他の辞典

また、「その他の辞典」としては、たとえば私は書棚に次のようなものを置いています。

- 『日本の伝統色』(ピエ・ブックス)
- 『色の名前507』(福田邦夫著、主婦の友社)
- 『宙 (そら) の名前』(林完次写真・文、角川書店)
- 『空の名前』(高橋健司写真・文、角川書店)
- 『一度は使ってみたい季節の言葉』(長谷川櫂著、小学館)
- 『ひらがなでよめばわかる日本語』(中西進著、新潮文庫)
- 『美しい日本語の辞典』(小学館辞典編集部)
- 『季語集』(坪内稔典著、岩波新書)
- 『イメージでわかる単語帳』(田中茂範・佐藤芳明・河原清志著、日本放送出版協会)
- 『思考の用語辞典——生きた哲学のために——』(中山元著、ちくま学芸文庫)

- 『職人ことばの「技と粋」』(小関智弘著、東京書籍)

これらの辞典を全部買いそろえる必要はありません。地元の公立図書館にはさまざまな種類が置いてありますし、インターネット上でも手軽に利用できるものがあります。

何か大きな単位の仕事に取り組もうとするとき、まずは仕事テーマの中核となる言葉を定め、辞典でその語源を探ってください。そこからが、強いコンセプトワークのスタートです。

この作業を省いてしまうと、自分の思考に強い軸が形成されず、弱い仕事になってしまうか、月並みのアウトプットになるか、途中で漂流してしまうでしょう。

中核に据える言葉の語源を当たる。外来語も調べてみる。そしてその外来語の語源も調べてみる。複数の辞典を見てみる。

そういう過程で、中核語の概念が徐々に自分の中にできてくる。仕事のコンセプトとなり、方向性の軸が固まってくる。

大きな単位の仕事であればあるほど、この作業は欠かせないものになります。

語源を探ること自体が
すでにコンセプト形成の作業

たとえば、私にとってこの「コンセプチュアル思考講義」書籍化は一大プロジェクトです。

今回、そのプロジェクトの中核に据える語はもちろん「コンセプト」です。この言葉は何となく知ってはいたものの、詳しく調べてみたことはありませんでした。

「コンセプト／コンセプチュアル」って、改めてどういうことだろう。「概念的」というニュアンスで使っているけど、概念って改めて何だろう、という状態になりました。

そんなことから、原稿執筆よりも前に行った作業は、これらの言葉を辞典で引くことでした。コンセプチュアル思考の本を書くためのコンセプトづくりもそこから始まったのです。

英和辞典で「concept」を引く。英英辞典で「concept」を引く。すると、この語は「con＋cept」のつくりになっていて、語根の「cept＝つかむこと」に本質的な意味があることを認識します。

次に翻訳語である「概念」を国語辞典で引く。とくに「概念」は哲学用語でもあるので哲学用語辞典でも引く。

概念とは、「一般的に思い浮かべる意味内容」などと説明があり、英単語conceptと合わせて、自分の中でこの語への理解をいっそう深く進めていくことになります。さらには、概念が一つの思考形式であり、その形式は本質をつかむための抽象化を伴うということも見えてきます。

そこでまた、「抽象」とは何かというもう一つの根源探索に入っていく……。

こうした作業過程で、本書の背骨は形成され、意図が固まったのでした。

では、そんな「根源探索」についてワークを行っていきましょう。

定義化ワーク1-A ｜ 自分の名前の文字の根源を探る

① 自分の名前の文字を書き込みます（姓名の名のほう）。
② それぞれの文字について辞典で調べましょう（起源や由来、字のつくり、意味など）。
③ それぞれの文字から、エッセンス・イメージ・メッセージを引き出します。
④ 以上の作業をふまえ、自分の名前に込められた意味をどう解釈し、どういった自分であり
  たいかを書き表してください。

ワークシート1-A ｜ 名前の文字の根源探索

❹名前の文字の
  理念化

> わたしは自分の名前に込められた意味をこう解釈し、こうありたいと思う

▲

❸文字を調べる
・エッセンス
・イメージ
・メッセージ

▲

❶名前の文字

▲

❷名前を調べる
・起源や由来
・字のつくり
・意味

このワークの狙いは、次のようなことです。

● 語源に関心を持つ、語源に概念の核が
  あることを知る
● 辞典を使うことに慣れる
● 根源とつながった形でアイデンティ
  ティーを見つめなおし、理念を導きだ
  す

このワークについての具体的な答案例は、
ワーク1-B後の「近瀬太志のコンセプチュアル
奮闘記」で紹介しています。

これは私が行っている研修で、事前課題と
して出すワークです。研修の冒頭部分の自己
紹介のときに発表してもらう形にしています。

次のワークも先ほどのワークとほぼ同じ作
業です。根源を探る対象は、自分が携わる職
種名・業種名になります。

振り返ってみると私たちは、「営業」「開発」
「経理」「エンジニア」「コンサルタント」などと
いった職種名、「建設」「電機」「広告」「不動
産」「ソフトウエア販売」などといった業種名に
あまり注意を払ったことはありません。

しかし、これらの名称の根源を探っていく
と、やはりそこには概念の核が潜んでいます。

その核は、職業人としてどうあるべきかの原
点にもなりうるものです。

では、ふだん見過ごしがちになっている職
種名・業種名から本質を抜き出すコンセプ
チュアルワークをやってみましょう。

定義化ワーク1-B ｜ 職種名・業種名の根源を探る

① 自分が携わる職種名か業種名を書き込んでください。

② それぞれの文字について辞典で調べてみましょう（起源や由来、字のつくり、意味など）。

③ それぞれの文字から、エッセンス・イメージ・メッセージを引き出します。

ワークシート1-B ｜ 職種名・業種名の根源探索

❸文字から引き出す
・エッセンス
・イメージ
・メッセージ

▲

❶職種名・業種名

▲

❷文字を調べる
・起源や由来
・字のつくり
・意味

近瀬太志のコンセプチュアル奮闘記

①

近瀬太志 (こんせ・ふとし) は、旅行代理店に入社8年目の30歳である。現在、マーケティング本部・販売企画部・販促第2課でチームリーダーを務めている。

学生時代は、イベント企画のサークルに入り、企画することの面白さを知った。また、写真が好きでいろいろな土地の風景や人を撮るのを一番の趣味にしていた。

そのために選んだアルバイトが国内旅行の添乗員の仕事。さまざまな場所に行けるので日本をよく知ることができたからである。そしてそれでお金を貯めては、撮影旅行に出るという日々を送っていた。

就職に関しても、その延長から旅行代理店で迷いはなかった。入社後、支店での法人営業や海外ツアーの添乗員業務を経て、3年前、本社の販売企画部に異動、現在に至っている。

近瀬は始業前に出社し、デスクで書類を広げ、辞書と格闘している……。

近瀬｜「(ひとりごと)そうかあ、〈太い〉という字は、〈大きい〉の字に点が付いたものじゃないんだ。安泰の〈泰〉から来ているわけか」

そこを通りかかったのは、やはり早朝に出社してきた隣の課、販促第1課でチームリーダーをする梶川聡子。近瀬より1年前の入社である。

梶川｜「近瀬さん、もしかして『コンセプチュアル思考』のワーク？　私も去年受けましたよ」

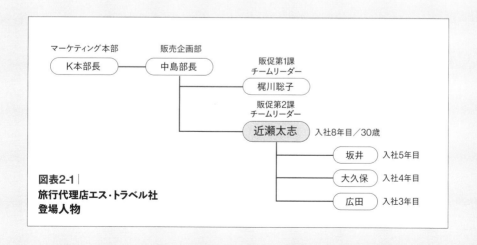

図表2-1｜
旅行代理店エス・トラベル社
登場人物

マーケティング本部　　販売企画部
K本部長　　中島部長

販促第1課
チームリーダー
梶川聡子

販促第2課
チームリーダー
近瀬太志　　入社8年目／30歳

坂井　　入社5年目
大久保　　入社4年目
広田　　入社3年目

近瀬｜「ええ、自分の名前についてあらためて調べているんです。再発見というか、新発見がけっこうありますね」

梶川｜「とくに漢字って、意味が詰まってますからね。私も自分の名前の〈聡〉っていう字が〈かしこい〉という意味のことは知ってたんですけど、なぜそこに〈耳へん〉が付いているのかあまり考えたことがなかったんです。

　で、よくよく調べてみると、昔の人は"よく聞く人"が賢いって考えていたんですね。聖人の〈聖〉の字にも耳が入ってる。いまで言う"傾聴に優れた人"ということなんでしょう」

近瀬｜「へぇ～、〈耳へん〉って奥深いんですね！」

梶川｜「だから私は親からもらった『聡子』という名前の理念化を〈傾聴できる人〉にしたんですよ。リーダーになってみて、聞くことの大事さって身に染みてわかってきた。で、近瀬さんはどんなエッセンスを引き出しました？」

近瀬｜「イメージ的にはこういう感じです（図表

ワークシート1-A｜名前の文字の根源探索

近瀬太志のワーク内容

❹名前の文字の理念化

　わたしは自分の名前に込められた意味をこう解釈し、こうありたいと思う
　つねに壮大な目標に思いを馳せる自分であろう！

❸文字を調べる
・エッセンス
・イメージ
・メッセージ

おおいなる目標

おおらかなチャレンジ精神

❶名前の文字

太　志

❷名前を調べる
・起源や由来
・字のつくり
・意味

・ふとい＝たっぷりとふくらんでいる、ゆったりと広い、安らかである
・「ふと」＝優れたもの、壮大なるものを形容する
・「太」＝「泰」の字の省略形
　「泰」＝安らか、おおらか、甚だ、ゆたか

・「こころざす」＝こころ＋さす（指す：一直線に向かう）

志｜＝ゆく
　｜＝こころ

＝心がある目的や対象に向かう
＝あることを成しとげようとする気持ち

図表2-2　　参考辞典：『字訓』（白川静、平凡社）、『新明解 現代漢和辞典』（三省堂）、『旺文社 漢字典』（旺文社）、『学研 新漢和大字典』（学習研究社）

2-2)。〈志〉は言ってみれば、何かに向かう心のベクトルみたいなものだから、熱を帯びた図太い矢印。おおらかなエネルギーのベクトルをつねに抱く自分でいようというのが理念化です。親もそんな想いで名前をつけてくれたような気がします」

* * *

その日、近瀬は上司である中島部長とランチをともにしていた。テーブルでの話題は、「販売企画」という職種の字源について。

近瀬｜「〈販〉の字のつくりである〈反〉には〈そり返って戻る〉の意味があるんですよ。そこから、もののやりとりとか交換につながっていくわけです。で、何を交換しているかと言えば、〈販〉の〈貝へん〉が示すとおり、財貨・宝を交換している。

　確かに私たちは毎日、商品という財貨を売って、お客様からその代金という財貨を受

ワークシート1-B ｜職種名・業種名の根源探索

近瀬太志のワーク内容

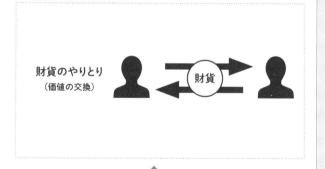

❸文字から引き出す
・エッセンス
・イメージ
・メッセージ

財貨のやりとり
（価値の交換）

❶職種名・業種名

販　売

❷文字を調べる
・起源や由来
・字のつくり
・意味

・あきなう
・「貝」=宝・財貨
　古代タカラガイを装飾や商品、貨幣の代わりに用いた
・「反」=そり返って戻る（行き来する）
「販」=売りと買い
財貨を行き来させる（交換する）

・うる
・売の旧字体:

「売」=品を出して買わせる

図表2-3　参考辞典：『字訓』（白川静、平凡社）、『新明解 現代漢和辞典』（三省堂）、『旺文社 漢字典』（旺文社）、『学研 新漢和大字典』（学習研究社）

け取ることを繰り返していますよね（図表2-3）」

中島｜「〈販〉が示す〈貝へん〉の財貨・宝って、ぼくらにとっては直接的には商品であり、代金だけど、それだけなのかな？　ぼくたちがお客様とやりとりしているのはほかにもあるような気がするけど」

近瀬｜「といいますと？」

中島｜「ぼくが法人営業の現場でお得意様を回っていたころ、とくに注文がない日でも、何かしら情報を差し上げたり、こまかな手伝いをしたりしたもんだ。その代わり、向こうも情報をくれたりね。そういう直接売上の立たないものをやりとりすることも、販売の仕事のうちなんじゃないかな」

近瀬｜「ああ、なるほど。私も現場の営業担当のころ、そうしていました。確かに交換するものは数字になる財貨だけではありませんね。

　ところで部長は企画という仕事に対してどんな印象をお持ちですか」

中島｜「罠を張るって感じかなぁ。罠を張って、成功するかどうかを楽しみに待つ。そんな感じだけど」

ワークシート1-B｜職種名・業種名の根源探索

近瀬太志のワーク内容

❸文字から引き出す
・エッセンス
・イメージ
・メッセージ

● 考えを巡らせる、描く
● アイデアを仕掛ける
● 成果を楽しみに待つワクワク感

仕掛けを施して
網を投げるイメージ

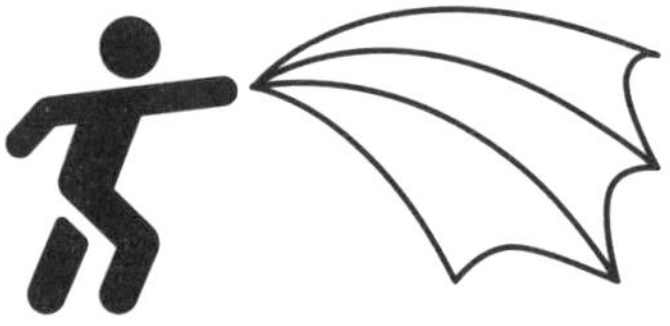

❶職種名・業種名

企　　画

❷文字を調べる
・起源や由来
・字のつくり
・意味

・くわだてる
　何かを願って計画する
・「人」＝ひと
　「止」＝かかと
　字形は、
　人がかかとを浮かせて立ち
　（つまだちして）待ちわびるさま

・かぎる（区切る）
・はかる（考えをめぐらす）
・えがく（絵をかく）

・画の旧字体：
　畫＝手に筆を持つ
　　＝田に区切りを入れる

図表2-4　参考辞典：『字訓』（白川静、平凡社）、『新明解 現代漢和辞典』（三省堂）、『旺文社 漢字典』（旺文社）、『学研 新漢和大字典』（学習研究社）

近瀬｜「まさに〈企〉がそうなんですよ。〈企てる〉という字は、人がつまだちして遠くを望み、待ちわびている姿を表わしているそうです。

企ては何かそんな野心的でギャンブルめいたことになるんですけど、逆に〈画〉のほうは几帳面なニュアンスなんです。古代の役人かだれかが筆を持って、地図上に区画線を入れていき、田んぼの所有を区切っていった字形らしいです（図表2-4）」

中島｜「その硬軟の組み合わせが面白いなぁ。大胆に野心を持って、でも、きっちり計画を練

る。企画の仕事の神髄が字に凝縮されてるね」

＊　＊　＊

近瀬はその日の業務を終え、自分のデスクで再び辞書を片手にワークシートに向かっていた。自らの担当商品である「旅・行」の字を調べていた（図表2-5）。

近瀬｜「（ひとりごと）〈旅〉って字形的には〈旗の

ワークシート1-B｜職種名・業種名の根源探索

近瀬太志のワーク内容

❸文字から引き出す
・エッセンス
・イメージ
・メッセージ

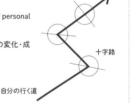

●自分を変えていく行程
Journey＝A long and often difficult process of personal change and development.
（The Oxford English Dictionary）
ジャーニー＝長くそしてしばしば困難を伴う個人の変化・成長の過程（オックスフォード・ディクショナリー）

●十字路
●物語られる探険

十字路

自分の行く道

❶職種名・業種名

旅　行

❷文字を調べる
・起源や由来
・字のつくり
・意味

・「旅」＝もともとは「軍隊」の意味
　旗のもとに人が集まった形→軍隊の行進
　「旗」＋「人」

・英語で「旅」は……
①travel→「travail：苦役・拷問」から派生。
　　　　　「trouble：困難・面倒」も仲間の語。
②trip→軽快な足どりのニュアンス
③journey→場所から場所への長い旅。
　　　　　　個人の内面的な成長の過程。
④voyage→船旅・物語られる探険
⑤tour→巡業、周遊

・みち（道路、人の守るべき道理）
・いく、ゆく（歩く、前進する、巡る、旅する）
・おこなう（なす、する）

・字形は一説に
　「十字路」を表わすとも

十字路
crossroad

図表2-5　参考辞典：『字訓』（白川静、平凡社）、『新明解 現代漢和辞典』（三省堂）、『旺文社 漢字典』（旺文社）、『学研 新漢和大字典』（学習研究社）

もとに人が集まる〉様子で、軍隊の行進を意味するのか。ちょっと意外。

それから英語の〈トラベル〉は、苦役・拷問の意味から来ている。〈トラブル：厄介なこと〉も語源は同じ。旅はもともと重苦しいイメージなんだな。考えてみれば、昔の旅は体力の消耗と命を危険にさらすことばかりだったから当然といえば当然か」

そこへ、近瀬の販促チームのメンバーである入社3年目の広田がミーティングから戻ってきた。広田もやはり旅行好きの人間である。学生時代、バックパッカーとなって海外のあちこちを放浪していた。

近瀬｜「広田君、ちょっと聞かせてもらっていい？　旅っていう言葉にどういうイメージがある？」
広田｜「そうですねぇ、〈旅行〉と〈旅〉とでは少し違う印象があります。

旅行というと、ちょっとウキウキする非日常の体験イベント。でも旅となると、ある長さがあって、危険があって、でもそれを覚悟のうえで何か大きな目的を持って出る、そうだなぁ、決意の家出というか、そんな感じです。

ぼくがやってたバックパックの放浪も、あれは旅の部類です。リスクを感じながら人生修行のために、未知の世界を見てやろうとか、未知の自分自身を見てみてやろうとか、それなりに覚悟のいる家出でした」
近瀬｜「英語でも旅行を表す言葉はいくつかあって、広田君の言う〈旅行〉は〈トリップ〉だし、〈旅〉は〈ジャーニー〉とか〈ボヤージ〉なんだ。

ぼくたちが売っている旅行商品も両方あるね。短期のレジャー観光、つまり〈トリップ〉も売っているし、バックパックの自由旅行とか留学支援とか中長期にわたる自己修養の旅となる〈ジャーニー〉も売っている」
広田｜「人生にはどっちのタイプの旅行も必要ですね。でも旅行業界にいながら、そんな基本的な言葉の意味なんて考えたこともなかったです。

さて、私は来週から九州エリアの営業所回りに行って参ります。例の販促キャンペーンの件で。出張届けをフォルダーに入れておきましたので承認サインをお願いできますか」
近瀬｜「そういう旅は、英語で〈tour：巡業〉って言うんだな」

定義化
ものごとの本質をつかみ表す

「定義」によって、ものごとに
本質的特性と仕切りが与えられる

さて、根源探索という下地の訓練をしたところで、コンセプチュアル思考の第1スキルである「定義化」に入っていきましょう。

人類は他の多くの動物と異なり、知性によって生活や社会を高度に発展させてきました。

それを可能にした要因のひとつが言葉を持ったことであり、言葉による定義によって無数の概念を起こしてきたことだと考えられます。

私たちがものごとを発展させるためには、これとあれとは種類が異なるとか、同じ仲間であるとか、この世界を細かに分節する必要があります。その分節こそ、概念化に他なりません。

概念化するとは、**言葉の定義によってものごとに本質的特性と仕切りを与え、ものごとを一つの固まりに分け出し、把握する**ことです。私たちはものごとを言葉で定義することによって、それが何であるかをしっかりとつかんだ状態になります。

そうしたことを理解するために、まずは簡単なクイズから始めましょう。

クイズ

次の6つのものの関係性を
簡単に図で示しなさい。

①麺　　　　　④パスタ
②味噌ラーメン　⑤スパゲッティ
③ざるそば　　　⑥ピザ

……さて、どうでしょう。関係性をうまく描けたでしょうか。解答例を次ページに載せましたので、一度考えてから参照ください。

こうした6つのものをざっとみたとき、「これは大きい範囲のものだ」とか、「こっちは分類として下にくるものだ」といったように、そのように**包含関係や上下関係**を考えたのではないでしょうか。それこそまさに、概念的に考える形式です。

解答例Aは、**概念の大きさ**で描いた包含図です。「麺」という概念はこの中で一番大きな概念です。それに比べて、「味噌ラーメン」や「スパゲッティ」は小さな概念です。「ピザ」はここでは麺とは別の分類になるので囲いの外に置かれることになります。

また解答例Bは、いわゆる**上位概念／下位概念**で描いたツリー図です。概念として上位にあるとは大分類（種類で言うところの類）を指し、下位にあるとは小分類（種類で言うところの種）を指します。したがって、この中では「麺」が一番の上位概念となり、その下に「味噌ラーメン」や「スパゲッティ」がきます。「パスタ」はこの中では中位の概念といってよいでしょう。「ピザ」はツリーの外に置かれ、麺ほど上位の概念でもないので中位に置かれます。

私たちはこのように、多くのものごとを概念としてとらえ、その本質的な内容によって範囲の大小をつかみ、適当に仕切り線を設けて概念の区分け（＝ものごとの分節）を行っています。

内包と外延

概念の形成においてよく言及されるのが「内包と外延」です。

内包とは、**その概念がもつ本質的特性**です。外延とは、**その本質的特性をもった概念が適応される範囲**をいいます。
「麺」という概念を例にして、内包と外延を描いたのが図表2-6です。

あなたが「麺」という概念を自分の内にしっかりと形成するために必要なことは、たとえばつぎのように麺の定義を試みることです。すなわち──
「麺とは、小麦粉などを練ったものを細長く

クイズの解答例

解答例A

①麺　　　　　　　⑥ピザ
　　　　　④パスタ
　　　　　⑤スパゲッティ
②味噌ラーメン
③ざるそば

解答例B

〈大分類〈類〉〉↑　　　　①麺
　　　　　　　　　　　④パスタ　⑥ピザ
〈小分類〈種〉〉↓
②味噌ラーメン　③ざるそば　⑤スパゲッティ

切った食品である。たとえば、ラーメンや蕎麦、うどん、パスタなど」。

ここには、内包と外延の2つの要素が入っています。前半の一文が内包で、麺がもつ本質的特性を定義しています。これは抽象次元の作業です。そして後半の一文が外延です。麺という概念にあてはまる具体物をあげて、概念の広がりを示しています。これは定義を補う具体次元の作業になります。

やはりここでも、抽象と具体、両方の作業が出てきました。概念の内容が色濃く表され

るためには、抽象的作業である内包がしっかり定義されなければなりませんし、概念の広がりが実感をもってイメージされるためには、具体的作業である外延が適切に示されなければなりません。

「麺」という概念の形成をするための2つの作業

麺とは──
「小麦粉などを練ったものを細長く切った食品である。
例えば、ラーメンや蕎麦、うどん、パスタなど」。

① 〈内包〉の作業｜抽象次元
　その概念がもつ本質的特性を定義する
② 〈外延〉の作業｜具体次元
　その概念の広がりを具体的なものをあげて示す

図表2-6｜内包と外延

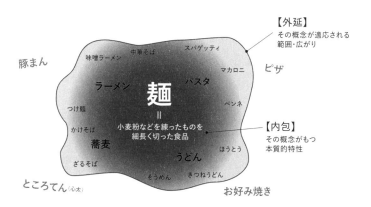

客観的定義と主観的定義

　さて次に、ものごとの定義における「客観と主観」というテーマに進んでいきます。これについてはすでに基礎講義の「鍵概念③　概念・観念・信念・理念」でも部分的に触れていますので、そこでの論議も加えながら深掘りします。

　私たち人間は、互いが協力して社会的生活を営んでいく必要があります。そのために意見交換をしたり、ルールを決めたり、共通の目的に向かって進んでいったりします。そのときにどうしても、ものごとの客観的定義というものが欠かせません。

　たとえば「麺とは、小麦粉などを練ったものを細長く切った食品である」という万人が共通了解できる定義があるからこそ、それをベースに知識やアイデアの交換ができ、製造や販売、調理を協同して発展させていけるわけです。

　さらに一例を出すと、公益財団法人日本道路交通情報センターでは、自動車道路における渋滞と混雑を次のように定義しています。

「混雑」と「渋滞」の定義（公益財団法人 日本道路交通情報センターによる）

区分	高速道路	都市高速道路	一般道路
渋滞	時速40km以下	時速20km以下	時速10km以下
混雑	—	時速40km以下	時速20km以下

※渋滞・規制図では、渋滞は「赤色」で、混雑は「だいだい色」で表示する

　日本道路交通情報センターのような公益機関はこのように客観的な数値を用いてものごとを定義し、市民・利用者に明確な情報を与えることで自動車の流れの管理に寄与します。

　警察においては、自動車の運転速度について法定速度を客観的な数値で定義することにより、それより何キロ超過したかでスピード違反の罰則も明示することができます。

　こうした**客観的定義は万人に公正なルールを課すために不可欠なもの**といえます。

　万人が共通了解できる客観的定義が、このように世の中に有益に浸透しているので、私たちはものごとの定義は客観的であらねばならないと考えがちです。

　しかし、それは事の重要性の半分でしかありません。すなわち、残り半分の重要性とは、**「ものごとの定義は主観的であってよい」**ということです。

図表2-7 | ものごとの客観的定義とは実質的に
**　　　万人が共通了解できるものの見方≒間主観的定義≒社会的通念といえる**

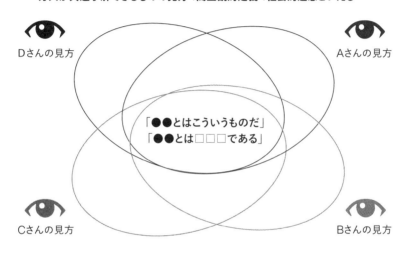

哲学者のニーチェは、「この世界に事実はない。あるのは解釈だけだ」との名言を残しました。「麺とは、小麦粉などを練ったものを細長く切った食品である」とか「高速道路における渋滞とは、時速40Km以下での低速走行が起きた状態をいう」といった定義は、客観的でありやすい。しかし私たちが生きるうえで、事業や仕事を行ううえで扱う概念はそう単純なものばかりではありません。

たとえば、前の章で、「成長とは何か」「事業とは何か」のワークを紹介しました。そこで出てきた定義は実に多様でした。大きな言葉・大きなテーマになればなるほど、その定義はいくつも出てきます。しかし、そのいくつも出てくることこそが、この世界の奥深さであり、面白さではないでしょうか。

そもそも言葉や概念はそれを使う人びととともに生きているもので、**辞書が載せている言葉の意味も時代とともに動いていかざるをえない部分があります。**

たとえば「情けは人のためならず」という言葉の意味は、「人に対して情けをかけておけば、巡り巡って自分によい報いが返ってくる」と辞書に載っています。しかし、この意味で使っている人の割合は年々減少し、平成22年度の文化庁「国語に関する世論調査」によれば45.8%です。

それに代わって若者を中心に増えてきているとらえ方が「人に情けをかけて助けてやることは、結局はその人のためにならない」で、同調査によると45.7%になっています。このままでいくと将来の辞書は意味の書き換えが必要になるかもしれません。

また、科学的知見をもってすれば客観的な定義が可能になるということでもありません。

たとえば、「時間」とは何か、「生命」とは何かについて、科学が絶対的に揺るぎない外からの定義ができるかといえば、やはりできません。どこかに意図的な限定や条件を設けなければ定義はできないのです。

そう考えてくると、客観的定義というのは、せいぜい皆が共通了解できるものの見方とか、間主観的にとらえた意味だとか、社会的通念くらいに留めておくのがよく、過剰に信奉すべきものではなくなってきます（図表2-7）。

ただ、客観が不要だとか、軽視していいということではありません。客観的にものをながめ、確かめることは前提として重要です。

そのうえで、どれほど意志的で創造的な主観を獲得していくか、ここがさらに重要になる点です。これがコンセプチュアル思考習得の目的の一つでもあります。

根幹的な概念ほど 定義の質に差が出る

パナソニック創業者の松下幸之助は「事業とは、人をつくることである」と言いました。また、本田技術研究所の初代社長に就いた本田宗一郎は「事業とは、人の気持ちを研究することである」と言いました。

これらは「事業とは、一定の目的と計画とに基づいて経営する経済的活動である」のような辞書的な定義とはずいぶん違います。

しかし、それはそれでよいことです。基礎講義の図表1-14「定義された内容のニュアンス的広がり」でみたように、ものごとの定義には広がりがあるからです。

そこでの要点をまとめると──

ん。たとえば、次のような題材を与えます。

- ●「仕事」とは何かを自分の言葉で定義せよ
- ●「事業」とは何かを自分の言葉で定義せよ
- ●「成長」とは何かを自分の言葉で定義せよ
- ●「創造」とは何かを自分の言葉で定義せよ
- ●「リスク」とは何かを自分の言葉で定義せよ
- ●「自律」とは何かを自分の言葉で定義せよ（その場合、「自立」とどう違うのか）
- ●「仕事の幸福」とは何かを自分の言葉で定義せよ（その場合、「仕事の成功」とどう違うのか）

こうしたあいまいで大きな概念について、しっかりと自分なりの「cept＝内側に取り込むこと：conceptの語根」を持っている人は少ないのではないでしょうか。「cept」とは、まさにその人の「観」です。

これら定義化の問いは、実はあなたの「仕事観」「事業観」「成長観」などの堅固さを問うているともいえます。観が強く醸成されている人ほど、定義化の文面は明快で強いものになります。逆に言えば、うまく言語化ができない人は、まだ自分の中でそれに関する「cept」が弱くて小さいということです。

- ● 定義された内容が、多くの人の間の「共通了解×説明的」に向いたものである場合、それは概念に近いものになる。
- ● 定義された内容が、共通了解ではなく、個人的な念いに振れると、それは観念や信念寄りのものになる。
- ● 定義された内容が、説明的ではなく、意志的な念いに振れると、それは理念や信念寄りのものになる。
- ● 特にビジネスの世界は、サイエンスとアート、フィロソフィーの融合する場であり、そこには唯一無二の正解となる定義はない。あえて言うなら、「ずどんと肚落ちして、行動するエネルギーを湧かせてくれる」定義がよい定義である。

コンセプチュアル思考の研修では、定義化の力をつけるために、徹底して根幹的な言葉をワーク題材にします。人間はこの世に無数の概念を生み出していますが、その中でも根や幹になる大きな概念の定義ほど、その人の本質をとらえる力が試されるものはありませ

真に画期的な商品・事業は、意志的に定義を変える

　私たちは多くの場合、ついつい既存の枠の中でものごとを処理しようとします。また、皆が共通了解できる概念の中で発想をしようとします。そうしたほうが無難ですし、話が通りやすいので手っ取り早く、ラクだからです。そ

のためにビジネスの世界ではどこの商品も似通ったものとなり、コモディティ化の穴にどっぷり入り込むことにもなります。

　しかし、画期的と呼ばれ、その後に大きな影響を残す商品・事業は、**既存の概念・定義を打ち破り、新しい概念・定義に人びとを導く**ことをします（図表2-8）。

図表2-8｜真に画期的な商品・事業は "意志的に" 既存の定義を変える

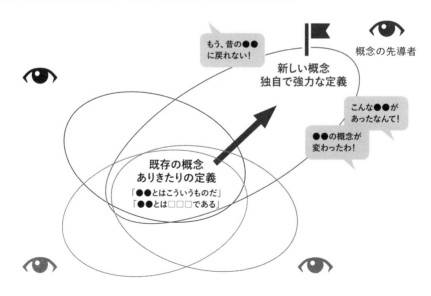

もう、昔の●●に戻れない！

概念の先導者

新しい概念
独自で強力な定義

こんな●●があったなんて！

●●の概念が変わったわ！

既存の概念
ありきたりの定義
「●●とはこういうものだ」
「●●とは□□□である」

たとえば、米国スリーエム社が開発した『ポスト・イット』。ふつう私たちは糊といえば「**物と物とをくっつけ定着させるもの**」という概念・定義を思い浮かべます。

しかし彼らは、「**糊とは物と物とをくっつけたり、はがしたりできるものである**」という独自の概念・定義を世の中に打ち出したのです。粘着性が中途半端なその糊は、確かに研究室での失敗作でしたが、まったく新しいとらえ方と用途を提示することにより、付箋紙という大きな製品カテゴリーを誕生させたのでした。

また、ピーター・ドラッカーの著書『マネジメント』の中に、イヌイット（カナダ北部などの極北地に住む民族）に冷蔵庫を売った営業マンの話が出てきます。

通常のとらえ方であれば、「**冷蔵庫は物を冷蔵保管する容器である**」わけですから、氷雪地帯で暮らす人たちに冷蔵庫を売ることは常識外のことであり、無理なように思えます。

しかしその営業マンは、「**冷蔵庫は物を"保温"保管する容器である**」として宣伝したのです。すなわち、極北地では特に冬の間、肉などを部屋の外に放置しておくと凍ってしまい調理がしにくくなる。しかし冷蔵庫に入れておけば凍結防止になる。だから重宝されて売れる商品になる。

ドラッカーは同書でこう書いています──「イヌイットに対して、食物の凍結防止のためとして冷蔵庫を売ることは、新しいプロセスの開発や新しい製品の発明に劣らないイノベーションである。（中略）**イノベーションとは発明そのものではない。それは、技術ではなく経済や社会のコンセプトである**」。

そう、まさにコンセプトを大転回することで得た成功事例です。

もう一つ、先導的な概念で大きな変化をもたらしたのが、屋久島の杉森の保護運動です。

昭和40年代、日本は高度経済成長のまっただ中にあり、杉の木は燃料として伐採が積極的に進められていました。当時、屋久島の島民の大部分も「**この杉森はエネルギー資源である**」ととらえるのがふつうで、木を切り、それをお金に換えることを肯定していました。

しかし、そこに疑問を感じ、使命感を持って杉森の保護に立ち上がったごく少数の人たちが現れたのです。彼らが叫んだ概念は──「**屋久杉の森は地球の遺産である！**」。

今日、屋久島の杉森を換金のために伐採してもよいエネルギー資源ととらえる人はほと

んどいないでしょう。しかし、わずか50年前まではそれが社会的な通念であり、積極的合意だったのです。

　私たちは、画期的な商品・事業に出くわしたとき、「●●の概念が変わったわ!」「もう、昔の●●に戻れない!」「こんな●●があったなんて!」などと感嘆の声をあげます。まさにそれはその商品・事業がこれまでの枠を破り、ユーザーを新天地に引き連れていった証です。

　さてあなたは、担当する商品・事業において、どれだけ意志的・主観的に概念や定義を打ち破ることに努めているでしょうか。

　では定義化のワークに入ります。先ほどの「根源探索」ワークに引き続いて、自分が携わる職種・業種 (担当製品・サービスとしてもよい) を定義化してみましょう。

　もちろん、営業であれば営業、経理であれば経理を辞典で引いてしまえば、その言葉の定義はそこに載っています。

　しかし、そうした一般的な見方の定義ではなく、あなた自身の観点で職種・業種を見つめなおし、自分の言葉で定義することがこのワークの狙いです。

図表2-9 | **画期的な商品の事例**

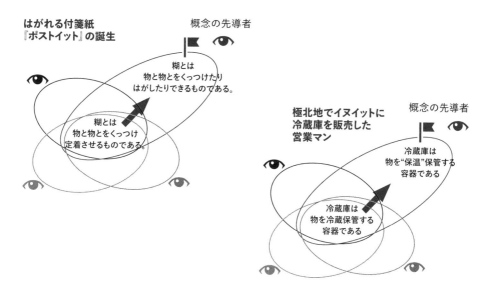

はがれる付箋紙
『ポストイット』の誕生

概念の先導者

糊とは
物と物とをくっつけたり
はがしたりできるものである。

糊とは
物と物とをくっつけ
定着させるものである。

極北地でイヌイットに
冷蔵庫を販売した
営業マン

概念の先導者

冷蔵庫は
物を"保温"保管する
容器である

冷蔵庫は
物を冷蔵保管する
容器である

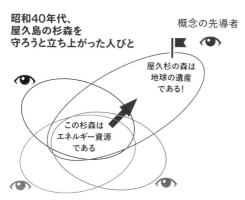

昭和40年代、
屋久島の杉森を
守ろうと立ち上がった人びと

概念の先導者

屋久杉の森は
地球の遺産
である!

この杉森は
エネルギー資源
である

定義化ワーク1-C みずからの職種・業種を定義する

①職種・業種について具体的な体験・知識・情報を頭の中に巡らせます。
　ふだん行っている業務の内容、職種や業種について持っている知識・情報・イメージ、
　これまで仕事で体験したさまざまな出来事やエピソードなどを思い返してみましょう。
②ワーク1-B〈根源探索〉でやった内容を転記します。
③その職種・業種を考えるうえで重要な観点・ワードを考えます。
④職種、業種を自分の言葉で定義してください。

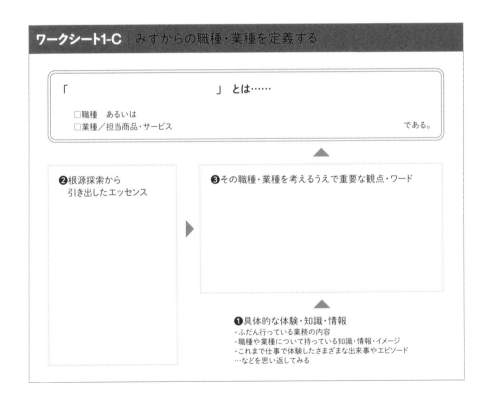

ワークシート1-C みずからの職種・業種を定義する

「　　　　　　　　　　　　　　　」とは……

□職種　あるいは
□業種／担当商品・サービス　　　　　　　　　　　　　　　　　　　　である。

❷根源探索から
　引き出したエッセンス

❸その職種・業種を考えるうえで重要な観点・ワード

❶具体的な体験・知識・情報
・ふだん行っている業務の内容
・職種や業種について持っている知識・情報・イメージ
・これまで仕事で体験したさまざまな出来事やエピソード
…などを思い返してみる

集合研修では、各自が行った定義をシェアする時間を設けます。同じ職種、同じ業種に携わっていても、定義は実にさまざま出てきます。

そこで私は、定義をグループでシェアするときに、図表1-14の4象限図を渡しています。各自の定義を付箋紙に書き、その定義が概念寄りなのか、観念寄りなのか、あるいは理念、信念寄りなのかをみながら、図上に貼っていくのです。

各自の答えの広がり具合が一覧でき、いろいろな気づきを誘発します（図表2-10）。

図表2-10｜「職種・業種の定義」貼り付けマトリックス

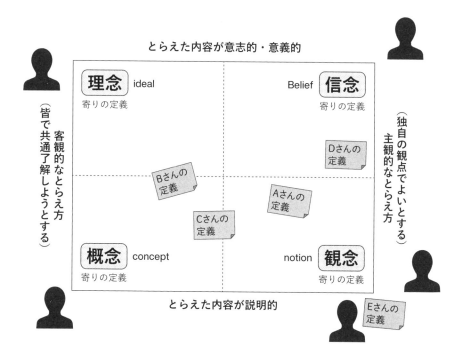

近瀬太志のコンセプチュアル奮闘記

近瀬はきょうも始業前に出社し、自席で『コンセプチュアル思考研修』で出されたワークに取り組んでいた。みずからの職種についての定義を考えている。

近瀬｜「(ひとりごと)〈販売〉というのは、ものの売り買い、もっと抽象的に言えば、財貨のやりとりだ。

でも中島部長が話してくれたとおり、ぼくらがやりとりしているのは目に見える財貨だけではない。直接的には商売の数値にならなくても、相互に役立つ情報とか信頼感とか感謝の念も行き来させている。

それら一切合切を含めて、ぼくたちはお客様と〈価値の交換〉をやっているととらえるべきなのだろう。

その価値の交換を継続的にやっていく関係性を築くことが、販売企画の仕事として重要な部分ではないのかな」

と、そこへ、販促第1課のチームリーダー梶川が出社してきた。

梶川｜「近瀬さん、きょうもワーク?」
近瀬｜「ええ、職種定義のところです。梶川さんは、この販売企画の仕事をどうとらえたんですか?」
梶川｜「たしか私は、購買決定のプロセスモデルを借りて考えたと思います」

近瀬｜「購買決定プロセスというと、『AIDMA』(注目→興味→欲求→記憶→行動)とかの?」
梶川｜「そう、でも私は『AISAS』(注目→興味→検索→行動→情報共有)のモデルを使いました。ネットの影響力がますます大きくなっているから、こっちのほうがしっくりくるなと思い。で、私は自分の職種を〈AISASを増幅する仕事〉にしました」
近瀬｜「なるほど。ぼくらは『AISAS』の全段階にかかわっていて、それぞれを強化する任務を負ってますね、たしかに」
梶川｜「うちのチームは団体旅行受注でしょ。団体旅行って必ず旅行をどうするかを決める人がいるわけです。その人へのAISASをどう増幅するかを去年はずっと考えてました」

近瀬｜「(再び一人になって考える)たしかに梶川さんのように購買決定プロセスの角度からこの仕事を見つめることもできる。で、自分の考える角度はというと……そうだ、顧客との関係性だ!　たぶん販売企画の仕事って3種類ある。

①「単発で当てにいく企画」
→新規のお客様を数多く獲得する
②「関係性を太くする企画」
→既存のお客様と太くお付き合いする
③「関係性を継続させる企画」
→既存のお客様と長くお付き合いする

①がうまい企画マンはこれまでもたくさんいた。でも、販促キャンペーンのヒットばかりに頼る体制では受注が永遠に安定しない。

いまの自分にとって販売企画として最重要のことは、②③における関係性づくりのように思える（図表2-11）」

＊　＊　＊

その日、近瀬はマーケティング本部が実施した調査データをながめていた。本部が運営する個人客向けの自社ウェブサイト『プラネット・ウォーキング』は、登録会員3万人を持ち、コミュニケーションチャネルとしてさまざまに利用されている。いまながめている調査データもそこから集められたものだ。

近瀬｜「（一人考える）昔は苦痛と危険でしかなかった旅が、現代では一大レジャーになった。旅行をしたい理由もどんどん拡大している」

そこで、近瀬は調査アンケートの「旅行し

ワークシート1-C ｜ みずからの職種・業種を定義する

近瀬太志のワーク内容

「 **販売企画** 」 とは……
- ☑職種 あるいは
- □業種／担当商品・サービス

- 売り手と買い手との「価値の交換」を考える仕事
- まずは「財貨のやりとり」の数を増やす仕掛け人
- 次に「価値の交換」を太く継続的に回す仕掛け人

である。

❷根源探索から引き出したエッセンス

〈販売〉
- 財貨のやりとり
  （価値の交換）

〈企画〉
- 考えを巡らせる、描く
- アイデアを仕掛ける
- 成果を楽しみに待つワクワク感

❸その職種・業種を考えるうえで重要な観点・ワード

お客様に売っているもの＝
・直接的には、商品／サービス
・間接的には、情報、便利さ、ブランド価値（信頼、ステータス感など）
お客様から対価としていただくもの＝
・直接的には、お金
・間接的には、情報（感想・意見・クレーム・口コミ評価）、感謝の言葉
→この財貨のやりとりを1回で終わらせないようにする＝リピート化する
企画仕事の3種類
①「単発で当てにいく企画」→新規のお客様を数多く獲得する
②「関係性を太くする企画」→既存のお客様と太くお付き合いする
③「関係性を継続させる企画」→既存のお客様と長くお付き合いする
→②③の実現のためには、単なる「財貨のやりとり」でなく、「価値の持続的交換」へ関係性を変えていく必要がある

❶具体的な体験・知識・情報
・ふだん行っている業務の内容
・職種や業種について持っている知識・情報・イメージ
・これまで仕事で体験したさまざまな出来事やエピソード
…などを思い返してみる

図表2-11

たい理由」の欄を一枚一枚見ていく。

- 日ごろのストレス発散、気分転換
- 温泉でからだを癒すため
- 家族との絆を深めたいから
- おいしいものとショッピング！
- 知らない世界や文化に触れられるから
- 自分を見つめられる時間がほしいから
- 友だちがつくれるから（現地の人とか、ユースホステルで一緒になった人とか）
- 非日常気分を求めて
- いろいろな山に登りたいので
- 移住候補地の下見のため

近瀬はチームメンバーの広田（新卒入社3年目）と坂井（新卒入社5年目）に投げかける。

近瀬 | 「人が旅に出たい理由の一番根っこにあるものって何だと思う？」
広田 | 「それは、自分が、ってことですか？ それともお客さん全般が、ってことですか？」
近瀬 | 「とりあえず、自分が、で言うと？」
広田 | 「ぼくはどちらかというとディープな旅行者なので、ちょっと極端かもしれませんが、そうだなぁ、"自分を試したい心"が一番奥にあるような気がします。

バックパックの旅って、ほとんど毎日がトラブルですから、フィジカル的にもメンタル的にも試されるんですよ。でもその状況をクリアしていくのが楽しい。クリアするために人の助けが必ずありますからね。だからいっそう旅が人間的になる」
近瀬 | 「広田君は、旅のアスリートというか修行者タイプだね」

坂井 | 「私はそういうディープな感じじゃないんだなあ。"自分を試す"のはちょっと重すぎる。旅行したいって気持ちはもっと単純で、ともかく非日常で発散したい、というのがシンプルだけど強い理由じゃないかしら。

旅は"行った・買った・食べた！"そして"撮った・SNSにアップした！"くらいがいいな。それが私含め、お客さんの多数派の感覚のような気がしますけど」
近瀬 | 「ぼくも学生時代にやってたのは写真を撮り歩く地味旅だったから、基本は広田君の気持ちに近いところがあるよ。

でも、いまは子どももできたから家族で単純に温泉浸かって楽しみたいし、仕事のモヤモヤを発散させたいし、坂井さんの言ってることもすごくうなずける」
坂井 | 「多くの人は、楽しさとか癒しとか、感動、出会いを旅行に求めていると思います。

事実、このときの調査でも旅行理由の上位は、名所観光を楽しみたい（62%）、気分転換・英気を養いたい（43%）、異文化に触れたい（38%）などが上位にきていますね」
近瀬 | 「こういう理由はどこの調査結果でも同じように出てくるし、実感として容易に想像がつく。だから我々旅行代理店はこぞって、くつろぎの豪華旅行プランをこんなに安く提供しますよとか、もっと感動できる目新しい観光スポットにお連れしますよだとかの競争に忙しくしてきた。

でも、そういうお客様の感覚的な理由だけを追って、表面的な対応で売っているだけでいいのかな……？ ぼくたちの売り方がうわべの対応でずっときてないかが少し気になっているんだ。

豊かになった日本人が旅行慣れしてくると、同じ楽しいという理由でも、楽しいのもっと奥にある楽しいに質が変化していやしないか。そこに注目したい。うちは規模の経済でやっていく大手企業でもないし、奇策やディスカウントで売るベンチャーでもない。人が旅行する根っこの理由をつかまえて、うまく手を打っていかなきゃならないポジションだからね」

広田「旅って、自分を変えたいというか、自分を変えてもらいたいというか、そういう欲求が根底にあるように思います。どんな旅をしても、帰ってきた後にふと、以前と違う自分になっていることに気づいて、その心地がなんともいい。だから、また旅したいと思える」

坂井「それは同感。私の場合、やれ観光だ、食事だ、ショッピングだ、って消費に動き回っているわけですけど、結局それらのことは全部自分の実になってる。

見聞が広がったり、見識が深まったり。目利き力もつくし、度胸もつく。何より旅は全部自分の判断だから、考えることを強要される。たとえ気軽なレジャー旅行でも、旅の前と後ではかなり自分が変わったのがわかります。

……あ、そうか、だから、自分に閉塞感が出てくると旅に出たいなあって気分になるのかも。旅が自分を蘇生させてくれることを私たちは潜在的に知っているのね」

近瀬「旅にはそういう作用があるんだろうね。もちろん旅の直接の面白みは、日常とは異なる景色や文化、思う人や食べ物に触れるといった外界の刺激だ。でも、最終的に旅がいいな、また行きたいなと思うほんとうの理由は、旅が内面の変化を与えてくれるからなんだろう」

広田「ぼくたちってふだんの生活では、自分を変えようと思ってもなかなか変えられないわけじゃないですか。どう変えたらいいかもわからないし。でも、旅って、ともかく出てしまえば、いやが応にも自分が変えられる。そのときの成長や学びは、仕事や日常生活では絶対に得られない質のものですしね」

近瀬は再びワークシートに向かい一人で考えた（図表2-11）。

旅行業界は気軽なレジャー観光を、手を変え品を変え売ってきた。そこが主戦場であることは今後も変わりはないだろう。だが成熟化する旅行者は、観光としての楽しさの奥に、自分が変わる・蘇生するという喜びを大きく感じつつある。

観光（sightseeing）は「その場所の光を観に行く」ことであり、場（スポット）的である。場の消費という次元で、顧客の取り合いを繰り返すことに近瀬は違和感を覚えはじめた。なぜなら近瀬は旅行の本質を「人を変化させるはたらき」にみているからだ。それはプロセス的なものである。

近瀬がとらえる旅行観は〈トリップ〉よりも〈ジャーニー〉に近い。「〈ジャーニー〉としての旅を訴求するアプローチで、もっとお客さんと太くつながれそうな気もするけど。でも、実際商売になるのは圧倒的に〈トリップ〉なんだよな」——近瀬は自分の想いと現実との間にギャップを感じつつワークシートのペンを置いた。（図表2-12）

ワークシート1-C ｜ みずからの職種・業種を定義する

近瀬太志のワーク内容

「　旅行　」とは……
- 外界を巡りながら、当時に内面（自己）を変化させる活動
- 出会いの「十字路」
- 物語られる探険

□職種　あるいは
☑業種／担当商品・サービス　　　　　　　　　　　　である。

❷根源探索から引き出したエッセンス

● **自分を変えていく行程**
Journey=
A long and often difficult process of personal change and development.
(The Oxford English Dictionary)
ジャーニー＝
長くそしてしばしば困難を伴う個人の変化・成長の過程
（オックスフォード英語辞典）

● **十字路**
● **物語られる探険**

❸その職種・業種を考えるうえで重要な観点・ワード

・旅行＝外面的（物理的）な移動×内面的（精神的）な変化
・発見の喜び
・出会う楽しみ
　（人と出会う、街と出会う、文化と出会う、自然と出会う、食と出会う…）
・未知の扉を開ける探険
・旅をした後の成長感、一皮むけた感
・トラブルが付きもの（トラベルとトラブルは同源！）

・観光＝その場所の「光」を「観」に行く＝sight seeing
　→観光は場（スポット）的、旅行は過程（プロセス）的

❶具体的な体験・知識・情報

・ふだん行っている業務の内容
・職種や業種について持っている知識・情報・イメージ
・これまで仕事で体験したさまざまな出来事やエピソード
…などを思い返してみる

図表2-12

第 **3** 章

ものごとの仕組みを
単純化して表す

スキル｜2

モデル化
思考上の模型づくり

　前章の「定義化」では、ものごとの本質を短い言葉に凝縮することを学びました。

　ここではさらに進んで、ものごとの仕組みを図的な表現でとらえる第2スキル「モデル化」の訓練をしていきましょう。

　モデル（model）とは模型を意味します。その字のごとく、「<u>実物を模して（＝真似て）形にしたもの</u>」です。

　世の中で起こる事象や経験をそのままとらえるには複雑すぎることがよくあります。また、目に見えなかったりするので、他者と共有することが難しいことも多い。そんなとき、ものごとの構造や仕組み、関係性などを単純化して表し、とらえやすくすること。それが「モデル化」です（図表3-1）。

　男の子はよくプラモデルを作って遊びます。あれはたとえば複雑なつくりの実物の飛行機があって、その構造を単純化しプラスチック製

図表3-1｜モデル化とは

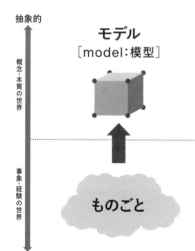

抽象的

概念・本質の世界

モデル
[model：模型]

事象・経験の世界

具体的

モデル化 とは…

ものごとの構造や仕組み、関係性などを
単純化して表し、とらえやすくすること。
ものごとを概括する手段のひとつ。
言ってみれば「思考上の模型」づくり

ものごと

ものごとはそのままとらえるには
複雑すぎる。
目に見えなかったりする。

で縮小したものです。プラモデルの場合は、物的あるいは機械的なモデルと言っていいでしょう。

コンセプチュアル思考でいうところのモデルは、そうした機械的モデルではなく、思考上のモデルになります。

「モデル化」と聞くと少し難しいことをやっているように感じますが、私たちはふだんの仕事現場でよくやっています（図表3-2）。

たとえば、売上がなかなか上がらない状況に接しているとき、漫然と対策を考えるのではなく、売上をつくる要因を<u>階層化</u>して押さえ、どこに重点的に手を打つか議論します。そのツリー図に起こすことこそ、モデル化して考えるということです。

同様に、生産性を上げようとするとき、工程を分けてながめ、そこにある因果関係を取り出して適切な対応策を考えます。そういった全体を<u>プロセス</u>に分ける、因果関係を押さえるというのもモデル化です。

また、市場参入するときに市場を<u>4象限マップ</u>でとらえたり、儲ける仕組みを発明したりする<u>ビジネスモデル構築</u>もモデル化です。

私たちはときとして、目の前で起こる具体的な出来事に振り回されます。すると往々にして、思いつきで手を打ったり、対症療法的な処理でその場しのぎをしたりします。

しかしそんなときこそ、**抽象次元に上がって状況を構造的にとらえ、図化してとらえる必要**があります。コンセプチュアル思考の第2スキルであるモデル化は、そんな場面で発揮されるべき能力となります。

図的な情報表現
データの視覚化から概念の視覚化まで

世の中の事象や状況、概念を図的に表現するものにはいろいろあります（図表3-3）。

左側に置かれるのは、データを忠実に客観性をもって図に変換するものです。地図をはじめ、統計図表に用いるチャートやグラフ、設計図、楽譜がこれにあたります。

中央に位置するのは、機械的モデル図（たとえば、家電製品の取扱説明書の図）や、状況概括図・構造分析図（たとえば、売上要因のツリー図、市場を俯瞰する4象限図）で、構造・仕組みを視覚化

図表3-2 │ モデル化して考えるとは

[階層化] 売上をつくる要因をツリー化して押さえ、どこに重点的に手を打つかを考える

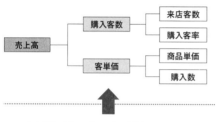

売上不振に対して、思いつきで手を打つのではなく

ものごと

[プロセス化] 全体をプロセスに分けたり、内にある因果関係を取り出したりして、ものごとを適切に把握する

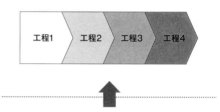

生産性向上に対し、対症療法的に手を打つのではなく

ものごと

[4象限マップ化] 2軸を切って市場を4つの象限で俯瞰し攻めるべき領域を決める

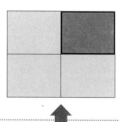

参入市場を漠然とながめるのではなく

ものごと

[ビジネスモデル化] 集客や課金の仕組みを整え、利益が取れる構造を発明する

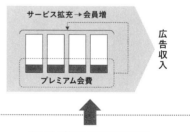

やみくもに儲けようとするのではなく

ものごと

するものです。

　さらに右側にいくに従い、概念が視覚化され、図として表現するものがものごとの意味や本質の姿になっていきます。

　この典型は、この後のワークでも行う概念的モデル図です。そこにはどうしても図を起こす人の独自の解釈や観が入りはじめます。
　概念の視覚化が行き着くところには、宗教画の極みであるマンダラや禅画、抽象アート

といった表現形式があります。
　時空を超えて残ってきたマンダラや抽象アートは、万人が理解しえないという意味では客観的ではありません。が、観ることのできる人が観れば、それは大いなる真理を表現していて、人を引きつけてやまないものになります。

　概念図は人が内面にあらかじめ持っている何かを呼び覚ますところがあり、その点で情報伝達以上のはたらきをするものです。

図表3-3 ｜ 図的表現のいろいろ

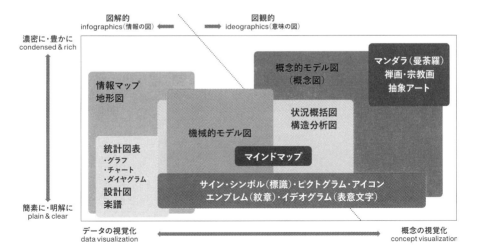

図解と図観

昨今では情報を図化したものに「**図解**」や「**インフォグラフィックス** (infographics)」といった言葉が当てられるようになりました。

しかし、本書では、「**図観**」という概念を紹介し、そこをもう一段深掘りしてみたいと思います（図表3-4）。

一言で言えば、図解は「**図でやさしく事実を解く／図を通して実態が解る**」こと。他方、図観は「**図でものごとのとらえ方（＝観）を示す／図を通して本質を観る**」ことです。概念図やマンダラなどは、図解的というよりも「図観」的といったほうが近いものになります。

両者の違いは、「よい表現」とはどんなものかの違いにもつながってきます。

「**よい図解表現**」というのは、**だれもがわかりやすい図**です。図を見る側に何か読み解く技術や教養といったものを要求しません。

他方、「**よい図観表現**」というのは、必ずしも万人にわかりやすいとはかぎりません。この後に紹介する概念図の例、九鬼周造の「『いき』の構造」図やベルクソン『物質と記憶』の挿入図などは、とても難解なもので、見る側にある程度の読解力や教養を求めます。

図表3-4｜図解と図観

図解	図観
■主にデータや情報、仕組みを図化する	■主に概念や本質を図化する
■図でやさしく事実を解く 図を通して実態が解る	■図でものごとのとらえ方（＝観）を示す 図を通して本質を観る
■目的性：プレゼンテーション寄り ●万人へのわかりやすさ ●インパクト ●クールな見せ方 ｝を重要視する	■目的性：思考の深化寄り ●思考する者の腑に落ちる度合い ●気づきの深さ ●凝縮的な見せ方（Less is more） ｝を重要視する
■正確で明瞭であろうとする	■示唆的な概括でよいとする
■infographics＝情報の図画	■ideographics＝意味の図画
■統計図表（各種グラフやチャート）、情報マップ、機械的モデル図など	■概念的モデル図、マンダラ（曼荼羅）、エンブレム（紋章）など

複雑な事象が巧みにモデル化された図ほど、その人独自のやり方で裁断と凝縮が大胆に行われます。その裁断・凝縮された表現を、見る側は再び補ったり、解凍したり、引き伸ばしたりせねばなりませんが、そのための能力素地が必要になるわけです。

たとえば、「南方マンダラ」とネット検索にかけてその絵図をみてください。これは、江戸時代から昭和にかけて生きた生物学者、南方熊楠が描いた曼荼羅です。

南方は森羅万象が縁起によって生成される原理をこのような概念図として表しました。ある人は『南方マンダラ』を単なるいたずら描きと評するでしょうし、一方、実に妙味のある図だと言って感服する人も出てくるでしょう。そのように「概念図を図観すること」には、個人差が出てきます。

優れた概念図というのは、「less is more （より少ないことが、より多いこと）」が特長です。

図の作り手はものごとの仕組みを「less」に凝縮する技を持っていなくてはなりません。そしてその図の読み手は「more」に咀嚼する目を持っていなくてはなりません。

図化表現の技法一覧

さて、ここからは図的表現の技法について少し詳しく紹介していきます。大きく2つのカテゴリーに分けています。

● データを図化する表現技法
（図表3-5）
● 概念を図化する表現技法
（図表3-6）

まず1つ目のカテゴリーは、統計図表でよく使われるグラフやチャートといった、データを図化する表現技法です。

データを一覧でまとめる形式としては「**テーブル｜表組み**」があります。行と列にセルが並んだもので、表計算ソフトのスプレッドシートもこのような形をしています。

しかし、このテーブルはデータが並ぶだけで、データ全体がどんな実態を示してくれるのかがわかりません。データ数値を幾何学的な図形に変換して、量的な把握、変化的な把握

をしやすくするのが**グラフ**や**チャート**です。

　図表3-5のように棒型、円型、レーダー型、泡型、滝型、ひげ付き型などさまざま開発されています。

　要はそのデータから何をつかみたいか、何を気づかせたいかによって、どんな形で視覚化すべきかが決まってきます。ぱっと見て直感的につかめることが要件です。

　2つ目のカテゴリーは、そのものごとがどんな構造・仕組みを持っているのか、どんな概念・意味であるのかを図化する技法です。図表3-6に技法を整理しました。

　根源的要素を意味のあるように配置したり、階層で分けたり、因果関係でつないだり。あるいは、流れを示したり、類型化したり。基本的な技法パーツとしてはここにあげたようなものです。

　概念を図化する際には、そのものごとにどんな洞察の光を入れるか、いかに雑多なものを捨て去り、本質を表現できるかが重要です。

　こうした表現技法はそれを手助けする刀のようなものです。ものごとの奥深くへ切り込んでいったり、概念化を大胆に進めるそぎ落としをしたり。そうした刀づかいの好例を各所に加えておきました。

図表3-5｜データを図化する主な表現技法

［ テーブル｜表組み ］

	01	02	03
A			
B			
C			
D			

［ 棒グラフ・帯グラフ ］

［ 円グラフ ］

［ 折れ線グラフ ］

［ レーダーチャート ］
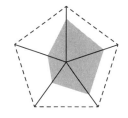

［ バブル（泡）チャート ］
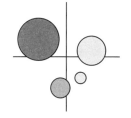

［ ウォータフォール（滝）チャート ］
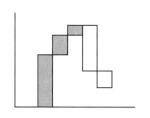

［ スキャタープロット｜散布図 ］
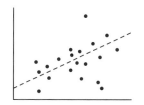

［ ボックスプロット｜箱ひげ図 ］
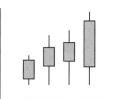

［ ダイヤグラム（運行計画図）］
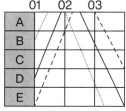

図表3-6 | 概念を図化する主な表現技法

1 | 根源的要素をあげる

[並列図]

[関係性配置図]

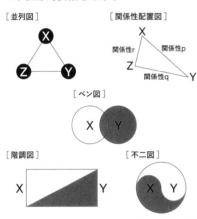

[ベン図]

[階調図]

[不二図]

2 | 階層的に把握する

[ツリー図]

[積層図]

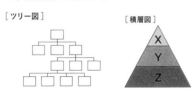

3 | 因果関係を押さえる

[因果図]

[因果の環]

4 | プロセスを表す

[フロー図]

[フェーズ移行図]

5 | 軸を切って分布を みる／類型化する

[4象限図]

6 | ひな形を用いる

[思考ツール]

7 | 比喩によって 仕組みを表す

[比喩図]

8 | 複合的な形式に よって表す

[複合図]

9 | 寓意・黙示によって 世界観を表す

[マンダラなど]

10 | 絵を用いる

[挿絵・概念画]

1 │ 根源的要素をあげる

[並列図]
要素を並べる

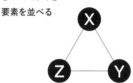

[用例]

そのものごとの根源となる要素を探り出し、それらを単純に並べる。

[ベン図]
要素間の包含関係・影響範囲を示す

[用例] 職業選択の3視点

根源となる要素を探り出し、要素間の包含関係や影響範囲を示す。とくに「X∩Y」という重なりの部分に重要なメッセージが見出される。

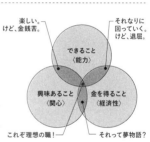

[関係性配置図]
要素間の関係を位置で表す

[用例]

根源となる要素を探り出し、その関係性によって配置する。右の用例は哲学者・九鬼周造が表した「いき（粋）」の構造図である。「いき」を成立させる8つの根源的要素を抽出するとともに、それらを意味をもって配置している。

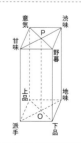

＊出典：九鬼周造『「いき」の構造』（岩波文庫）P49

[階調図]

**要素の関係度合いが
階調的に変わることを表す**

[用例] 意思疎通におけるコンテクストとコンテンツの混合

二元的にものごとをとらえる場合、その二元の表れ方はたいてい白か黒かというデジタルなものではなく、白からしだいに黒へ移っていくという階調（グラデーション）的なものとなる。下の例は、意思疎通を「コンテクスト（context）」と「コンテンツ（contents）」という二元の組み合わせでみた場合の階調図。「高／低コンテクスト文化」という概念は、米国の文化人類学者エドワード・ホールが『文化を超えて』で提唱したもの。

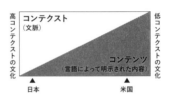

高コンテクストの文化　コンテクスト（文脈）　低コンテクストの文化
コンテンツ（言語によって明示された内容）
▲日本　　▲米国

[不二図]

**2つの根源XとYが
相互に影響し合い、
究極は一体（＝不二、一如）
であることを示す**

[用例] 太極図

古代中国の思想でよく用いられる「太極図」。白い部分が陽で、黒い部分が陰を表す。陽と陰の二元が相互に因果の環を成すとともに、陽の先導箇所には陰が内在し、陰の先導箇所には陽が内在することを描いている。
二元論でものごとをとらえるとき、単に二元を分離対立させるよりも、絶対の立場から不二あるいは一如としてみると、より深い考察にいたる場合が多い。「環境と自己」、「肉体と精神」をこの図に当てはめてとらえることもできる。

[用例] メビウスの輪

一見対立する2つの根源が実は一体化しているということを表現する形として「メビウスの輪」も有効である。愛と憎、生と死、美と醜、正義と独善などの対立する価値のありようは、まさに「メビウスの輪」的であるといってよい。一方を追っていくといつの間にか、裏側である他方に行き着いてしまうところが妙味である。「コインの表裏」としてしまうより一段深い。禅僧の白隠は、数学者メビウスよりも以前に、自らの禅画にねじった輪を用いている。メビウスの輪をチューブ状に表現したものに「クラインの壺」がある。

2 ｜ 階層的に把握する

[ツリー図]

要素を枝分かれ状に分解してとらえる

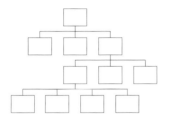

［用例］日本十進分類法

要素を階層ごとに枝分かれ状に書き上げていく表現技法。ロジックツリーやディシジョンツリーとしても知られる。用例の十進分類法は、図書館などで用いられている学問の分類ツリー図。

類（るい）		網（こう）		目（もく）	
0	総記	40	自然科学	460	生物科学
1	哲学	41	数学	461	理論生物学
2	歴史	42	物理学	462	生物地理
3	社会科学	43	化学	463	細胞学
4	自然科学	44	天文学	464	生化学
5	技術	45	地学	465	微生物学
6	産業	46	生物科学	466	
7	芸術	47	植物学	467	遺伝学
8	言語	48	動物学	468	生態学
9	文学	49	医学・薬学	469	人類学

[積層図]

要素を層状に分解してとらえる

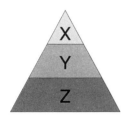

［用例］マズローの5段階欲求

ものごとを構成する要素を層状にしてとらえる技法。米国の心理学者アブラハム・H・マズローが『人間性の心理学』の中で提唱した5段階欲求は、ピラミッド型の層で説明されている。

3 ｜ 因果関係を押さえる

[因果図]

要素間の因果関係を示す

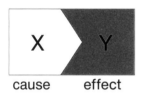

cause　　effect

[用例] 論理療法の「ABC理論」

ものごとの仕組みを解き明かすうえで「原因→結果」の関係性はとても重要である。それを上のような因果図として表現する。心理学者のエリスが提唱する「ABC理論」においては、「A→C」すなわち、〈出来事〉が〈感情〉を起こすのではなく、中間にB〈観念〉を置いて、「A→B→C」すなわち〈観念〉が感情を起こすという因果関係でとらえるところが神髄である。また、因果関係を円環で示すと、そこには永続的ダイナミズムが表現される。

A Activating Event　　B Belief　　C Consequence

出来事　　観念〈ものごとのとらえ方〉　　結果として表れる感情

*アルバート・エリス／ロバート・ハーパー著『論理療法』
（國分康孝／伊藤順康訳、川島書店）をもとに作図

[因果の環]

因果関係の循環を表す

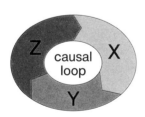

Z　causal loop　X
Y

[用例]

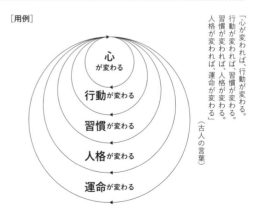

心が変わる
行動が変わる
習慣が変わる
人格が変わる
運命が変わる

「心が変われば、行動が変わる。
行動が変われば、習慣が変わる。
習慣が変われば、人格が変わる。
人格が変われば、運命が変わる」
（古人の言葉）

4 | プロセスを表す

[フロー図]

**1つ1つの要素を順次的に
並べていく**

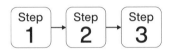

[用例] アルゴリズム

フロー図の典型の1つがアルゴリズム。全体のプロセスを把握する基本的な表現技法である。

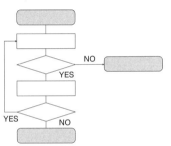

[フェーズ移行図]

**フェーズ（段階・局面・位相）
単位で変化をとらえる**

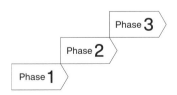

[用例] SECIモデル図

ものごとが段階を経て変化していくことを表す場合にフェーズ移行図を用いる。用例の「SECIモデル」も典型的なフェーズ変化を示している。また、オットー・シャーマー『U理論』などもフェーズ変化に着眼したもので、この種の図を用いる。

＊野中郁次郎・紺野登著『知識創造の方法論』をもとに作図

5｜軸を切って分布をみる／類型化する

［4象限図］
ものごとを2つの基軸で
分割してとらえ、
4象限平面上で全体を
概観する

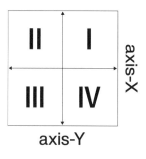

［用例］ボストン・コンサルティング・グループの開発した
『PPM（プロダクト・ポートフォリオ・マネジメント）』図

「田の字マトリクス」とも呼ばれ、事業戦略やマーケティングの部門で、事業分析やポジショニングマップとしてよく用いられる。複雑なものごとを4分割して俯瞰できる。用例の『PPM』図は、類型化によって事業の選別を行うもの。各象限につけられた名称はアナロジーを用いたもので記憶に残りやすい。

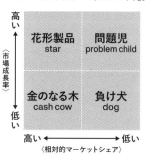

［用例］思考球域〈Thought Sphere〉

3つの基軸を使い、8象限の立体でものごとを概括することもできる。ただ、頭の中でのイメージ構築が複雑になる。2軸にせよ、3軸にせよ、どんな基軸を設定するかが図の生命線となる。

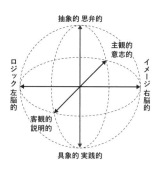

*村山昇『キレの思考・コクの思考』

6 | ひな形を用いる

[思考ツール]
定番化された思考ツールを
用いて概観する

ビジネスの現場では、用例のような「SWOT分析」「5Forces分析」をはじめ、「4P（Product|Price|Place|Promotion）分析」「As-Is（現状）|To-Be（あるべき姿）ギャップ分析」「PDCA（Plan|Do|Check|Action）サイクル分析」などさまざまな思考ツールが普及している。これらも担当事業を包括的にながめるのに効果的な図表となる。

[用例]「SWOT」分析

[用例]「5Forces」分析

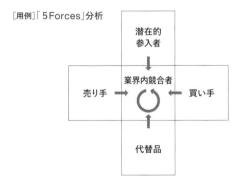

＊マイケル・E・ポーター『競争の戦略』をもとに作図

7｜比喩によって仕組みを表す

［比喩図］
アナロジー（類比）を用いる

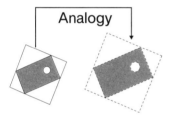

Analogy

［用例］意識の氷山モデル

ものごとを直接的に表現して説明するのではなく、比喩を用いて表現する。人間の意識／無意識の構造は直接的には把握しづらいので、氷山を比喩にして理解イメージを起こさせる。

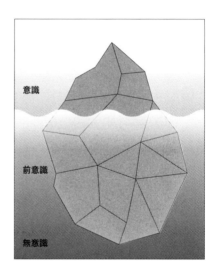

意識

前意識

無意識

8 ｜ 複合的な形式によって表す

[複合図]

さまざまな表現形式を合わせ
1つの概念を表す

Combined

[用例] ベンジャミンのコミュニケーション・モデル

用例は、情報の源（ソース）と受け手との間に生じるコミュニケーションの仕組みを表した図。対峙する２つの三角形やプロセスを示す矢印など、さまざまな図形要素を組み合わせ、全体として1つの理解モデルとなっている。

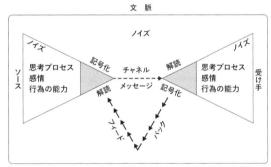

*J.B.ベンジャミン著『コミュニケーション』（西川一廉訳、二瓶社）p.5

9 ｜ 寓意・黙示によって世界観を表す

[マンダラなど]

複雑に抽象化した寓意・黙示によって
独自の概念世界・宇宙観を表す

[用例] 以下をウェブ検索にかけて画像を見るとよいでしょう。

- 曼荼羅
- 南方熊楠の曼荼羅
- 白隠の禅画
- モンドリアンの抽象絵画

概念的モデル図の極みがマンダラや抽象絵画。複雑な事象が巧みにモデル化された図ほど、その人独自のやり方で裁断と凝縮が大胆に行われる。その裁断・凝縮された表現を、観る側は再び補ったり、解凍したり、引き伸ばしたりせねばならないので、そのための能力素地が必要になる。高度に意味が凝縮された表現ほど、ある人びとには荒唐無稽な絵と思われる一方、ある人びとからは、実に妙味のある表現だと感服もされる。優れた概念図というのは、「less is more（より少ないことが、より多いこと）」的な表現になる。図の作り手はものごとの仕組みを「less」に凝縮する技を持っていなくてはならない。そしてその図の読み手は「more」に咀嚼する目を持っていなくてはならない。その観点からすると、下の例にあげたベルクソンの図はもはや「哲学的マンダラ」といってよいほどの図化である。

[用例] ベルクソン『物質と記憶』における挿入図

Pは自分を取り巻く現実の世界、円錐SABは自分の内に蓄積された記憶全体、頂点Sはいまのこの瞬間に自らの知覚が現実世界と接する点を表す。

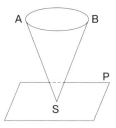

> 「頂点Sは、あらゆる瞬間に私の現在をかたどって、たえず前進しており、不断にまた可動平面Pと接触している。（中略）Sには、身体のイマージュが集中してあらわれる」
>
> 『物質と記憶』ベルクソン
> （熊野純彦訳、岩波書店）

10 | 絵を用いる

[挿絵・概念画]

絵によって本質を描き出す

[用例]

図形を用いて幾何学的なタッチで図化するのではなく、絵（イラスト）によってそのものごとの本質を描き出すこともときに有効である。

下の例は拙著『働き方の哲学』で描き起こした絵。「プロフェッショナル」の原義は「profess（誓いを立てる）」にあることを示す。このように図観的な絵はそこに抽象化されたメッセージを含む。挿絵と呼ばれるものの中には、単に具象的に事物を描いただけで含意性のないものも多い（ただ、紙面の雰囲気づくりには役立つ）。図観の文脈においては、絵は概念画であることが求められる。

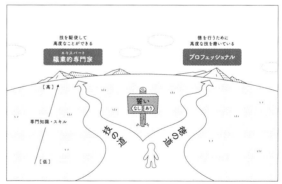

村山昇『働き方の哲学』 イラスト：若田紗希

　では、モデル化の演習に入っていきましょう。まずは、概念を1枚の図に表してみます。「仕事」は大きくてあいまいな概念です。あなたはこれをつかむのに、どんな根源的要素を掘り起こし、抽象して、本質を洞察しようとするでしょうか。そして、どう構造的に表現するでしょうか——。

　ここでは3種類〈空間的・経時的・混合的〉の図にまとめていく思考プロセスを共有します。

モデル化ワーク2-A ｜ 概念を1枚の図に表す

「仕事とは何か」を1枚の図（絵）で描きなさい。

1 | 空間的な広がりでとらえる

　ものごとを1枚の図でとらえるときに、最も基本的な作業は、**その意味の広がりを考えてみる**ことです。

　その広がりを押さえるために、どんな基軸が適当かという思考目線を入れる。もし2つの軸が見えてくればタテ軸×ヨコ軸の平面図に落とし込めますし、3軸で押さえることができそうなら立体的な構造にできます。

　では早速、「仕事」についてみてみましょう。

　私たちはふだん、仕事という言葉をさまざまに使っています。
「この伝票処理の仕事を今日中に片付けて」「営業という仕事の難しさはここにある」「課長の仕事はストレスがたまって大変だ」「この仕事じゃ食っていくのがやっとだ」「彼が生涯にわたって成し遂げた仕事の数々は人びとの心を打つ」「途上国に病院をつくる。それが私のやるべき仕事です」など。

　こうした仕事という言葉が持つ意味の広がりに、どんな軸を突き刺せるでしょうか。ここが、コンセプチュアル思考の基礎力として大事なところになります。

　たとえば、**仕事がなされる時間単位**に着目してみましょう。

　伝票処理のように短時間でなされる仕事もあれば、課長の仕事というようにある一定期間の仕事もある。さらには、生涯にわたって成し遂げる仕事というふうにもっと長い時間をかける仕事もある。

　こうしたことから、仕事をとらえるための1つの軸として、それがなされる「時間の長い／短い」、あるいは「単発的／継続的」が浮き上がってきます。

　次にたとえば、**仕事の重さの違い**に気がつきます。

　ルーチンワークとして行う雑多な作業にはさしたる重さがありません。神経をあまりつかうことのない軽い業務です。ところが、営業の仕事や課長の仕事には、取引先や会社に対する責任を果たすためにある程度の重さが出てくる。そして、途上国に病院をつくる仕事には、とても重いものがある。

　すると、もう1つの軸は、仕事の「重い／軽い」が思い浮かんできます。

　が、これではまだ練り足りない気がします。その「重い／軽い」の奥にあるものは何か。

　それは、**動機の違い**ではないでしょうか。

ルーチンワークをやる動機はさほど高尚なものではありません。単に処理しなければならないという労役的な動機です。それに比べ、途上国に病院をつくる仕事の底にあるのは使命的なものです。

となると、軸としては「しかたなくやる動機／湧き上がってくる動機」を両極としてはどうだろうと考えつきます。

そして、その2つの基軸を立てて四角の枠を描いてみる。そこにさまざまな要素を配置していくと、仕事という概念の広がりを2軸平面上に表した図ができあがります（図表3-7）。

ここでは図の補強として以下の「3人のレンガ積み」の寓話を加えることもできます。

中世ヨーロッパのとある町。建築現場で3人の男が働いていた。何をして

図表3-7 ｜ 〈モデル化ワーク2-A〉「仕事」を空間的な広がりでとらえる

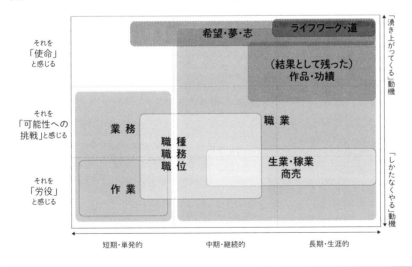

いるのか？　と聞かれ、それぞれの男はこう答えた。

「レンガを積んでいる」、最初の男はつぶやいた。2番目の男は「カネ（金）を稼いでいるのさ」と答えた。そして、3番目の男は高く顔を上げて言った──「町の大聖堂を造っているんだ!」。

この3人の男はレンガを積むという同じ仕事をしていますが、各々の仕事観はまったく異なります。

レンガ積みを単発の作業としてやっているのか、生活の糧を得るための稼業なのか、使命なのか。彼らの仕事は図表3-8の平面において、違う箇所に置かれるものとなります。

図表3-8 │ 〈モデル化ワーク2-A〉 「仕事」を空間的な広がりでとらえる (補強図)

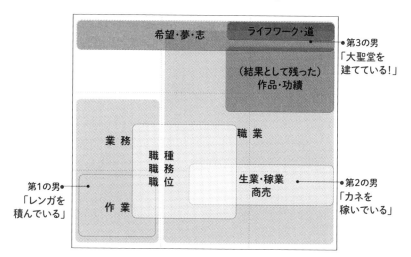

2 | 時間的な変化でとらえる

次に取り上げるのは、**時間的な変化に着目するモデル**です。

経時的な観点から、仕事はどうみえるでしょうか。私たちはいろいろな仕事を思い浮かべるとき、その仕事をやる前とやった後で価値創造がなされていることに気がつきます。その価値創造にはいくつかの種類がありそうです。

1つには「**増減させる**」仕事。たとえば、物を売ったというのは販売量を増やした仕事ですし、物を速くつくれるような工夫を施せば生産性を増した仕事になります。何か機能を付け足したのであれば性能を増した仕事になる。これを記号的に表せば、「A→A+」です。

しかし、仕事というのは、プラスの価値創造に終えられるときばかりではありません。

ときには下手な仕事をし、かえって仕事前より価値を下げてしまうこともあります。マイナスの価値創造「A→A−」の状況です。

こうしたことを考え合わせると、この種の仕事は「A→A±」と表現できそうです。

また、「**変形・変質させる**」仕事もある。記号的に書けば「A→B」です。

外観を変えたり、やり方を変えたりするのはこの類の仕事になります。組む／分解する、編集する、質を変えるのもそうです。ときには拙い仕事をしたことで余計に事が散らかるときがありますが、それもある意味、変形型の仕事といっていいでしょう。

さらにもう1つ、忘れてならないものに「**創出する**」仕事があります。

新規に起こす、発明する、既存の枠を打ち破るアイデアを発案する、独自な表現を打ち立てる、そういった「0→1」の仕事です。

このように「仕事とは何か」を時間的な変化の観点でモデル化すると、次の3つで表現できそうです。

> **仕事とは、ものごとを**
> ①「A→A±」〈増減させること〉
> ②「A→B」〈変形・変質させること〉
> ③「0→1」〈創出すること〉

仕事というのはこれら3つの複雑微妙な組み合わせと考えると、それを表すには3つの円のベン図が適当だと考えられます（図表3-9）。

図表3-9 │ 〈モデル化ワーク2-A〉「仕事」を時間的な変化でとらえる

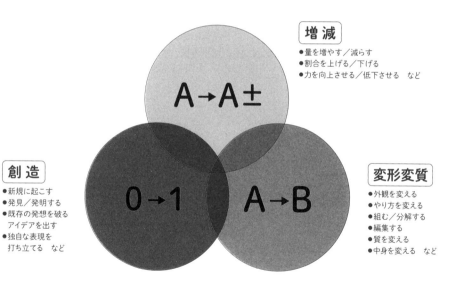

増 減
- 量を増やす／減らす
- 割合を上げる／下げる
- 力を向上させる／低下させる　など

A→A±

創 造
- 新規に起こす
- 発見／発明する
- 既存の発想を破る
  アイデアを出す
- 独自な表現を
  打ち立てる　など

0→1

A→B

変形変質
- 外観を変える
- やり方を変える
- 組む／分解する
- 編集する
- 質を変える
- 中身を変える　など

3 ｜ 混合的にとらえる

　空間的と経時的の2つのタイプを組み合わせるやり方もあるでしょう。

　2番目の経時的表現で見たとおり、**仕事とはその作業前→作業後で価値を創造する活動**だと考えられます。

　その経時的変化を別の形で表したのが図表3-10です。

「A→A±」〈増減〉にせよ、「A→B」〈変形〉にせよ、「0→1」〈創出〉にせよ、その仕事は「INPUT→THROUGHPUT（THRUPUTと略）→OUTPUT」の流れでなされています。

　たとえば椅子をつくる仕事は、木材が原材料としてINPUT（投入）されると、作り手の能力や意志・身体といったTHRUPUT（価値創造回路）にかかり、椅子がOUTPUT（産出）される、といった具合です。

図表3-10 ｜　〈モデル化ワーク2-A〉仕事とは
　　　　　　　「INPUT→THRUPUT→OUTPUT」の価値創造 ＝基本図＝

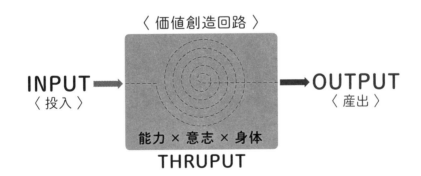

〈 価値創造回路 〉

INPUT 〈 投入 〉　　　OUTPUT 〈 産出 〉

能力 × 意志 × 身体
THRUPUT

図表3-11 │ 〈モデル化ワーク2-A〉仕事とは「INPUT→THRUPUT→OUTPUT」の価値創造 ＝連鎖図＝

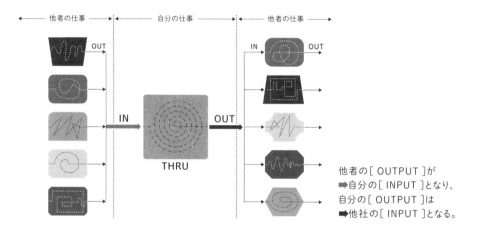

他者の[OUTPUT]が
➡自分の[INPUT]となり、
自分の[OUTPUT]は
➡他社の[INPUT]となる。

　さて、仕事というものは、一人で閉じてできるものではありません。

　たとえば職人が椅子をつくるとき、手にする木材は誰かが木を切って運んでくれたものです。工作機械も誰かが設計し、製造し、販売してくれたものです。また、職人が学んできたモノづくりの知識は、過去の職人たちからの贈りものです。そして、当然ながら、そうした仕事をするには健康な身体がいる。そのためによく食べる。食べるとはすなわち、動植物の生命を摂取することです。

　となると、**職人の仕事のINPUTは、実はほかから提供されるさまざまなOUTPUTで成っている**ことに気がつきます。

　これは同時に、**その職人のOUTPUTが次に誰かのINPUTになる**ということです。

　その斬新な椅子のデザインはほかの椅子職人のインスピレーションを刺激するかもしれないし、その椅子を購入した人がそこに座ってベストセラー小説を書くかもしれない。

　そう考えると、仕事というのは**ずっと連鎖していくイメージ**が生まれます（図表3-11）。

図表3-12 | 〈モデル化ワーク2-A〉仕事とは「INPUT→THRUPUT→OUTPUT」の価値創造 ＝連鎖世界図＝

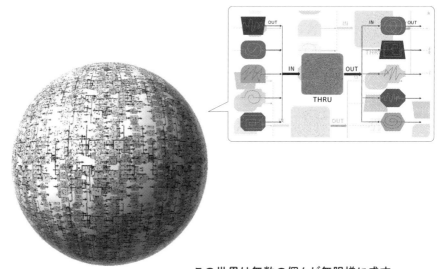

この世界は無数の個々が無限様に成す
[INPUT]➡[THRUPUT]➡[OUTPUT]の
価値創造連鎖による壮大な織りものである。

　このとき、仕事は経時的変化であるとともに、無数の仕事が空間的な広がりをもって複雑につながり合うことにもなる。

　そして、この連鎖のイメージを巨視的に発展させていくとどうなるか──。次のようなイメージにたどり着くのではないでしょうか。

　すなわち、「この世界は、無数の個々が無限様に成すINPUT→THRUPUT→OUTPUTの価値創造連鎖による壮大な織物である」。

　それを表現したのが**図表3-12**です。

以上、「仕事」という概念を1枚の図に描く過程を3つの種類で紹介しました。

紙面の都合で簡単に思考の流れを書いていますが、実際のところ、ある曖昧模糊とした概念を前に、モデルを描き出す作業はそうやすやすとは進みません。ああでもない、こうでもない。ああかもしれない、そうだ、これだ!と行きつ戻りつする過程で本質的なことが少しずつ見えてくるはずです。

ですので、最初の1枚は書いたり、消したり、上書きしたり、ぐちゃぐちゃになるでしょう。何日間か放置しておき、再度見直すと、すっと必要なものだけが見えてきて、モデルが一段洗練化されるときもあります。

よい概念図にたどり着くためには、図を描く技術もさることながら、やはりものごとの**根っこに下りていく思考力、根源的要素をつかむ洞察力と語彙力、基軸を見つけるセンス**といったものが欠かせません。

目の前の問題処理に追われがちな現実から少し目線を上げ、日頃からその逆方向の、根っこへ根っこへという思考の習慣をつけることが大事です。

ではふだんの仕事に引きつけてモデル化をやってみましょう。

前講義の定義化ワークからやってきた自分が携わる職種・業種(あるいは担当商品・サービス)を思考対象にします。

みずからの職種や業種に対する把握は、定義化ワークの④定義化→⑤モデル化に思考を進めることによりぐっと深まります。

さらにはそれを観念論で終わらせないために、⑥具体的な行動へのアイデアに下ろしていきます。

実際にこの演習をやってみると、モデル化で構造や図を考えている途中に、定義の不十分さや不的確さに気づくときがあります。その場合は、定義化に戻って手直しをします。すると、モデル化や行動アイデアがさらに力強さを増します。

コンセプチュアル思考は、正解を当てにいく思考ではありません。定義化とモデル化、抽象次元と具体次元の往復によって、自分の中にコンセプトが形成され、意志が立ち上がり、行動軸ができあがってくれば、それで大丈夫です。

モデル化ワーク2-B | みずからの職種・業種をモデル化してとらえる

シートの左半分①〜④は、すでに〈定義化ワーク1-C〉で行った内容を転記します。

⑤ それらをふまえて、職種・業種を図的に表現してみます。

⑥ 最後にシート全体をながめて、どう行動に移していくか、どんなテーマで取り組みを始めるかを書きます。

ワークシート2-B | 職種・業種のモデル化

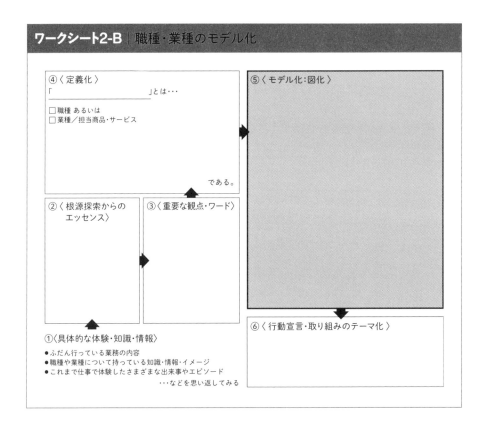

④〈定義化〉
「　　　　　　　　　　　　　　　　」とは・・・

□ 職種 あるいは
□ 業種／担当商品・サービス

である。

⑤〈モデル化：図化〉

②〈根源探索からの
　　　エッセンス〉

③〈重要な観点・ワード〉

①〈具体的な体験・知識・情報〉

● ふだん行っている業務の内容
● 職種や業種について持っている知識・情報・イメージ
● これまで仕事で体験したさまざまな出来事やエピソード
　　　　　　　　　　　　　・・・などを思い返してみる

⑥〈行動宣言・取り組みのテーマ化〉

近瀬太志のコンセプチュアル奮闘記

③

近瀬は「販売企画」という職種の本質を、「価値の交換」を考えること、そしてその交換を太く継続的に回す「関係性」をつくることにみた。それを図に描き（図表3-13、14）、中島部長と話をする。

近瀬｜「販売企画の仕事って、何か"キャンペーン屋"みたいな感じになっていると思うんですよ。ともかくヒットを当てて客数を取れ、みたいに。仮に1回ヒットを出しても、お客さんのほうにはスイッチコストがかからない旅

行購買だから、次はもっとお得な別の旅行会社で、というふうになってしまう」

中島｜「そういうことを延々と繰り返してきたんだね、販促課は。

新規のお客さんを増やし、うちの会社のサービスを知ってもらうには、そういう起爆剤的なキャンペーンはこれからも必要なものではある。でも、そういう1回きりの"売った・買った"の取引を単に増やせばいいんじゃなく、しっかりリピートしてもらえる関係性をつくることを本質として表したところはすごくいい

ワークシート2-B｜職種・業種のモデル化

近瀬太志のワーク内容

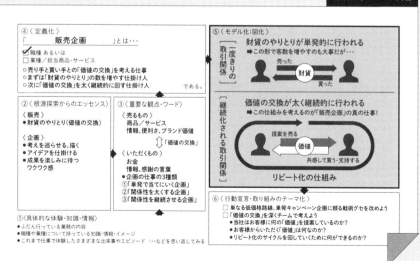

④〈 定義化 〉
「　　　販売企画　　　」とは…
☑ 職種 あるいは
☐ 業種／担当商品・サービス
○ 売り手と買い手との「価値の交換」を考える仕事
○ まずは「財貨のやりとり」の数を増やす仕掛け人
○ 次に「価値の交換」を太く継続的に回す仕掛け人
　　　　　　　　　　　　である。

②〈 根源探索からのエッセンス 〉
〈 販売 〉
● 財貨のやりとり（価値の交換）
〈 企画 〉
● 考えを巡らせる、描く
● アイデアを仕掛ける
● 成果を楽しみに待つ
　ワクワク感

③〈 重要な観点・ワード 〉
〈 売るもの 〉
商品／サービス
情報、便利さ、ブランド価値
　↕「価値の交換」
〈 いただくもの 〉
お金
情報、感謝の言葉
● 企画の仕事の3種類
①「単発で当てにいく企画」
②「関係性を太くする企画」
③「関係性を継続させる企画」

①〈 具体的な体験・知識・情報 〉
● ふだん行っている業務の内容
● 職種や業種について持っている知識・情報・イメージ
● これまで仕事で体験したさまざまな出来事やエピソード …などを思い返してみる

⑤〈 モデル化：図化 〉
〈一度きりの取引関係〉
財貨のやりとりが単発的に行われる
➡ この形で客数を増やすのも大事だが…
売った
財貨
買った

〈継続化される取引関係〉
価値の交換が太く継続的に行われる
➡ この仕組みを考えるのが「販売企画」の真の仕事！
提案を売る
価値
共感して買う・支持する
リピート化の仕組み

⑥〈 行動宣言・取り組みのテーマ化 〉
☐ 単なる低価格路線、単発キャンペーン企画に頼る戦術グセを改めよう
☐ 「価値の交換」を深くチームで考えよう
　● 当社はお客様に何の「価値」を提案しているのか？
　● お客様からいただく「価値」は何なのか？
　● リピート化のサイクルを回していくために何ができるのか？

と思うな」

近瀬「企てるといったときに何を企てるのかですよ。うちの課の使命として、単発的なキャンペーンヒットを企てるのか、それとも、継続的な関係性づくりを企てるのか」

中島「その両方を追ってほしいな。でも、たぶん、お客様との関係性が広くつくれるなら、その関係性のもとでキャンペーンを仕掛けたほうが効果は上がるはずだね」

近瀬「ええ、顧客との関係性づくりは、一種のインフラづくりと考えたほうがよさそうです。インターネットの普及で、お客さんとの対話の手段が広がっていますしね」

中島「旅をこうやってジグザグな線で表現しているところもいいね。ビジネスが何か達成目標点を決めて、そこに直線的に効果・効

率でまっしぐらに進んでいくのとは対照的だ。旅はこういう想定外の動きが本質的だね」

近瀬「その想定外の動きを起こしているのが、出会いだと思うんですよ。人との出会いもそうですが、景色、文化、食べ物、トラブル、偶発の出会いこそ、旅を旅たらしめている要素じゃないでしょうか。その出会いがあらぬ方向へ自分を持っていく。そこで予想外の自分に出会い、自分は変化する、というか変化させられる。旅はそうした外界と内面の相互作用による物語創造なんですね」

中島「自己の変化とか、出会いとか、物語とか。そこに着目して、どう先のお客様との関係性づくりに反映させていけるかだね。近いうちに、チームでディスカッションしてみようか」

近瀬「はい、お願いします」

ワークシート2-B │ 職業・業種のモデル化

近瀬太志のワーク内容

④〈定義化〉
「　　　旅行　　　」とは…

□職種 あるいは
☑業種／担当商品・サービス
○外界を巡りながら、当時に内面(自己)を変化させる活動
○出会いの「十字路」
○物語られる探険
　　　　である。

②〈根源探索からのエッセンス〉
●自分を変えていく行程
Journey＝
ジャーニー＝
長くそしてしばしば困難を伴う
個人の変化・成長の過程
(オックスフォード・ディクショナリー)

●十字路
●物語られる探険

③〈重要な観点・ワード〉
●外面的(物理的)な移動
×内面的(精神的)な変化
●発見の喜び
●出会う楽しみ
●未知の扉を開ける探険
●旅後の成長感、一皮むけた感
●トラベルとトラブルは同源

⑤〈モデル化：図化〉

旅した後の自分
物語
旅する前の自分
出会いの十字路
内面の変化
場所の移動

①〈具体的な体験・知識・情報〉
●ふだん行っている業務の内容
●職種や業種について持っている知識・情報・イメージ
●これまで仕事で体験したさまざまな出来事やエピソード …などを思い返してみる

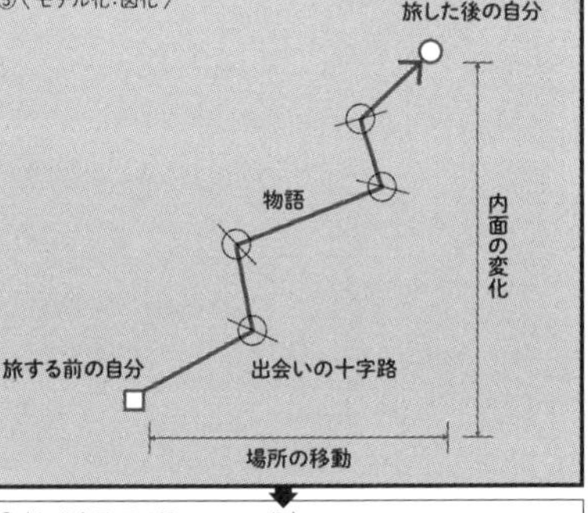

⑥〈行動宣言・取り組みのテーマ化〉
□当社は、どれだけ「内面の変化：成長感、蘇生感、深い思い出、自己発見、人生の分岐点＝ジャーニー」としての旅行商品を提供できているか
□「出会いの十字路」をもっと豊かにするアイデアは何か
□お客様の旅の「物語化」を支援するサービスが何か考えられないか

図表3-14

次は、ものごとを類型化してとらえるトレーニングです。**類型化とは、ある種のものごとを、共通する特徴や性質によって、より小さな仲間に分ける**ことです。

このワークでは、どんな特徴や性質を見出し、仲間どうしはどんな関係になっているかを図化する力を問います。

類型化の題材としてたとえば、「時計を類型化しなさい」とか「酒を類型化しなさい」のように物（モノ）を持ってくる場合があります。これは比較的簡単です。

しかし、題材を「創造性を類型化しなさい」とか「幸福を類型化しなさい」などのように抽象的な概念をもってくると、難度が一気に増します。どんな基軸で創造性や幸福を切り取り、分けていくかには、とても多様な答えがあり、その人の思考の深さが試されるからです。

ここでは「仕事の報酬」を題材にしてみましょう。私はこのワークを企業内研修で行っていますが、研修でなくとも職場で複数人で集まってもできますし、個人でもできます。

モデル化ワーク2-C ものごとを類型化する

① 「仕事の報酬」として思い浮かぶものをいくつもあげなさい。
② それら仕事の報酬を類型化し、1枚の図（絵）にまとめなさい。

「報酬」という言葉を辞書で調べると「労働に対する謝礼のお金や品物」などと出てきます。確かに報酬の第一義は勤労の対価としての金品です。しかし、仕事がそれを成し遂げた者に与えてくれるものは、金品だけではなさそうです。

研修の場合、まず作業①として、グループでブレーンストーミングをやります。

各自が付箋紙に仕事の報酬だと思うものをどんどん書き出します。すると予想以上にたくさんの付箋紙がテーブルに並ぶので受講者たちは驚きます。

たとえば図表3-15のような報酬が出てきます。この書き出しがどれくらい豊かにできるかは、グループ・個人で差が出ます。

仕事の報酬と聞いて、イマジネーションをどこまで掘り下げ広げられるかは、能力の差というより、仕事に対する意識の深さの差かもしれません。「仕事は給料を得るだけのもので、できるだけラクにすませたい」と構えている人は、やはり豊かに答えは出てきません。

さて、それで肝心なのが作業②。出てきた仕事の報酬の小片をどう類型化し、全体とし

て1枚の図に表現するか。これはもっと大きな差が出ます。

受講者から出てくる典型的な答案を1つ紹介しましょう（図表3-16）。

ヨコ軸に「物質的な報酬／精神的な報酬」、タテ軸に「自分でためるもの／他者から受け取るもの」を取り、2軸平面図としてまとめたものです。

4象限の各所に類型化された報酬群が配置されています。軸を切る目線も根源的なところに下りていっていますし、類型化も適当です。ここまでまとまれば十分です。

図表3-15 〈モデル化ワーク2-C〉「仕事の報酬」として思いつくもの

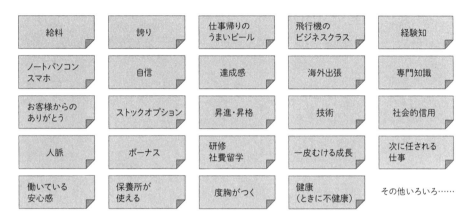

給料	誇り	仕事帰りの うまいビール	飛行機の ビジネスクラス	経験知
ノートパソコン スマホ	自信	達成感	海外出張	専門知識
お客様からの ありがとう	ストックオプション	昇進・昇格	技術	社会的信用
人脈	ボーナス	研修 社費留学	一皮むける成長	次に任される 仕事
働いている 安心感	保養所が 使える	度胸がつく	健康 （ときに不健康）	その他いろいろ……

図表3-16 〈モデル化ワーク2-C〉「仕事の報酬」の類型化 受講者の答案例①：2軸平面図

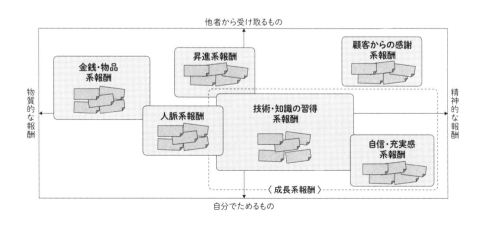

独自の観がにじみ出る
啓発的な図が描けるか

それに対し、私が提示するのは**図表3-17**の模範答案です。

仕事の報酬で多くの人が見逃してしまうのが、報酬③としてあげた「**仕事そのもの（行為・成果物）**」です。モノづくりにせよ、サービスにせよ、自分がいま行っている仕事という行為自体、あるいはそこから生み出した成果物は、かけがえのない報酬です。

たとえばプロスポーツ選手は、その試合の場に選出され、プレーできること自体がすでに報酬です。レギュラーポジションを取れない補欠選手の悔しさはどれほどのものでしょう。

会社員にしても、会社の一員として働ける立場は報酬です。

図表3-17 | 〈モデル化ワーク2-C〉「仕事の報酬」の類型化　模範答案

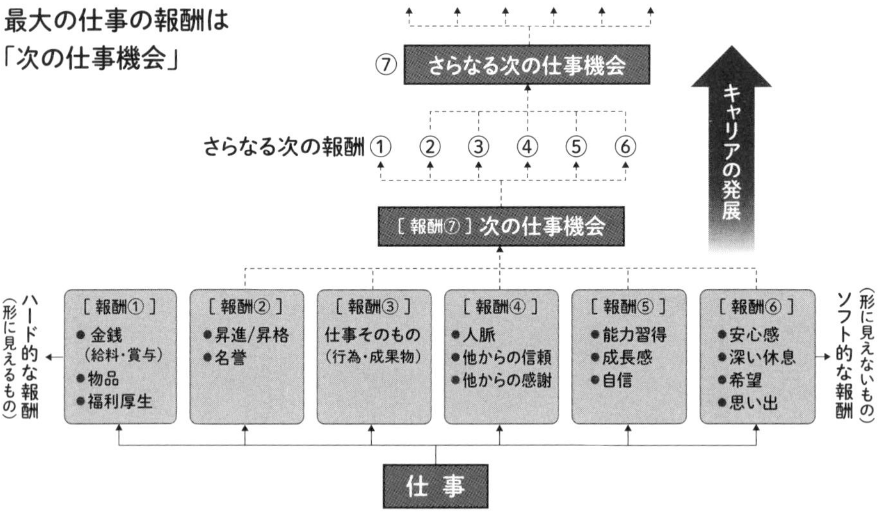

最大の仕事の報酬は
「次の仕事機会」

⑦　さらなる次の仕事機会

キャリアの発展

さらなる次の報酬①　②　③　④　⑤　⑥

［報酬⑦］次の仕事機会

［報酬①］	［報酬②］	［報酬③］	［報酬④］	［報酬⑤］	［報酬⑥］
●金銭（給料・賞与）●物品●福利厚生	●昇進/昇格●名誉	仕事そのもの（行為・成果物）	●人脈●他からの信頼●他からの感謝	●能力習得●成長感●自信	●安心感●深い休息●希望●思い出

ハード的な報酬（形に見えるもの）

ソフト的な報酬（形に見えないもの）

仕事

さらに、自分の趣味を仕事にして生計を立てられる人は、稼ぎの多少にかかわらずその仕事自体がすでに報酬です。

また、私はいま、この原稿を一行一行書いていますが、この原稿が印刷されて一冊の本としてできあがったとき、手にするその本は何よりの報酬です。

この模範答案の一番の工夫は、**時間軸を取り込んだことでダイナミズムが生まれている**点です。

先の回答例（図表3-16）は時間の視点を入れていないために静的なものになっています。その点、模範解答は1つの軸を「ソフト的な報酬／ハード的な報酬」としつつ、もう1つの軸を「仕事が次の仕事機会を生み出す時間的な変化」としています。すなわち空間軸と経時軸の組み合わせです。

さらには、仕事の報酬の中で最も大事なものは、仕事の拡大再生産の回路をつくり、キャリア発展にドライブをかける「次の仕事機会」というメッセージも打ち出せています。

これまでいろいろ研修を観察してきましたが、最初のブレーンストーミングの段階で、仕事の報酬として「次の仕事機会」を書き出す人は多少います。しかし、それを類型化の段階で埋もれさせず、キャリア形成のダイナミズムにかかわる特別な要素として図に盛り込める人はごくわずかです。

ちなみに、私はこの回答例とともに、次のメッセージを加え講義をしています。

- 「お金はムチと同じで、人を"働かせる"ことならできるが、"働きたい"と思わせることはできない。仕事の内容そのものだけが、内なるやる気を呼び覚ます」
- 「迷路の中のネズミは、エサに至る道を見つけると、もう他の道を探そうとしなくなる。このネズミと同じようにただ（金銭的）報酬だけを求めて働いている人は、自分がしなければならないことだけをする」
- 「創造性は、それ自体が報酬であり、それ自体が動機である」
  ──ジョシュア・ハルバースタム『仕事と幸福そして人生について』

メタファーを用いる図は
記憶に残りやすい

　研修を長くやっているといろいろな名作に出合います。1つの概念をめぐってさまざまなモデルが出てくるのが、コンセプチュアル思考のおもしろいところでもあります。受講者ワークのなかからユニークな答案をさらに3つ紹介しましょう。

　答案例②と③は「比喩図」の優秀例です（図表3-18）。それぞれ「ヒト」と「樹木」をメタファーとして報酬群をいろいろに当てはめています。こうした身近なものになぞらえる図は注目されやすく、記憶に残りやすいという利点があります。特に、樹木のところの「種」は「次の仕事依頼」をたとえるもので、先に触れたキャリア発展のダイナミズムをとらえたもので見事な気づきです。

　答案例④も独自の目線が入っている点で印象に残るものです（図表3-19）。
　この図は「利己／利他」という基軸上に報酬群を並べました。利己／利他という根源的要素を掘り出してきた着眼力と、ライフワークと対になる「ライスワーク（コメの仕事＝食うため

の仕事）」の言葉選び、そして中央に置いた「すべての報酬は自己成長に通じる」というコアメッセージは、全体として思考の強さがあります。

　こうしたモデル図を自分で起こし、肚に収めることで、みずからの報酬観というものが強く醸成されます。この把握こそがまさにコンセプチュアル（内に取り込む）ワークです。

図表3-18 〈モデル化ワーク2-C〉「仕事の報酬」の類型化　受講者の答案例②③

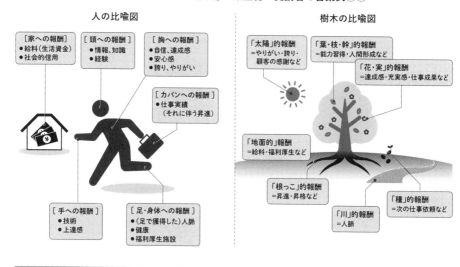

人の比喩図

[家への報酬]
●給料(生活資金)
●社会的信用

[頭への報酬]
●情報、知識
●経験

[胸への報酬]
●自信、達成感
●安心感
●誇り、やりがい

[カバンへの報酬]
●仕事実績
　(それに伴う昇進)

[手への報酬]
●技術
●上達感

[足・身体への報酬]
●(足で獲得した)人脈
●健康
●福利厚生施設

樹木の比喩図

「太陽」的報酬
=やりがい・誇り・顧客の感謝など

「葉・枝・幹」的報酬
=能力習得・人間形成など

「花・実」的報酬
=達成感・充実感・仕事成果など

「地面的」報酬
=給料・福利厚生など

「根っこ」的報酬
=昇進・昇格など

「川」的報酬
=人脈

「種」的報酬
=次の仕事依頼など

図表3-19　〈モデル化ワーク2-C〉「仕事の報酬」の類型化　受講者の答案例④：利己／利他の図

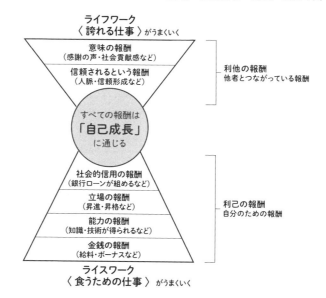

ライフワーク
〈 誇れる仕事 〉がうまくいく

意味の報酬
(感謝の声・社会貢献感など)

信頼されるという報酬
(人脈・信頼形成など)

利他の報酬
他者とつながっている報酬

すべての報酬は
「自己成長」
に通じる

社会的信用の報酬
(銀行ローンが組めるなど)

立場の報酬
(昇進・昇格など)

能力の報酬
(知識・技術が得られるなど)

金銭の報酬
(給料・ボーナスなど)

利己の報酬
自分のための報酬

ライスワーク
〈 食うための仕事 〉がうまくいく

モデル化ワーク2-D │ 市場を俯瞰するマップをつくる

【設定】

あなたは大手外食チェーン本部の新規事業開発部門にいます。

その部署では、随時、部員が新規市場参入のアイデアを発表できる場があります。淹れ立てコーヒー市場への参入に高い可能性を感じていることから、それについて、来月、その場で発表することになりました。

あなたは淹れ立てコーヒー市場参入の可能性をどう図として見せるでしょうか。

下記の「2軸による4象限図」を用いて、具体的に思い浮かぶ・使ったことのあるお店を取り上げながら、2軸にラベルをつけ、配置し、市場を戦略的に俯瞰するマップを作成しなさい。

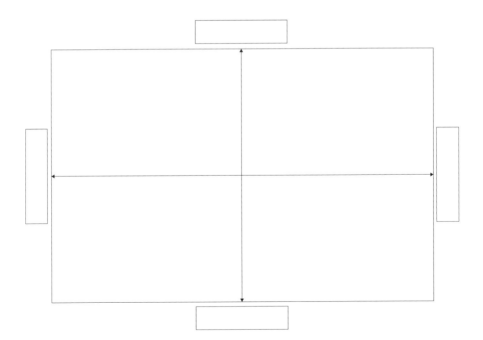

モデル化4つ目の演習は、市場マップの作成です。

業界・市場をある切り口をもって俯瞰し、自社製品のいる位置、狙いたい位置を地図上に視覚化することは、事業に取り組むうえで重要です。この地図の作成においては、コンセプチュアル能力がおおいに試されます。

市場を俯瞰する地図は、ポジショニングマップやパーセプションマップとして、2軸平面上に図化されるものが多く見られます。

たとえば淹れ立てコーヒー市場を俯瞰すると、**図表3-20**のようなマップを描くことができます。

図表3-20 | 〈モデル化ワーク2-D〉淹れ立てコーヒー市場俯瞰マップ 一般的な分析図

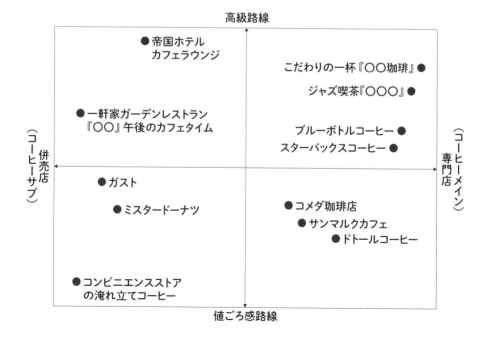

　ただし、これは単なる客観分析的マップとしては機能するものですが、"主観意志的"マップとしては良くないサンプルです。理由は後述します。

　ではまず先に、俯瞰図を描こうとする場合の基本的な技術について、少し触れておきましょう。

2つの軸をどう切るか

　漠然と大きなものごとを把握しようとするとき、2つの軸を立てて4象限の空間をつくり、要素の分布をみたり、類型化をして全体をながめたりします。それが2軸平面図です。
　このときもっとも重要になるのが、言うまでもなく、どんな軸を持ってくるかです。

　こうした俯瞰図を扱うコンサルタントの間ではよく「軸を切る」というような表現をしますが、その軸の切り方は次の3つにまとめることができます（図表3-21）。

①二元・二項軸で切る
②程度軸で切る
③時間軸で切る

　さて、例題のような戦略的マップを作成する際、どんな軸で切ることが有効でしょうか。
　いくつかの例を見てみましょう。

図表3-21 | ものごとを概括するとき軸をどう切るか

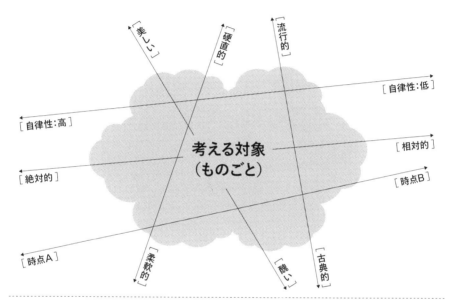

軸を切る3つの観点

1 | **二元・二項軸**……… 両極に対立するものをもってくる
- 二元論的に切る
「正しい←→悪い」「美しい←→醜い」「物質的←→精神的」など
- 二項対立で切る
「流行的←→古典的」「メリット←→デメリット」「硬直的←→柔軟的」など

2 | **程度軸**………………… 度合いの変化をもってくる
「自律性〈低い〉←→自律性〈高い〉」「品質〈劣〉←→品質〈優〉」など

3 | **時間軸**………………… 時間の変化をもってくる
「ある時点→ある時点」「過去→現在→未来」など

図表3-22 ｜〈モデル化ワーク2-D〉淹れ立てコーヒー市場俯瞰マップ　＝さまざまな図の解説＝

a:〈 悪い例 〉2つの軸が比例関係にある

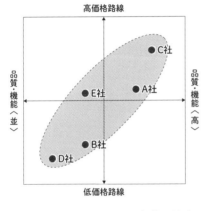

b:〈 悪い例 〉戦略意志が見えない

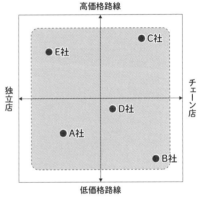

c:「スターバックス コーヒー」事業開始時の戦略マップ（本書の想察）

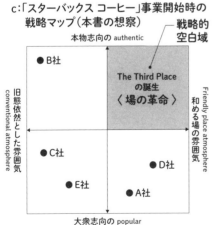

d:「ブルーボトルコーヒー」事業開始時の戦略マップ（本書の想察）

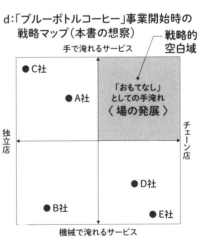

まず、悪い例をみていきましょう。

図表3-22aをみてください。

ここで切られている軸は、1つが「高価格路線／低価格路線」、もう1つが「品質・機能〈高〉／品質・機能〈並〉」です。

こういった2軸の組み合わせ図をときどき見かけますが、これはあまり良い例とはいえません。何が問題でしょうか?

それは要素を置いてみると明らかです。

高価格で品ぞろえをするところはそれなりに品質・機能の高いものを売ります。逆に、品質・機能を落として売るところは当然低価格の品ぞろえで勝負します。

品質が低いものに高い値段をつけて事業を回せるところはありませんし、機能を充実させたものを安く売って継続させることも難しい。つまり、**この2軸は濃い比例関係になっていて、実質、1つの観点でしか切り取っていない**のです。

4象限図において2つの軸が90度に交わっていることは、それぞれの軸が独立した観点を持つことを意味します。

次に右上の**図b**をみてください。

この図の軸は、「高価格路線／低価格路線」と「チェーン店／独立店」です。

この2軸はそれぞれが独立した切り口です。そして参入各社をマップ上に配置してみると4象限に散らばります。市場全体を俯瞰するものとして「なるほど、こういう分布になるのだな」とうなずける図です。

ただこの図は、ジャーナリストが客観分析の材料として用いたり、経営・マーケティング専攻の学生が課題レポートとして描いたりするものであれば、オーケーな図ともいえます。

つまり、**市場の拡散具合がうまく描けたというだけで、市場創出の戦略意志はどこにも見えていない第三者的な図**なのです。

事業参入の当事者が描く図としてはこれでは不十分、というか役に立たないでしょう。

例題にあるとおり、場面は後発で新規参入しようとしている自社の会議です。一同は図bを見せられても、市場はすでに既存プレーヤーたちでどこも陣取られていて、入り込む隙間がないとしかながめようがありません。

当事者がつくるべき市場マップというのは、「うちはどんな新機軸を打ち出して、どこに切り込むのか、どこに狙うべきスペースがある

のか」という戦略意志を示すものでなければならないのです。

　ここで求められているのは、第三者的にこぢんまりと整理されたマップではありません。市場をつくり出す発想が盛り込まれるべきなのです。

戦略的空白域をつくり出す
軸をつくれ

　では、成功企業となった「スターバックス コーヒー」や、カフェ市場に第三の波（サードウェーブ）を起こした「ブルーボトルコーヒー」が、事業開始時に市場をどう戦略的にながめていたかを想察してみましょう。

　スターバックス コーヒーの事業の誕生から飛躍への道のりは、ハワード・シュルツ前CEOが書いた『スターバックス成功物語』で振り返ることができます。なお、起業家本人の自伝ではなく、社会学的な角度からスターバックスを読み解きたい人には、ブライアン・サイモン著『お望みなのは、コーヒーですか？－スターバックスからアメリカを知る－』をおすすめします。

　さて、今日のスターバックスを築き上げたシュルツ氏が事業開始時に見ていた市場マップは図表3-22cのようなものではなかったでしょうか。

　米国はコーヒー飲料およびカフェの後進国で、1970年代まで本格的なコーヒーを飲ませる店はほとんどありませんでした。

　もちろんコーヒーらしきものを出す大衆志向の店はたくさんありました。ファストフード店やカジュアルレストランなどです。しかし、シュルツ氏からすれば、それはコーヒーと呼べるものではありませんでした。

　本格的な焙煎コーヒーは、ごく一部のホテルラウンジで飲めましたが、その空間はいかにも形式張っており、店員と客に距離があったり、ましてや客どうしが交流したりする雰囲気はありません。

　また、イタリアンレストランでエスプレッソが飲めましたが、おいしいコーヒー1杯を求めて気軽に立ち寄れる場所ではありません。

　そこはやはり食べ物を主として出す既存の枠に収まった店なのです。

　そんななか、シュルツ氏が夢見たのは、深煎りで豊かな味を持つ「**本物の**（authentic）」

コーヒーをアメリカ人にも飲ませること。

そしてイタリアのカフェのような重厚なインテリアの、それでいてバリスタが気軽に話しかけてくる「和める場の雰囲気（friendly place atmosphere）」の店を全国に展開することでした。

つまりシュルツ氏は図cの右上にある空白域にこそ自分が攻めるスペースがあるとにらみました。このマップで示された「本物志向の」×「和める場の雰囲気」という軸が戦略意志にほかなりません。

ちなみに、スターバックスが提供する「和める雰囲気の場」は、その後、米国の社会学者レイ・オルデンバーグによって「サード・プレイス（第三の場）」と言及されたことでも有名になりました。すなわち、スターバックスはカフェという業態を通じて「場の革命」を成し遂げたのでした。

さらに図dも同様です。スターバックスはじめシアトル系コーヒーチェーンが勢力を増す中、1990年代後半からすでに次の波は起こっていました。その代表格であるブルーボトルコーヒーが事業開始時に見ていた市場マップはどんなものだったでしょうか。

彼らが信じたのは一杯一杯手で淹れるというサービスでした。

日本では昔からこだわりの店主がそれぞれの個店でやっていたサービスですが、チェーン店でやっているところはない。カフェとして客への最高のもてなしは「手淹れ」ではないか。ブルーボトルコーヒーは、そこに戦略的空白域を見出したわけです。

私が行っている研修では受講者から出てくる答案図に対し、次の2点で評価をします。

1つは戦略意志が見える軸で切っているか（これはまさに事業コンセプトを探し出している作業そのものです）。

そしてもう1つは、戦略的空白域が示されているかです。

近瀬の会社では、販売促進業務のチャネルが対象顧客別に分けられている。

主たるチャネルは3つで、法人向け、一般団体向け、一般個人向けである。近瀬リーダーの所属する販促第2課は一般個人向けを担当する。また、梶川リーダーのいる販促第1課は一般団体向けの担当だ。

梶川は、団体向けの募集旅行は、観光名所と温泉、食事処、ショッピングスポットを適当に組み合わせればある程度の集客ができるという長年のやり方に疑問を持ち始めていた。もはやそうした旅行には関心が集まりにくくなり、値引き以外、効果的な販促手段がなかったのだ。

昨今、海外からの団体需要が増えているが、すさまじいほどの低価格競争になっており、そこに留まることは自社にとってデメリットが大きくなっていた。

そこで梶川は、テーマ旅をはじめ、アグリツーリズムや医療ツーリズムなど目的を限定したツーリズムに大きな可能性を感じていた。

彼女自身、陶芸を趣味にしていたことから、大手カルチャーセンターと組んで、陶芸教室に通う生徒を集めて焼きものの里を巡る団体旅行を仕掛けたところ、大成功を収めた。

その後、彼女はそのカルチャーセンターと共同で、絵画の旅や歌舞伎の旅、建築の旅などを開催した。旅をテーマ化し、そこに関心を寄せる人びとの固まりに向けて集客を行う手法を地道に蓄積しているのだ。

近瀬は当然その試みを評価し、そこに加勢したいと考えている。近瀬の担当分野でも、国内外のマラソンレースと旅行をセットにした個人旅行や、農業体験をしてみたい家族に向けた民泊ツアーなどの扱いが着実に増えているからだ。

近瀬はテーマ旅を1つの柱にするためには情報発信を強化する必要があると考えている。近瀬は梶川に意見交換の時間を取ってもらい、アイデアを説明した。

近瀬｜「何かテーマ旅をしようと思ったとき、まず情報集めなんですけど、これがけっこう大変だと思いませんか」

梶川｜「ええ、情報が拡散してますよね。質もばらばらですし。

本屋さんで本やガイドブックを探したり、ネットを検索したりしても、ネットの情報だって使える情報ばかりではないし。

テーマに関する情報と旅行に関する情報の2つがうまくからみ合うことなんてほとんどないでしょう」

近瀬｜「旅行情報ってこういうふうにながめられると思っているんです（図表3-23）。

1つには、プロが取材編集する情報と一般の旅行者が発信する情報。プロが編集する情報は、本や雑誌のようにパッケージ化されて書店に並ぶものもあれば、テレビの旅行番組のようにその場かぎりで流れていってしまうものもある。

　一方、旅行者が発する情報は、たとえばブログやSNSに上がる発言や旅行販売サイトへの評価コメントがあります。旅行を検討する人が、他の旅行者の意見を読むことはとても有益ですが、難点は情報があちこちに散らばっていること。

　もし、こうした旅行者の声が、テーマ旅ごとにきちんと整理されて、いつでも見に行くことのできる形でストックされていれば、それはかなり利用されるものになると思います。つまり、この図の右下のところにくるサービスです」

梶川｜「なるほど。確かにそこのゾーンの情報サービスってありませんね。

　でも、一般の人たちがあちこちで自由に発信する旅行についての情報をどうやってテーマ別に集めることができるのでしょう。何から着手するつもり?」

近瀬｜「それは梶川さんの実績にヒントがあります。やっぱり人の固まりがあるところからやり始めるのが正攻法だと思うんですよ。

　たとえば、鉄道ファンとかサイクリングファンとか、そういった趣味系の集まりに声をかけます。あるいは、グリーンツーリズムなどは協会もあるそうですから、そういったところにはたらきかけをします。

　そして、有志の方々に鉄道旅とかサイクリング旅とか、地球環境を考える旅といった情報・旅行記を提供してもらうんです。うちの会員情報サイト『プラネット・ウォーキング』の中に、テーマ旅のコーナーを設けて、そこに掲載していきます。

　テーマが多様に広がって、それぞれの情報量に厚みが出てくれば、かなりテーマ旅の意欲をかき立てる情報集積サイトになるはずです。そのコーナーとうちの商品販売サイトと連携させれば、お客様もスムーズに購買まで検討できるでしょう」

梶川｜「それは個人向け、団体向け問わず、テーマ旅や各種ツーリズムの需要を守り立てる情報サイトになりますね。

　1課と2課にまたがるプロジェクトとして動かしてみましょう」

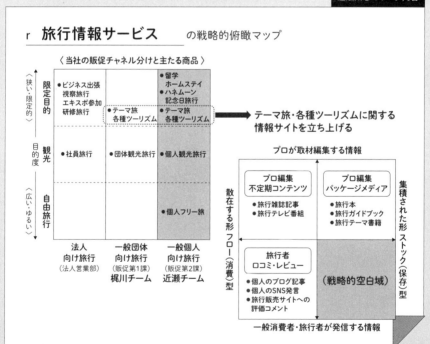

r　旅行情報サービス　の戦略的俯瞰マップ

〈 当社の販促チャネル分けと主たる商品 〉

	法人向け旅行	一般団体向け旅行	一般個人向け旅行
限定目的〈狭い・限定的〉	●ビジネス出張 視察旅行 エキスポ参加 研修旅行	●テーマ旅 各種ツーリズム	●留学 ホームステイ ●ハネムーン 記念日旅行 / ●テーマ旅 各種ツーリズム
観光	●社員旅行	●団体観光旅行	●個人観光旅行
自由旅行〈広い・ゆるい〉			●個人フリー旅

目的度

法人向け旅行（法人営業部） / 一般団体向け旅行（販促第1課）梶川チーム / 一般個人向け旅行（販促第2課）近瀬チーム

→ テーマ旅・各種ツーリズムに関する情報サイトを立ち上げる

プロが取材編集する情報

プロ編集不定期コンテンツ ●旅行雑誌記事 ●旅行テレビ番組	プロ編集パッケージメディア ●旅行本 ●旅行ガイドブック ●旅行テーマ書籍
旅行者ロコミ・レビュー ●個人のブログ記事 ●個人のSNS発言 ●旅行販売サイトへの評価コメント	（戦略的空白域）

散在する形 フロー（消費）型

集積された形 ストック（保存）型

一般消費者・旅行者が発信する情報

第 4 章

ものごとの原理を
他に応用する

類推
ものごとの原理をとらえる、他に適用する

　私たちは大人になって、子どものころに聞いた寓話をときどき思い出します。人生の荒波にもまれる中で、寓話が発していたメッセージが本質的に重なるなと再認識するからでしょう。

　また、新聞をざっとながめていて、自分とはまったく縁遠い業界の会社がある工夫をして見事な成功を収めたという記事に接します。すると「あ、これって自社にも使えそう!」とひらめくときがあります。

　そのように古典的な寓話や他社の成功事例の中には、時や業界を超えた道理・原理があって、それを応用展開することができます。

　この応用展開の思考の背後ではたらいているのが「類推」です。

　類推とは、**2つのものごとの間に類似性を見出し、その似ている点をもとにして何かをおしはかる**ことです。論理用語では「アナロジー」と言います (図表4-1)。

　コンセプチュアル思考に強い人は、ものごとAで引き出した本質をものごとBに適用することがうまい人です。また、比喩表現も類推のひ

図表4-1 │ 類推とは

類推 (アナロジー│analogy)

類似点に基づき他の事をおしはかること。

二つの特殊的事例が本質的な点において一致することから、他の属性に関しても類似が存在すると推論すること。

似たところをもととして他の事も同じだろうと考えること。

——『広辞苑』第七版

共通性があるとみて、おしはかる

$$2 : 3 = 4 : x$$

既知のこと　　　　未知のこと

たぶんxは「6」だろうな

とつです。たくみに喩えられた表現を豊かに解釈したり、複雑なものごとを何か簡単な喩え話にしたりするのも、コンセプチュアルな能力が鍛えられてこそです。

寓話の教えを
現実生活に役立てる

『魔法使いの弟子』というヨーロッパに古くから伝わる寓話があります。ドイツの文豪ゲーテはこの古い寓話を詩文に取り込み、またフランスの作曲家ポール・デュカスは1896年に交響詩として楽曲化しました。

そしてこの寓話は1940年、ウォルト・ディズニー製作のアニメーション映画『ファンタジア』によって幅広く知られることとなります。

映像化されたシーンはこんな感じです。

ミッキーマウス扮する魔法使いの弟子は、師匠から水汲みを命ぜられ、両手に木桶を持って家の外と中を往復している。折しも師匠が出かけていなくなり、ミッキーはここぞとばかり、見よう見まねの呪文を箒にかける。すると

箒は木桶を両手に持って歩き出し、自分の代わりに水汲みを始める。しめしめとミッキーは居眠りをする。

しかしその間にも水はどんどんたまり続け、ついには部屋からあふれ出すほどに。ミッキーは目を覚まし、慌てて箒を止めようとするが、箒にストップをかける呪文がわからない。ミッキーは斧を持ち出して、箒を切り刻んでしまう。ところが切られた破片がそれぞれ一本の箒となってよみがえり、水汲みを始める始末。箒の数は幾何級数的に増えていき、ミッキーは洪水状態の家のなかであっぷあっぷと溺れる……。

さて、この寓話からあなたは何を学び取るでしょう。

ある人は「怠け心は結局得にならない」と日常生活への知恵にするかもしれない。

また、ある人は「技術は中途半端に用いると危険だ」と自分の仕事のことに当てはめて考えるかもしれない。

さらには、これを現代文明への警鐘として受け止める人もいるかもしれません。

米国の評論家・歴史家であるルイス・マンフォードは、『現代文明を考える』でこの寓話を取り上げ、こう記しました。

「大量生産は過酷な新しい負担、すなわち絶えず消費し続ける義務を課します。（中略）『魔法使いの弟子』のそらおそろしい寓話は、写真から美術作品の複製、自動車から原子爆弾にいたる私たちのあらゆる活動にあてはまります。それはまるで、ブレーキもハンドルもなくアクセルしかついていない自動車を発明したようなもので、唯一の操作方式は機械を速く働かせることにあるのです」

一つの寓話から引き出す内容、当てはめる先は、人それぞれに異なります。それを描いたのが図表4-2です。

このように、あるものごとから見出した本質を類似性によってほかのものごとに広げ適用していくのが類推です。

類推もまたコンセプチュアル思考の特徴である「πの字思考プロセス」をとります。

図表4-2｜類推の「πの字思考プロセス」① 寓話の教えを現実生活に役立てる

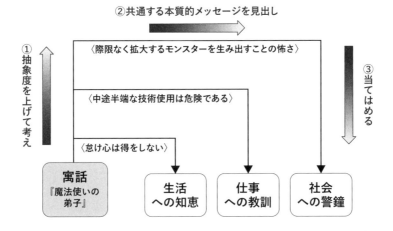

類推の思考態度でながめると
世界はヒントに溢れている

こうした類推の形をとった思考形式はその

ほかにもたくさん見うけられます。

たとえば、経営学修士課程でよく行われているケーススタディ。ある企業の成功（あるいは失敗）事例を研究し、成功（失敗）の本質的要因

図表4-3 | 類推の「πの字思考プロセス」② ケーススタディ学習など

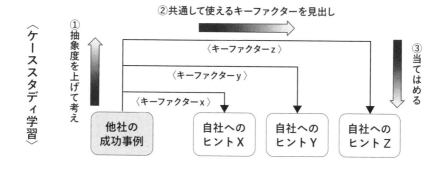

〈ケーススタディ学習〉

②共通して使えるキーファクターを見出し

①抽象度を上げて考え
〈キーファクターz〉
〈キーファクターy〉
〈キーファクターx〉
③当てはめる

他社の成功事例 → 自社へのヒントX / 自社へのヒントY / 自社へのヒントZ

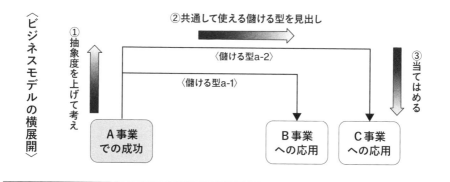

〈ビジネスモデルの横展開〉

②共通して使える儲ける型を見出し

①抽象度を上げて考え
〈儲ける型a-2〉
〈儲ける型a-1〉
③当てはめる

A事業での成功 → B事業への応用 / C事業への応用

を探り出し、自身が担当する事業との類似性を通して成功 (失敗回避) 法をおしはかっていく学習法です。これも類推という知的なはたらきを利用しています。

また、ある企業において1つのビジネスモデルが成功すると、そのモデルを他の事業にも横展開しようとします。そのときの思考もπの字プロセスを経る類推です (図表4-3)。

さらに広げて考えると、生体模倣 (バイオミメティクス) もそうでしょう。

生物のからだには、長い時間をかけて自然に適応してきたさまざまな知恵があります。その原理を引き出して、人間が使う道具に応用する (図表4-4)。これもまた類推という思考の産物です。

世の中の事象は、そこから何かを引き出そうとする「思考態度」をもって眺めれば、いろいろとヒントが隠れているものです。

図表4-4 | 類推の「πの字思考プロセス」③ 生体模倣 (バイオミメティクス)

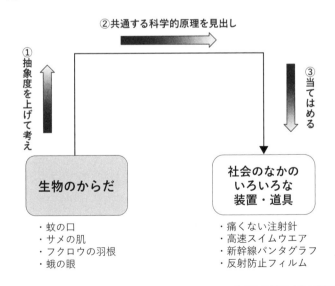

②共通する科学的原理を見出し

① 抽象度を上げて考え

③ 当てはめる

生物のからだ

・蚊の口
・サメの肌
・フクロウの羽根
・蛾の眼

社会のなかのいろいろな装置・道具

・痛くない注射針
・高速スイムウエア
・新幹線パンタグラフ
・反射防止フィルム

ですから、この世界を漫然と見過ごすのではなく、「この現象の奥にある基本原理は何だろう」「この出来事は本質的にどう自分とつながっているのだろう」「この事例から何を教訓として引き出せばいいのだろう」といった類推をつくることが大事です（図表4-5）。

では、演習を通して理解を深めていきましょう。

この演習に決まりきった正解はありません。実際の研修でやってみても、さまざまな答えが出てきます。ただ、「何事も力ずくで無茶をすれば何とかなる」というようなエッセンスの引き出しでは不十分です。思考が浅く、創造

図表4-5 | 類推という思考態度

世の中の事象を教材として
何かを引き出そうとする思考「態度」をつくることが大切

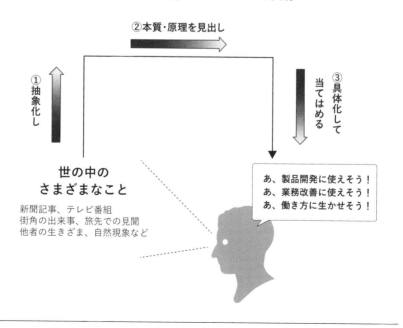

②本質・原理を見出し

① 抽象化し

③ 具体化して当てはめる

世の中の
さまざまなこと

新聞記事、テレビ番組
街角の出来事、旅先での見聞
他者の生きざま、自然現象など

あ、製品開発に使えそう！
あ、業務改善に使えそう！
あ、働き方に生かせそう！

類推ワーク3-A ｜ 『ゴルディアスの結び目』

【例題】『ゴルディアスの結び目』を読んで、次の2点を考えなさい。

①神話から引き出す本質的メッセージ

②担当事業への教訓・アクション

『ゴルディアスの結び目』

フリギアの王ゴルディアスは複雑な結び目をつくり、「これを解くことのできた者は誰であろうとアジアの支配者になるだろう」と予言した。多くの者がこれに挑戦したが、成功した者は一人もいなかった。アレクサンダー大王がフリギアを訪れたとき、彼もまたこの結び目を解くことを試みたが、やはりうまくいかなかった。業を煮やしたアレクサンダーは、剣を取り出すと、その結び目を一刀のもとに両断した。……アレクサンダーはその後、予言どおりアジアの支配者となった。

ワークシート3-A ｜ 『ゴルディアスの結び目』

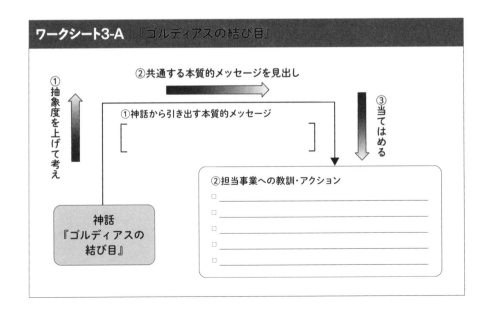

①抽象度を上げて考え

②共通する本質的メッセージを見出し

①神話から引き出す本質的メッセージ

③当てはめる

神話『ゴルディアスの結び目』

②担当事業への教訓・アクション

□ _____
□ _____
□ _____
□ _____
□ _____

的な類推になっていません。

　私はこのストーリーから十分なものを引き出す類推の方向性として次のようなヒントを与えています（もちろん、受講者はこれとはまったく異なる方向で考えてよい）。

　たとえば、「イノベーション」という概念の普及者ヨーゼフ・シュンペーターは、「いくら郵便馬車をつらねても、それによって決して鉄道を得ることはできなかった」と言いました。郵便馬車と鉄道という2つのものによってシュンペーターは何を象徴したかったのでしょう。

　もう1つ、『エピソードで読む松下幸之助』（PHP新書）から。

　昭和36（1961）年、松下幸之助が松下通信工業を訪れると幹部たちが会議を開いていました。当時、同社はトヨタ自動車にカーラジオを納入していましたが、貿易の自由化による価格競争を前に、トヨタは向こう半年で納入価格を20％下げてほしいと要望してきた。

　幹部を前に幸之助はこう言いました——「常識的に考えたら、この話は断るのが筋かもしれん。しかし、できないと断るのはいかにも知恵のない話や。まず、"できない"という考えを捨てることや。そして、一から新しい方法を生み出してみてはどうか。5％下げるより

30％下げるほうが容易な場合が多い。部分的な改良ではそれだけの値下げはできん」。

　……かくして1年後、松下通信工業は要求どおり20％の値下げに応じることができました。抜本的な設計変更と生産ラインの見直しがそれを可能にしたのです。

　これら2つの構図はどこか『ゴルディアスの結び目』と二重写しにならないでしょうか。そんなことを含みながら、次の項目を参考にして演習に取り組んでみると、力強いπの字思考プロセスによる創造的な類推ができると思います。

● あなたが担当事業で直面している「結び目」とは、どんな問題だろうか。
● その「結び目」がなかなか解けない理由は何だろうか。結び目を「解く」ことだけが解決の方法だろうか。アレクサンダーが採った解決方法のエッセンスは何だろうか。
●「破壊的イノベーション」という言葉を調べてみよう。

　なお、このワークの答案例紹介は省きます。この後の「近瀬太志のコンセプチュアル奮闘記⑤」の中で、近瀬が少し触れていますので

その箇所も参考にしてください。

　人類が長く語り継いできた寓話や神話は、無名のつくり手によって仕掛けられたタイムカプセルのようなものです。そこには普遍的なメッセージが「たとえ」として隠されていて、後の人びとのコンセプチュアルに読み解く力を試しているかのようです。

　では、次の演習に移りましょう。「ロールモデルを探せ」です。

　ロールモデル（role model）とは「その役割を果たす模範的な存在」をいいます。簡単に言えば、「あの人のようになりたい」と思い、その人の行動や考え方から学ぼうとするお手本です。
　「学ぶ」という語は、「真似（まね）る」から来ていると言われるように、だれかにあこがれをもって、その人を真似ることは、人間の学習の原形でもあります。

　この演習はロールモデル（模範的存在）の解釈を、人だけでなく事物にも広げ、「生き方」「働き方」「事業・商品・サービス」「会社・組織」の4項目に分けて探そうというものです。

類推ワーク3-B | ロールモデルを探せ

①まず、具体的なモデルをあげてみましょう。

②次に、なぜそれを選んだのかという模範要素を抽出してください。

③最後に、その模範要素をどう現実の生活に応用できるかを考えて記入してみましょう。

ワークシート3-B | ロールモデルを探せ

	①ロールモデル（模範的存在）	②模範要素の抽出	③模範要素の現実応用
生き方			
働き方			
事業・商品・サービス			
会社・組織			

〈ワークシートの書き方〉

	①ロールモデル（模範的存在）	②模範要素の抽出	③模範要素の現実応用
生き方	広く世の中を見渡してみて、「あんな人生いいな」「ああいうライフスタイルって恰好いいな」「あの生き方を模範としたいな」と思えるモデルをあげてください。	左欄に書いたモデルのどんな点にあこがれたり、素晴らしいと思ったりするのでしょうか。その要素を具体的に解きほぐしてみましょう。	左欄に書いた要素を自分の実際の生き方に応用させることは可能でしょうか。とりあえず何をすることから始めますか。
働き方	広く世の中を見渡してみて、「あんなキャリアいいな」「ああいうワークスタイルって恰好いいな」「あの働き方を模範としたいな」と思えるモデルをあげてください。	〃	左欄に書いた要素を自分の実際の働き方に応用させることは可能でしょうか。とりあえず何をすることから始めますか。
事業・商品・サービス	広く世の中を見渡してみて、「あの事業は素晴らしい！」「ああいう商品って恰好いいな」「あのサービスを模範としたいな」と思えるモデルをあげてください。	〃	左欄に書いた要素を自分の実際の担当事業・商品等に応用させることは可能でしょうか。とりあえず何をすることから始めますか。
会社・組織	広く世の中を見渡してみて、「あの組織は素晴らしい！」「ああいう会社って恰好いいな」「あの組織を模範としたいな」と思えるモデルをあげてください。	〃	左欄に書いた要素を自分の実際の会社・組織に応用させることは可能でしょうか。とりあえず何をすることから始めますか。

※モデル探しは、会社内にかぎりません。社外や社会に広く視野を広げて考えてください。また、歴史上の偉人・達人でもかまいません。

この演習は、①②③の項目をセットで強く書けることが重要です。そこではじめて、コンセプチュアル能力が鍛えられます。

もちろんこの一連の思考の流れも「πの字プロセス」です（図表4-6）。

さらに、ロールモデルから得るのは行動のヒントだけでなく、情熱ももらう。それがこの演習の狙いです。情熱は伝染するからです。

私は研修でこの演習を行うとき、受講者の書いたシートを次のような観点でながめています。この作業で試される力といってもいいでしょう。

> 1｜コンセプチュアル能力の「広さ」
> いかに世の中や人間に幅広く関心を持ち、ロールモデルをあげることができるか
> 2｜コンセプチュアル能力の「深さ」
> いかに本質的な要素を抽出できるか
> 3｜コンセプチュアル能力の「熱さ」
> いかにモデルに対し情的に共振できるか
> 4｜コンセプチュアル能力の「強さ」
> いかに意を起こし、具体的な行動に変換できるか

図表4-6｜類推の「πの字思考プロセス」④：ロールモデルから学ぶ

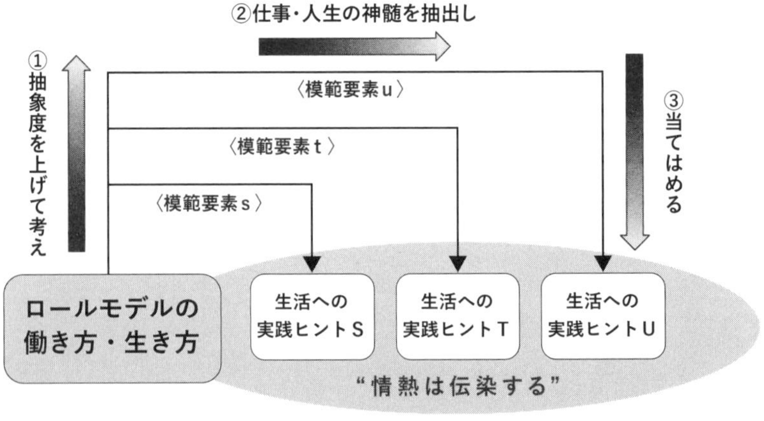

研修の現場から
ロールモデルを求める気持ちの脆弱化

研修でこの演習をやると、ロールモデルを書き出せないという人がある程度出てきます。

身近に模範となる上司や先輩がいないという事情があるかもしれません。が、ロールモデルは職場にかぎらず、広く社会の中から、あるいは歴史上の人物から探し出してもかまわないのです。

業界や職種も同じである必要はありません。むしろ自分とはまったく別世界から引っ張ってくるほうがよいともいえます。

新聞記事を読んで「ああ、こういう生き方はお手本になるな」とか、テレビでドキュメンタリー番組を観たときに「自分もこういうプロジェクトに打ち込みたい」といったようなことを含めると、ロールモデルになりうる素材はそこかしこに溢れています。

また同時に、記入欄は埋めているものの、メディアでヒーロー扱いされている有名人をあげ、「模範要素」が単に「カッコイイから」「素敵だから」といった表層的なあこがれ止まりであるケースもあります。

それは単なる情緒的な傾倒を言っているにすぎず、抽象と具体を往復する思考過程からしっかりと選び出したものではありません。

要は、**求める気持ちの問題**といえます。

これは、他者や社会への関心、よりよく働く・生きることへの希求心など、コンセプチュアルに考える技術よりももっと奥にある問題で、昨今よく話題にあがる「生きる力」とつながっている問題です。

このロールモデル探しワークやスキル⑤の「意味化」のところの演習は、より広く、より深く、より熱く、より強く生きようとする力の湧き出しがないと、うまく考えられない種類のものです。

近瀬太志のコンセプチュアル奮闘記

近瀬は「ロールモデルを探せ」のワークシート記入を終え（図表4-7）、机の上を片付けて帰宅の準備をしていた。そこへ中島部長が席に戻ってきた。

中島｜「きょうもコンセプチュアル思考研修のワーク仕上げかい？」

近瀬｜「はい。ロールモデルを思い浮かべていました」

中島｜「どんな人が見つかった？」

近瀬｜「一人はうちのK本部長です」

中島｜「ああ、本部長ならぼくもロールモデルの1人にあげたいな。法人営業部のときに仕事のイロハを教わったのはK本部長だから」

近瀬｜「あ、そうだったんですか。私は業務上では直接つながりがないんですが、本部長の主催する田植え会に3年前から毎年参加してるんです。で、本部長を模範にしているのは、働き方ではなく、田舎と都心の二拠点暮らしをしているという生き方のほうなんです」

中島｜「なるほど。会社員としては異色のライフスタイルを貫かれているからね。それなりに大変だろうけど、確かに一つの模範的な生き方をされている」

近瀬｜「本部長が口グセのように言う、会社という狭い世界に閉じこもるな、をぼくは大事に思っているんです。会社で培ったものを会社外の活動に活用し、会社外の活動で培ったものを会社に還元する。そういう複眼的で

オープンマインドの人間がこの会社にもっと増えてほしいというメッセージに共感します」

中島｜「本部長と雑談をすると、いつも仕事以外の活動の話ばかりでね。でも、どこかで実際の業務に応用できないかということをつねに考える人なんだ。そうやって組織文化をよりよいものに変えていこうとしている」

近瀬｜「組織文化といえば、その観点で模範モデルにしたいのが、例のデナリ社なんです。以前、部長から勧めてもらった書籍『社員を山小屋に行かせよう』のあの会社です」

中島｜「ああ、あれか。アメリカのアウトドア用品メーカーで、夏場、社員を山小屋に行かせてそこをひと夏の仕事場にしてしまおうというとんでもないアイデアを社長自らが言い出した会社だね。どんな所が気になった？」

近瀬｜「個の自律性に任せる文化です。

夏場、山小屋で仕事をするという表面的なうらやましさではなく、一人一人の社員が一個の独立精神を持ったプロであることが前提にあって、会社が回っていることがすばらしいと思いました。

彼らの場合、仕事の楽しさというのが必ずしも情緒的な愉快さではないんですね。むしろ、責任とプレッシャーのもとの厳しさの中で、自律的に目標を決めてそれを越えていくという意志的な挑戦にあるような気がします。山小屋滞在の期間中に、何日登山に出るか。何日野営をするか。そして自社・他社製品の何

を持ち込んで、何の項目をどう試すか。そして それらをどうレポートにして、どう商品開発に活かすか。それらのことがすべて自分の計画・判断のもとにあります。

愛すべき製品群と愛すべきファンのために、自律心をおおいにはたらかせる。そういう組織文化はまさに模範です」

中島|「自由な文化であるほど、その自由を活かすには厳しい自律が必要になるからね。制度は結局、器でしかないから、あとは人がどう使うかだ。うちの部もほかの部署から ロールモデルとされるような組織にしていきたいね」

中島|「ところで、梶川チームと近瀬チームが合同で旅行情報サービスの新しい形を議論すると聞いたけど」

近瀬|「はい、3カ月ほど議論を重ねて、成果を部会で報告させていただきます」

中島|「私もいろいろ知恵を出すし、人脈も紹介するよ。旅行出版社にはつながりも多いから。ともかく、この新型ウイルスによる感染症の世界的流行で旅行業界に激震が走ったわ

ワークシート3-B | ロールモデルを探せ

近瀬太志のワーク内容

	①ロールモデル（模範的存在）	②模範要素の抽出	③模範要素の現実応用
生き方	（マーケティング本部）**K本部長**	週末の田舎暮らしと平日の都市の仕事を両立させる2拠点生活を実践しているので、また、子どもたちに稲作体験イベントを行っている。	仕事一辺倒ではない複眼的な人生を送ろう。田舎と都市のハイブリッド生活も考えたし、ボランティアによるライフワークも見つけたい。
働き方	**坂本龍馬**	大局観に立ち、一個の志士として奔走し、時代を変えようとしたから。	会社組織のなかでも、一個の志士として独立心を持ち、業界の常識を変えるくらいの何か（商品、ビジネスモデル）を開発したい。
事業・商品・サービス	**オレンジ社**（米国・IT機器メーカー）zPhone	・物真似じゃないから ・単なる携帯端末機の開発を超えて新しいライフスタイルを切り開いているから。	・物真似でない商品をつくりたい ・ライフスタイルの一部となる新しいサービスの形を切り開きたい。
会社・組織	**デナリ社**（米国・アウトドア用品メーカー）	「社員を山小屋に行かせよう」の社風。	遊び心を忘れないチームであろう。個々の自律性を育み、信頼して任せる文化をつくろう。上意下達ではなく、メンバーからアイデアが次々湧き起こる職場にしよう。

図表4-7

（＊上記ロールモデルで坂本龍馬以外は架空のものです）

けだけど、早晩、この業界は抜本的な変革が必要だったといえる。パンデミック収束後に旅行の需要が以前の水準に戻る戻らないにかかわらず、もはや我々は『旅行手配の手間ヒマを省く』という価値だけを提供して事業・会社を存続させることはできないだろう。K本部長は『この会社は10年後、旅行の手配業とはまったく別の事業で稼いでいるかもしれない。それくらい自分たちが根こそぎ変わるとき』と発言されている」

近瀬｜「K本部長が責任者となる新設の社長直轄のプロジェクトがそれなんですね。現場のチームリーダー格の社員にも、定期的にミーティングに参加するよう連絡がきています」

中島｜「旅行業界はまさに“結び目がいくつも複雑に重なり合った太い縄”であり、コロナ禍によって、その巨大な結び目がより固く締まってしまった状況にある。これを解くにはどうすればいいのか──。これは働き方改革ということで、業務効率を上げてコストダウンせよとか、時短をしろとか、そういった外側からの小手先の改善ではどうにもならないスケールの問題だといえる。いや、スケールというより次元の異なる問題と言っていいかもしれない」

近瀬｜「そうですね、私たちはみずからの事業を通して何の価値をお客様に届けたいのか、そういった内側にある想いを根底から見つめなおすときにあると感じます。『旅行手配の手間ヒマを省く”という提供価値でお客様からお金をいただく時代は終わりを迎えています。旅行の組み立ても、乗り物の発券手配も、支払いも、いまはもうネット上で個人が簡単にできてしまうんですから。その次元に留まって、

いくら改良・改善に励んでも、生き残りの道筋はないように思えます」

中島｜「そう、郵便馬車をいくら改良・改善しても、鉄道というものを発明することはできないようにね。つまり、異次元からの発想で考え、非連続的な進化を遂げなきゃいけない。結び目を“解く”ことに執着するのではなく、“断つ”というまったく別のアプローチが必要ともいえる。それほどの一大転機にいるんだよ、我が社は。創業時よりもはるかに困難な状況にあると思っていい」

近瀬｜「だからですね、K本部長が今回のプロジェクトで、社外から学者や教育者、歴史研究家、スポーツ選手、起業家などをゲストスピーカーとして積極的に呼ぼうとしているのは」

補講①
「守・破・離」の観点から

この世界を「essence：本質」と「form：形態」という二元でながめると、**図表4-8左図**のように2つの円で内側に本質、外側に形態を描くことができます。2つの間では「本質は形をまとい、形は本質を強める」という相互作用がはたらいています。

この講義で行っている類推の演習を含め、コンセプチュアル思考では「**πの字思考プロセス**」によって自分なりの答えを創造していくこ

とを訓練しています。そこで肝心なことはどれだけの厚みの「πの字思考」をするかです。

たとえばロールモデル探しにおいて、厚みのある思考をする場合と厚みのない思考に留まる場合があります。それをイメージ的に表したのが**図表4-8右図**です。

プロセス①は、form→essence→form（外から内へ。そして内から外へ）という大きな抽象と具体の往復をしています。

ところがプロセス②は、essenceがひそむ内奥にまで抽象化が進まず、form→form（外から外へ）という具体の次元のみに留まる厚みのない思考運動になっています。

図表4-8 | 「essence：本質」と「form：形態」

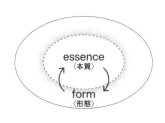

内に本質・外に形態
「本質は形をまとい、形は本質を強める」

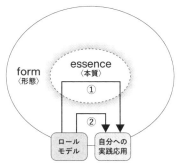

プロセス①：form→essence→form（外から内へ。内から外へ）
プロセス②：form→form（外から外へ）

日本の伝統芸能・武術の世界で「守・破・離」ということがよく言われます。

「守」は師匠から型を教わり、それを徹底的に身に覚え込ませるフェーズ。「破」はその型を破って自分なりの型を創造していくフェーズ。そして「離」はいっさいのことを超越し、自在の境地に至るフェーズ。弟子がその道を会得していく段階を3つに分けて言い表したものです。

「守」の段階でもっとも大事なことは、型の表面的な模倣だけに終わらないことです。型の奥にある本質を修めることをしないかぎり、次の段階の「離」は訪れません。型破りなことをやったとしても、おそらく薄っぺらな試みに終わってしまうでしょう。

型というformをとことん突き詰めて、essenceの次元に上がっていき、本質的なこと、根源的なことをつかんで、再びformの次元に下り、目に見えるものに表現する。これを絶え間なく繰り返すところに、「守」から「破」へ、そして「離」へという道を究めるプロセスがあります（図表4-9）。

図表4-9 | 「守・破・離」と「πの字思考プロセス」

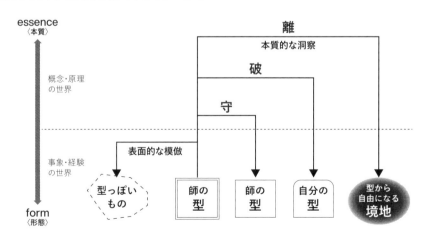

補講②
比喩で考える

　類推（アナロジー）と比喩は多分に重なっています。比喩で考える力は仕事に独自性を与える上でとても有益ですから、ここで補強しておきましょう。比喩で考えることについて、次の順序で話を進めていきます。

> **比喩の種類**
> ①レトリック（修辞）　②寓話
> **比喩で考えることの方向性**
> ①比喩の展開　②比喩の凝結

　まず、比喩で考えることの１番目、「レトリック」と「寓話」から。私たちはものごとを直接的な描写で考えるより、間接的に何かにたとえたり、置き換えたりして考えたほうが、より強く、より深く、よりふくよかに捉えられるときがあります。そのとき、比喩的な文言を用いるのがレトリック、物語全体を比喩にしてしまうのが寓話です。レトリックとしての比喩はたとえば次のようなものです。

「法王ボニファチウス八世は、狐のようにその職につき、獅子のように振舞い、犬のように死んだと伝えられる」
　　　　　──モンテーニュ『エセー（二）』

「細く高い鼻が少し寂しいけれども、その下に小さくつぼんだ唇（くちびる）はまことに美しい蛭（ひる）の輪のやうに伸び縮みがなめらかで、黙つてゐる時も動いてゐるかのやうな感じだから、もし皺（しわ）があつたり色が悪かつたりすると、不潔に見えるはずだが、さうではなく濡れ光つてゐた」
　　　　　　　　　──川端康成『雪国』

「春雨やものがたりゆく蓑と傘」
　　　　　　　　　　　　　──蕪村

　最初の２つは直喩と呼ばれるもの、３つ目は換喩です。私たちはこうした文章を目にしたとき、ボニファチウス八世の姿と狐・獅子・犬との間に、何かしらの共通性を想像し、人物を捉えようとします。また、蛭の感じを思い出しながら、唇に共通のイメージを重ねてその艶めかしさを理解しようとします。

さらには、「蓑」「傘」とだけ抽出された描写を、「蓑は農民の姿だろうか、傘をさしたほうは商人だろうか」などと自分だけの映像をつくり再現していきます。

人間にはこうした抽象度を上げて読解する能力があるからこそ、このような比喩を味わうことができるのです。逆に言えば、比喩表現への想像力が足りないと、文学がつまらないものに感じられるでしょう。

レトリックとしての比喩は、ほかにも隠喩や提喩などがあります。くわしく学びたい人には、教科書として『レトリック感覚』(佐藤信夫、講談社学術文庫)をおすすめします。上の3つの例文も同書で説明されています。

━━━━━━━

イソップ物語から聖書・仏典・コーランにいたるまでの深遠な比喩の世界

次に寓話です。寓話とは、教訓または諷刺を含めたたとえ話をいいます。

子どものころに親しんだ『イソップ物語』はその代表格です。私たちは「アリとキリギリス」や「ウサギとカメ」などを読んで、そこから本質的なメッセージを汲み取り、自分の生活との共通点を見出して何かを学びます。

つまり、堅実な生き方をするアリのほうが、そのときそのときを遊惰に過ごすキリギリスに比べ、最終的には幸福になるとか、カメのように遅くとも一歩一歩進んでいくことがもっとも着実で早い成就をもたらすとか、それらのメッセージを人生に生かそうとします。

これについては、先に『魔法使いの弟子』の箇所でも演習をしました。

寓話と聞くと、何か動物を擬人化した子ども向けの物語と思いがちですが、寓話は範囲を広げて捉えるとそれだけにとどまりません。

プラトンが『国家』第七巻の中で用いた「洞窟の比喩」は1つの寓話ですし(コラム参照)、宗教の聖典もある種、壮大な寓話と考えることができます。

比喩の「展開」と「凝結」

レトリックにせよ寓話にせよ、比喩で考えることには2つの方向があります。それが「比喩の展開」と「比喩の凝結」です。

前者は「比喩が含むエッセンスをほかのものごとへ応用する」方向で、後者は「あるものごとが含むエッセンスを比喩として表す」方向です。

「比喩の展開」はすでにみてきたように、あるたとえをどう解釈して、どうそれを他に押し広げていくかという思考の流れです。

それとは逆の流れが「比喩の凝結」です。あるものごとを比喩として表すことで、単に比喩化といってもいいでしょう。

たとえば私たちは、人間が欲に目がくらんで失敗したり、人生を台なしにしてしまったりすることを、他人の事例や自身の経験から知っています。そんなとき、その教訓をどんな形の比喩に落とし込めるでしょうか。

その1つの例として、サミュエル・スマイルズの『自助論』に出てくる「ひょうたんザル」の寓話を紹介したいと想います。それはこんな具合です。

アルジェリアのカビール地方の農民は、ひょうたんを使ってサルを生け捕りにするという。それはごく簡単な方法で、どうするかといえば、ひょうたんにサルの手が入るくらいの大きさの穴を開け、中に米粒を入れるのである。あとは、ひょうたんをしっかり木に括りつけておくだけだ。

夜中にサルがやってきて、ひょうたんの中に手を突っ込む。米をわしづかみにした手を引き出そうとするのだが、はちきれんばかりに米を握った手は抜け出ない。手をゆるめればいいのだが、サルはそうしない。そして、米粒をしっかり握りしめたまま、夜明けを迎え、間抜けな顔をして農民に生け捕られる。

図表4-10 │ 比喩の凝結における「πの字思考プロセス」

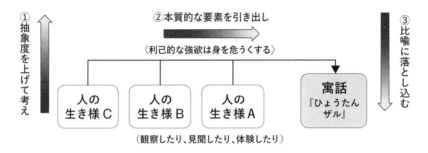

① 抽象度を上げて考え
② 本質的な要素を引き出し
③ 比喩に落とし込む

〈利己的な強欲は身を危うくする〉

| 人の生き様C | 人の生き様B | 人の生き様A |

寓話
『ひょうたんザル』

（観察したり、見聞したり、体験したり）

……どうでしょう、強欲が自分の身を危うくするメカニズムを巧みに、そしてユーモラスに描いています。

このように、ものごとを寓話という比喩に凝結する思考もまた「πの字プロセス」といえます。すなわち「①抽象度を上げて考え→②本質的な要素を引き出し→③比喩に落とし込む」（図表4-10）という流れです。

優れた比喩を表現するには、単に文章力が優れているだけでは不十分です。

ものごとを観察する力、そして本質的なものを見抜く力があったうえで、最終的に何に喩えることで妙味が出るかのセンスが問われます。

4象限の名を比喩で表す

ではもう少し仕事やビジネスに引き付けて、「比喩の凝結」を考えていきましょう。

ビジネス現場で作成する資料は、明確な記述が求められるため、直接的な説明が多いものです。しかしときに、比喩を用いることで強い印象を与えることができます。その成功例がボストン コンサルティング グループ（BCG）の開発した「PPM」（プロダクト・ポートフォリオ・マネジメント）です。

あらためて見てわかるとおり、この表には巧みな比喩表現が使われています（図表

4-11)。相対的マーケットシェアと市場成長率の2軸によってつくられる4つの象限に、「金のなる木」「花形製品」「問題児」「負け犬」というネーミングを施しました。

もしこれら象限の名称を直接的に「シェア〈高〉×成長率〈低〉」「シェア〈高〉×成長率〈高〉」などとしていたら、この図の魅力は途端にあせてしまい、これほど世界中で利用されなかったかもしれません。

これらの隠喩を用いた単語は、各象限が持つ意味をよく醸し出しています。誰しも自社の製品を「金のなる木」ポジションに置きたいし、「負け犬」ポジションからは脱したい。そういったことが直感的にわかるのが優れた点です。

私の事業ですが、同じように4象限の図に比喩を使ったものがあります。

個人のキャリア意識を判定するアセスメントツールとして「キャリアMQ」というサービスを行っていたとき、その判定因子として「キャリ

図表4-11 │ 4象限の名を比喩で表す

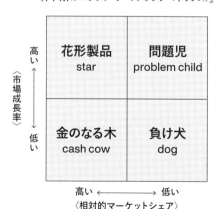

ボストンコンサルティンググループの開発した
『PPM（プロダクト・ポートフォリオ・マトリクス）』

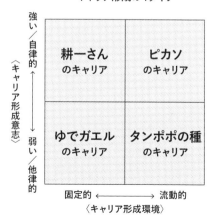

キャリア形成の4タイプ

ア形成環境」と「キャリア形成意志」を設けました。その2つの軸で4象限図をつくったものが図表4-11右図です。

ご覧のように、そこには比喩の言葉が並んでいます。自分の専門分野が決まっていて（＝キャリア形成環境が固定的）、そこを明快な目的意識を持って掘り進んでいる（＝キャリア形成意志が強い／自律的な）人を、私は「耕一さん」のキャリアと呼びました。読んで字のごとく「一つを耕す」というニュアンスです。

2002年ノーベル化学賞受賞の田中耕一さんは、まさに名前のとおり、一つを耕していったらノーベル賞にまでたどり着いた人です。

ところが同じキャリア形成環境が固定的でも、キャリア形成意志が弱く他律的であると、「ゆでガエル」のキャリアになってしまう。

同様に、キャリア形成環境が流動的（さまざまなプロジェクトや部署を渡り歩いたり、転職をしたり）で、意志を強く持ち、自律的にキャリアを切り拓いている人は、「ピカソ」のキャリアです。

なぜピカソかといえば、彼は絵画に留まることなく、彫刻や陶芸、パフォーマンスアートなど創造の領域を貪欲に広げていき、異分野の創作を同時並行に行っていた。住む場所も

付き合う人間（特に女性）も常に変えていき、その変転ごとに作風が劇的に進化していったからです。

一方、環境が流動的でも、キャリア形成意志が弱く他律的な人は、行方知れずで根を張ることのない「タンポポの種」のキャリアになってしまう。

私はこれを企業内研修でやっていましたが、受講者は「自分は"ゆでガエル"か（ショック）」とか「自分は"耕一さん"だ」といったように、頭に入りやすく、記憶に残りやすいので、よい効果が出ていたと思います。

では、ここで「比喩の凝縮」ワークをしてみましょう。

類推ワーク3-C｜4象限名の比喩化

いまあなたは新規に参入する市場を分析しようとしている。その市場を2つの軸で分類する。

1つの軸は「潜在顧客数が多い／少ない」。たとえば、初級者向け商品なら潜在顧客が多く見込めるが、上級者・プロ向けになるとそれが少なくなる。

そしてもう1つの軸が「想定利益率が高い／低い」。たとえば、技術的な参入障壁があって寡占状態の市場では想定利益率を高く見込めるが、参入障壁がほとんどなく競合が多数乱立しているとそれが低くなる。

この2軸によって下図のようなマトリックスが出来上がる。

そこで、これら4つの象限「A・B・C・D」に比喩を用いた名称をつけなさい。「金のなる木」や「負け犬」のように、その象限の意味合いが十分にじみ出るようなものがよい。

ワークシート3-C｜4象限名の比喩化

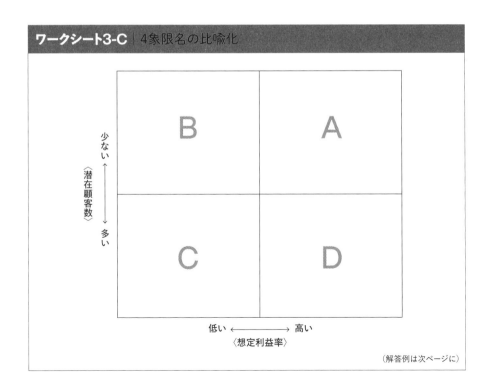

（解答例は次ページに）

プラトン「洞窟の比喩」

生まれてからずっと洞窟の中にとらわれている囚人たちがいる。彼らは手足を縛られ、首までもが固定されているので洞窟の奥にある壁しか見ることができない。彼らの遠い背後（上方）には火が燃えている。この火と彼らの間には通路があって、そこをいろいろなものが行き来する。囚人たちが目にするのは、洞窟の壁に映し出された行き来するものの影だけである。そして彼らが考え、話をするのも、この影についてだけである。

ここで、彼らのうちの1人がかせを解かれ、洞窟を自由に歩き回れるようになる。彼は最初、火に目がくらむが、だんだん洞窟内のことがよく見えてきて影の正体を理解することになる。そしてさらに彼は洞窟の外に出て、まばゆいばかりの太陽に照らされた真実で完全な世界を目の当たりにする。

ここでいう「洞窟」は、感覚や経験によって捉えられるこの日常世界を象徴しています。そして「囚人」は、私たち一般の人びとを表します。

すなわち、私たちが普通に見ているものは実体ではなく影である。なのに、それを実体だと思い込んでいるというのです。だからこそ、洞窟の外（これを「イデア」と名付けた）に出て、もはや壁に映る影ではなく真実を認識せよ、そして最上位のイデアである「善」（＝太陽に象徴される）を見ることができるようになれ、とプラトンは教えます。

この比喩はさらに続き、外に出て太陽を見た1人が再び洞窟の中に戻っていき、囚人たちに真実を語ろうとします。

しかし、皆は彼を恐れる。なぜなら彼の言動は今までの洞窟の中での常識を覆し、否定するものであるからです。そして、ついには彼を殺してしまう（ソクラテスが処刑されたように）。

A：「楽園の小鳥」、B：「先生の空き教室」、C：「沼地の楓橋」、D：「養老の大雁」

<類推ワーク3-Cの解答例>

第 5 章

ものごとをしなやかに
鋭くとらえなおす

スキル｜4

精錬
コンセプトを磨きあげる

私たちは往々にして、自分の中にいったん取り込んだコンセプト──本書ではそれを概念のみならず、観念、信念、理念にまで解釈を広げています──を固定化させてしまう傾向があります。コンセプトは自分の思考秩序をつくる骨格ですから、それを頻繁に変えたくない心理がはたらくためです。人間は安定を選びたがる性質をもっています。

しかし、どんなコンセプトも完全ではありません。また、そもそもコンセプトは自分が変わっていくとともに、また、環境が変わっていくとともに、変化が必至のものです。さらには、いまだ概念化されていないことが世の中には無数にあり、あなたによってとらえられることを待っているかもしれません。

そういったことから本講義では、ものごとを「しなやかに鋭くとらえる」ためのトレーニングに移ります。ものごとのとらえ方を精錬していき、コンセプトをよりよいものへと変更したり、新しいコンセプトをつくったりする技法についてみていきます。

商品アイデアや技術は磨かれたコンセプトを欲している

世の中にはコンセプチュアルな能力を研ぎ澄ませて仕事にしている人がたくさんいます。

たとえば、商品企画者です。
ヒット商品の成功要因というのは、その具体的なアイデアだけが語られがちです。
しかし、優れた企画者は、必ずと言ってよいほど、コンセプチュアル能力を磨いて、コンセプトづくりからしっかり始めます。

担当する商品や技術、それを取り巻く環境を意図的に視点をずらしてながめたり、既存の概念や常識を否定したり、新しい枠組みを考えたりするなかで、最終的なアイデアにたどり着こうとします。
私自身もかつてメーカーで商品企画に携わった時期があり、尊敬する上司からよく「枝葉末節のアイデア出しに溺れるな」と助言を受けたものです。

また広告制作の世界で活躍するディレクターやクリエイターたちも柔軟的で先鋭化したコンセプチュアル能力を発揮している一群

です。

昨今では、商品の機能面や価格面での差別化が難しく、その分、広告メッセージで引き寄せたいという要求が強まっています。

そのために広告のつくり手は、商品の訴求ポイントをどんどん鋭くして、消費者の欲しい気持ちを刺激します。また、時代のフワフワとした空気を先読みして、ずばり一行のコピーに表現したり、流行をつくり出したりします。

このようなしなやかさをもったコンセプチュアル能力は、一部の人に限らず誰もがみずからの仕事において必要なものです。担当する製品・サービスをつねに向上させていくためには、つねに自分の中のコンセプトを柔軟的に見なおし、精錬していく思考力が不可避だからです。

私たちはよく、特段に優れた商品・事業に遭遇すると、「これは〇〇の概念を超えている」とか「こんな使い方があるなんて知らなかった」「常識をくつがえされた」「この商品コンセプトにやられた」「このビジネスモデルは画期的だ」などと表現します。

そのように優れた商品・事業というものは、コンセプトの次元からすでに優れていたといえるでしょう。

もちろん技術は重要です。しかし、技術はある商品・事業コンセプトのもとに置かれることで輝きを放ちます。優れた技術は世の中にたくさんありますが、そのすべてが日の目を見るわけではありません。

時代とともに人びとが抱くコンセプトは変わり、変わりゆく技術もそれが有効に用いられるコンセプトを欲しています。また、コンセプト自体を消費する社会にもなりました。

そんな中で、ごく一般的なものごとのとらえ方、論理秩序、枠組みに依っているだけの思考では、担当商品に力を与えることはできません。

既成のコンセプトに対し、つねに鋭い思考の投げかけを行うというコンセプチュアル能力は、商品がますますコモディティ化する流れにあって、いやまして重要になっています。

ものごとのとらえ方・コンセプトを精錬する方法

ものごとのとらえ方を精錬し、とらえた内容（すなわちコンセプト）を精錬していく方法はさまざまあります。ここでは特にビジネスの現場で役立つ観点を取り上げ、6つに分類して紹介します（図表5-1）。

1│結合する・分離する

●掛け合わせる

ものの見方が凝り固まり、その囲いから抜け出られないとき、異種の概念を掛け合わせてみると、予想外の発想が生まれ、新しい概念の誕生につながることがあります。

「A×B→新しい何か」の変化です。

たとえば「回転寿司」。寿司は職人がカウンターで握って出すものという固定観念に、ベルトコンベアー（工場で部品を流す装置）という概念を掛け合わせた結果、寿司屋の概念を大きく変える店舗が生まれました。

また、イチゴと大福を掛け合わせた「イチゴ大福」は和菓子の概念をおおいに広げました。

経済学者のヨーゼフ・シュンペーターが「イノベーション」という概念の根底に「新しい結合」というニュアンスを持たせていることは先に述べました。

異種のものを結合することで何かを生じさせるということについて、古くは哲学の世界でヘーゲルが「止揚（アウフヘーベン）」という概念を提示しています。

これも基本的には、矛盾する要素の対立から事物の発展は起こるという見方で、発展的に統一された事物の内に、もとの性質が高次元の形で保存されているという洞察です。

いずれにせよ、異なるものが交わるところに何かが起こるのです。

●足し算する

「A＋B＋C」と足し合わせていく複合化のとらえ方です。

アプリをいくつも詰め込めるスマートフォン、多種の商品・売り場を1つの建物に集める百貨店などはこの発想の典型です。

「掛け合わせる」は要素を合わせることで別の何かに変容するのに対し、この「足し算する」は機能要素が増えこそすれ、全体が何かに化けるわけではありません。

図表5-1 | ものごとのとらえ方・コンセプトを精錬する6つの方法

タイプ	方法	参考事例
結合・分離	掛け合わせる	「回転寿司、イチゴ大福
	足し算する	スマートフォン、百貨店
	引き算する	ソニー『ウォークマン』、立ち乗り自動二輪車『セグウェイ』
視点の移動・創出	見る位置を変える	カラオケ 視点を変えて新しい価値を起こす──「アズ・ア」モデル
	寄って見る／引いて見る	ミクロの目──行動ターゲティング広告 マクロの目──ローマクラブ『成長の限界』
	観点を起こす	柳宗悦の『民藝（民衆的工芸）』 池田菊苗による「うま味」の発見
ものさし変更	目盛りを変える	ホールセール単位で売る会員制大型スーパー『コストコホールセール』
	目盛りをなくす	福袋、定額サブスクリプション制 現代アート作品『家プロジェクト｜南寺』
	目盛りをつける	各種検定試験、『facebook』の「いいね！」ボタン
	白黒反転させる	スリーエム『ポスト・イット』、ロッテ『ホカロン』
置き換え	土俵を変える	大塚製薬『ポカリスエット』
	文脈を変える	日清食品『カップヌードル』、 イヌイットに冷蔵庫を売ったセールスマン
	形態を変える	購買形態・贈答形態を変える──「図書カードNEXT」「おこめ券」 提示形態を変える──旭山動物園の「行動展示」
	様式を変える	ダスキンの「レンタルモップ」、伊藤園『お〜いお茶』
	構造を変える	課金の構造を変える──ジレット『替刃式カミソリ』 価値提供の構造を変える──「SaaS」「MaaS」によるゲームチェンジ
研ぎ澄まし	エッジを立てる	「モーレツからビューティフルへ」「少衆」「分衆」
	造語する	「ガラパゴス現象」「ワーキングプア」「婚活」「メカトロニクス」
	メッシュを密にする	雨→「霧雨（きりさめ）」「小糠雨（こぬかあめ）」「時雨（しぐれ）」……
たとえ	レトリックを用いる	直喩、換喩、隠喩、提喩
	見立てる	枯山水の庭、顔文字　(^_^)　(T_T)

● 引き算する

「あれも・これも」という複合化は、実は誰もが考えやすい発想で、その方向にいくとむしろ特長や個性を失うことにつながりかねません。**コンセプトを明快にしたければ、むしろ大胆な削除を選ぶほうがよい場合があります。**

成功の鍵は「Less is more.」(より少ないことが、より多いこと)。能や茶道は極限まで動作を省いています。しかし、そこにこそ多くの情報が隠されており、豊かなおもむきがあります。

引き算の発想で革命的な商品を誕生させた例が、ソニーの『ウォークマン』です。『ウォークマン』は、単一機能に絞ったことで、かえって「音楽を持ち運ぶ」という豊かな体験が可能になり大ヒットになったのでした。

引き算の成功例として、立ち乗り自動二輪車の『セグウェイ』をあげてもいいでしょう。

2 | 視点を変える、新しい見方をする

● 見る位置を変える

世の中に「楽曲」という作品・コンテンツが次々生み出されます。さて、この楽曲を売るためのビジネスとして何があるでしょうか。

まず、楽譜を印刷して販売するという発想があります。さらには楽曲を演奏したものをレコードにして聴かせよう、買わせよう、という発想もあります。これらの発想にもとづいて今日、楽譜出版ビジネスや音楽レコードビジネスがあります。これらは1つの視点です。

しかしあるとき、音楽の欲求は曲を演奏するだけではない。曲を聴くだけでもない。流行歌を伴奏に乗せて思い切り歌いたいという欲求もあるはずだ、と誰かが着想しました。

そうです、「カラオケ」という新しいジャンルのビジネスがそこで生まれたのでした。

楽曲という1つの資源について、見る位置を変えることで売る方法はいくつも開発されます。

また、視点を変えて新しい価値を起こす手法として「アズ・ア」モデルの事業発想があります。

たとえば自動車メーカーはこれまで、自動車を「物として所有価値がある」という押し出しで売っていました。

しかし視点を変えれば、自動車を「移動手段として利用価値がある」という押し出しでも売れます。この視点の切り替えによって、お客様に提供する価値、および提供構造を変えていくのが「アズ・ア」モデルの事業発想です。

これについては、この後の「４｜置き換える」の「構造を変える」と「精錬ワーク４-C」で詳しく説明します。

● 寄って見る／引いて見る

ときにものごとを微視（ミクロ）的に観察し、ときにものごとを巨視（マクロ）的にながめる。そういう視点の移し方をやってみること。

たとえば、広告の世界ではこれまでマス広告が主流でした。消費者全体を一緒くたでながめ、テレビや新聞、雑誌などのマスメディアにメッセージを放ち、効果を上げていました。ところが最近では、一人一人の消費者をミクロで観察し、個々が接するデジタルメディア（SNSやスマートフォン向けアプリなど）に本人の嗜好に合わせた広告情報を流すという形が重視されつつあります。いわゆる、行動ターゲティング広告です。個々の顧客を寄って見る

技術が進化することで、今後ますます顧客とのコミュニケーションのあり方が変わってくるでしょう。

次に、引いて見ること。これは空間的なことに限らず、時間的なことについてもいえます。私たちはスピードの時代に生きており、ついつい短い時間単位でものごとをとらえるほうに偏りがちです。しかし逆に、長大な時間単位に目を引いたところからながめることで、新しいとらえ方に出合うときがあります。

その一例としてあげたいのが、ローマクラブが1972年に発表した『成長の限界』という研究レポートです。

ローマクラブはさまざまな分野の識者が集う民間のシンクタンクです。彼らは地球環境を100年、1000年の単位からながめ、人類の科学が信奉する「無限の成長」という概念に警鐘を鳴らし、「成長には限界がくる」とのテーゼを世界に提示しました。

1970年前後といえば、米国アポロ11号による人類初の月面着陸成功（1969年）があり、自動車や家電、コンピュータなどの工業製品が飛躍的な性能向上とコストダウン化を成し遂げ、先進諸国が大量生産・大量消費を一気に拡大させていく時代でした。国内においても

に大阪で日本万国博覧会が開催され（1970年）、誰もが科学技術文明がつくり出す明るい未来に魅了されていたころです。

そんなタイミングで発表されたレポートであるからこそ、値千金の価値があります。今日、「エコロジー（生態学）」や「サステナビリティ（持続可能性）」「地球環境問題」「自然との共生社会」「SDGs（持続可能な開発目標）」などの言葉が頻繁に行き交うようになりましたが、この『成長の限界』レポートがその契機になったともいえます。

● 観点を起こす

柳宗悦は『民藝（民衆的工芸）』という概念の生みの親です。柳は日本とアジアの各地を回り、その風土から生まれた生活道具の中に、用に則した「健全な美」を見出しました。それまで誰も見向きもしなかったところに、新しい「美の見方」や「美の価値観」を提示し、『民藝』という1つの芸術ジャンルをつくり出したのです。

そのように、何もなかったところに1つの観点を起こし、ある概念を打ち立てていくのが視点創出です。

ビジネスの世界でいえば、『味の素』は恰好の事例でしょう。味の基本要素が「甘味・塩味・酸味・苦味」の4つとされていたときに、池田菊苗博士は「だし」のおいしさに関心を寄せていました。そこに何か別の新しい基本味があるのではないかという観点を起こしたのです。そして昆布の煮汁から「うま味」成分を取り出すことに成功しました。そして大量生産の技術を確立させ、今日では調味料の一大分野となっています。

観点を起こすのが先にあり、科学的分析や発見が後からついてくる。この順序はとても重要です。

以上、「視点の移動・創出」の事例を紹介しました。私たちは通常、すでに築いた概念体系の枠内でものごとを評価、判断、処理します。しかし、ときに意図的にその枠からいったん自由になってものごとを考えてみることが必要です。

そうした枠はずしを壮大にやってのけたのが地動説を唱えたコペルニクスであり、相対性理論を唱えたアインシュタインでした。「パラダイムシフト」と呼ばれる認識体系の大転換はまさにそうした非常識な視点移動から起こります。

3│ものさしを変える

●目盛りを変える

　私たちがものごとをみるとき、そこにはたいてい、自分の「ものさし」で価値を測ろうとする意識がはたらきます。「それは損か得か」「AとBはどちらが高いか低いか」「自分よりも上か下か」といったように。

　そのものさしを柔軟的に変えることで、ものごとのとらえ方は違ってきます。その1つは、目盛を変えることです。

　たとえば、米国の卸小売業コストコ社は、販売単位の目盛を変えたことで、小売業の概念を変えました。一般客に1個1個売るのではなく、1ダースや1箱というホールセール単位で売りはじめたのです。

●目盛りをなくす

　モノやサービスの価格は通常、購入量・使用量に比例して上がっていきます。

　ところが「福袋」という売り方はこのものさしを取っ払い、どんな物がどれだけ入っているかわからない、総計でいくら分の物が入っているかもわからないような密封状態で店頭に並べます。でも、そのワクワク感こそが大人気を呼びます。

　従量制課金のものさしをなくすという観点

では、「サブスクリプション制」（利用期間を定め、年や月で定額を支払う方法）も1つのやり方です。

　また、自分のものさしを取っ払ってみると、不思議で新鮮な感覚を取り戻すことができます。

　瀬戸内海に浮かぶ直島（香川県）には現代アートが島中に点在しています。その中の一作品『家プロジェクト│南寺』（ジェームズ・タレル創作、安藤忠雄設計）は、真っ暗な空間をモチーフにした作品です。

　鑑賞者はただ闇のなかに放り込まれるだけ。そこには右も左も、上も下も、前も後ろもない。何が鑑賞すべき作品であるのかもわからない。鑑賞者は認識の目盛りをなくした状態でたたずむしかない。そうして5分ほどして見えてくるものは……？

　この作品は、知識や情報、先入観によって何かを評価するのでもなく、理解するのでもない。ただ感じようとするその体験そのものを作品化したものです。

●目盛りをつける

　『日本漢字能力検定』『江戸文化歴史検定』『あいさつ検定』……いまや検定試験は百花繚乱です。検定試験というのは、その人の技能・知識について、目盛りがなかったところに

目盛りをつけるやり方です。「それがうまくできるかできないか」「それについてよく知っているか知らないか」が漠然としかわからなかった人に、「あなたの技能・知識は●級です」というようなレベルの仕切りを設けて告げてあげようとする試みです。

facebookに代表されるSNSの「いいね!」ボタンも1つの目盛りといえます。こうした目盛りをつけることで、口コミ情報の共感度や広がりを示す単位として機能します。

● 白黒反転させる

自分のものさしの「プラス」と「マイナス」を入れ替えることで、ものごとは劇的に変化することがあります。評価逆転の発想です。

米国スリーエム社では、強力な接着剤の開発途中、偶然に粘着力の弱い糊ができてしまった。まったくの失敗作と周囲はネガティブな反応を示すなか、一人だけ、この糊にポジティブな可能性を見出した研究員がいました。そしてそれは今日、付箋紙の代名詞ともなった『ポスト・イット』に大化けしたのです。

同様にロッテ電子工業（現ロッテ）では、お菓子の酸化を防ぎ、長期間保存できるようにするための脱酸素剤を製造していました。あ

る日、生産効率を上げるための実験をしていたところ、脱酸素剤が熱を発してしまいました。これではお菓子袋に使えないとするなか、ある開発者はそれを逆手にとって、保温する何かに使えると考えたのです。使い捨てカイロという新しい概念を生んだ『ホカロン』の誕生です。

---

4 | 置き換える

● 土俵を変える

考えようとする対象の置き場所・置き方を変えてみることで、何か違ったものが見えてきたり、新しい概念へと発展したりすることがあります。

大塚製薬は病院向けの点滴静注液で業界大手の企業です。医療用の点滴液として最も一般的な生理食塩水も扱っていました。同社の研究員はあるとき、健常者が日常生活において発汗により失われる水分と電解質を手軽に補給できる飲料、すなわち「飲む点滴液」のようなものができないかという発想に行き当たりました。

生理的に身体によく吸収される液体を医療用という土俵以外にも広げたい。そこで目を付けたのが、一般消費者向けの飲料市場

だったのです。「スポーツドリンク」という概念を起こした『ポカリスエット』は、土俵を変えることで生まれた商品です。

● 文脈を変える

第2章でイヌイットに冷蔵庫を売った営業マンの話を紹介しました。彼がなぜ販売に成功したのか――それは食物を冷蔵するための製品ではなく、食物が凍結しないようにする保温庫として売り出したからです。すなわち、文脈を変えて訴求したのです。

日清食品の『カップヌードル』も米国市場進出の際に、商品を訴求する文脈を変えることで成功を収めたと言われています。すなわち、長い麺をすすって食することになじみのない米国人にいきなりそれを売るのではなく、汁の中に短い麺が入った、いわばスープヌードルとして売り出すことで支持を拡大させていきました。

● 形態を変える

既存の形態とは異なった形態を想像してみることで何かが見えてくることがあります。たとえば「ギフト券」は、購買の形・贈答の形を変えた典型です。重くてかさばるお米は贈答には向いていませんでした。そこに「お米券」という形態を持ち込むことで、「お米も贈答

品」という考え方を人びとに浸透させることができました。また、「図書券」のように個人の興味がわかりづらい書籍に適用することにもメリットがありました。結婚式の引き出物に「カタログギフト」を渡すことも広まっています。

また、展示の形態を変えることで動物園が蘇りました。それが旭山動物園（北海道）の「行動展示」です。同園は経営危機に陥り、抜本的な改革を迫られていましたが、そこで打った手が動物の展示形態を変えることでした。

従来、ほとんどの動物園は動物の姿形を見せる「展示形態」をずっと採用してきました。が、同園は動物本来の生態を見せたいという思いに立ち、動物の行動や能力が十分に観察できる「行動展示」への挑戦を始めました。試行錯誤を繰り返しながらも、来場者の拡大を呼び込み、一躍国内で最も人気のある動物園の1つになりました。

● 様式を変える

人びとが普通に行っている様式を変えてみるところにも、既成概念を打ち破る隙間が隠れています。たとえば、ダスキンはぞうきんやモップをレンタルするという様式を考えました。そうじ用品の概念を変えた出来事です。

また、伊藤園の『お〜いお茶』は緑茶飲料を買って飲むというスタイルを定着させました。ひと昔前までは、お茶は家でつくり水筒に入れて持参するというのが国民的な消費様式でした。いまやその様式は「お金を払ってペットボトルで飲む」へとがらりと変わってしまいました。しかし地球環境問題がますます意識されるなか、近いうちにお茶の消費様式を再び大きく変える何かが提案されるかもしれません。

● **構造を変える**

コンセプチュアル思考による概念の精錬は、製品やサービスをどう生まれ変わらせるかといったことに留まりません。事業構造をどう変革・転換するかといったことにまで向けられます。

たとえば、課金構造を変えるという事例であげたいのが、米国ジレット社の安全カミソリです。同社は、ひげ剃り用の安全カミソリを柄の本体部分と刃の部分とに分離する画期的なアイデアを得ました。柄は繰り返し使うことができ、刃を替えていく。これが世に言う「替え刃モデル」「消耗品ビジネス」の起こりです。

本体を製造原価に近い安値で売って広く普及させ、消耗品で利益を上げる。理想科学工業の年賀状印刷機『プリントゴッコ』や、任天堂のテレビゲーム機『ファミリーコンピュータ』はそのモデルの踏襲者でした。

さらに、最近急速に広がりつつある「アズ・ア」モデルの事業発想。その先駆けは「Software as a Service」（サービスとしてのソフトウエア、略称：SaaS）です。

従来、パソコンのソフトウエアはパッケージで販売し、個々のパソコン上で稼働させる形が中心でした。いま、そうしたパッケージ単品に価格を付け販売するやり方は後退し、ネットワーク上でソフトウエア機能を提供し、使用料を取るという形へとどんどん移り変わっています。

同様に、自動車業界をはじめ運輸・交通・旅行業界でも「Mobility as a Service」（サービスとしてのモビリティ、略称：MaaS）の大潮流が押し寄せています。自動車というハードウエアを単に売るという構造から、モビリティ（移動）という価値を複合的・統合的に売る構造への大変革です。

「アズ・ア」モデルの事業発想についてはこの後に詳しくやります。

5│研ぎ澄ます

● エッジを立てる

　広告や製造業の世界では、コンセプトという語を「一連の広告キャンペーンのコンセプトは」とか「ある自動車メーカーがコンセプトカーを出展し」などというように、「先鋭化させた意図・着想」の意味で限定的に使っています。

　世の中に次々と起こる流行やトレンドは、だれかがものごとの先端をとらえ、そのとらえた内容を鋭く表現し差し出すことで生まれてきます。広告の世界には、そうした「エッジ：edge＝端、刃」の立った表現の見本をたくさん見つけることができます。

　たとえば、「モーレツからビューティフルへ」（1970年、東陶機器の広告）のような時代を画するメッセージ。さらには、大衆から「少衆」「分衆」へというような新しい概念の提起です。

　また、「なにも足さない。なにも引かない。」（サントリー『山崎』、西村佳也）、「一瞬も　一生も美しく」（資生堂、国井美果）、「ほしいものが、ほしいわ」（西武百貨店、糸井重里）、「おしりだって、洗ってほしい。」（東陶機器『ウォシュレット』、仲畑貴志）「亭主元気で留守がいい。」（大日本除虫菊、石井達矢）など、先鋭的でありながら、時を経て

も輝きを失わないコピー表現があります。

　ビジネス・経営の分野で言えば、『ハーバード・ビジネス・レビュー』のような先端的・予見的な記事を多く掲載する学術雑誌には、論考的にエッジの立った寄稿が多く見受けられます。いかにコンセプチュアルな感覚で起こりつつある事象に切り口をつけているか、新しい概念を生み出しているか、などを学び取る教材としても有用です。

● 造語する

　ものごとのありようを研ぎ澄ませて見つめていき、それを言葉に結晶化させようとするとき、既存の言葉では間に合わない場合があります。そんなとき、私たちは造語します。

　メディアに流れてくる新語や流行語、バズワードなどの多くは、新しい空気のもと、新しい感性によって造語されたものです。その造語がどれだけ長く生き延びるかという耐久性は、ひとえにその言葉のコンセプチュアルなくみ取りの深さによっています。現象を表層的にとらえたものは短命になるでしょうし、深層にある本質的なところをとらえたものであれば長命になるでしょう。

「ガラパゴス現象」「ワーキングプア」「婚活」「終活」「ニート（Not in Education, Employment or Training, NEET）：若年無業者」などは、すでに一般用語として定着した感があります。

「メカトロニクス」や「魔法瓶」「ホームシアター」「宅急便」「バンドエイド」など、一企業の担当者がコンセプトを煮詰めてつくった商標が、一般名詞化する例もあります。

　コンセプトを研ぎ澄ませていった結果、既存語に新たな息吹を吹き込む場合もあります。
　たとえば、「パラダイム：paradigm」という語。これはそもそも実例とか模範という意味で使われていたものでしたが、科学史家のトーマス・クーンが著書『科学革命の構造』（1962年）の中で、「概念的枠組み」のような意味で用いられ、以降、「パラダイム」は科学の重要語になりました。
　また、先に紹介した「イノベーション」という語も、シュンペーターによって力強いコンセプトを注入されたものの1つです。

● メッシュを密にする
　児童文学者、元福音館書店社長として知られる松居直の著書『絵本のよろこび』（NHK出版）に、次のようなくだりがあります。

「まったくの個人的な体験ですが、十歳のころ、ちょうど梅雨のさなかで、学校から帰宅しても外へ出られず、縁側に座ってただぼんやりとガラス戸越しに庭を見るともなしに眺めていました。放心状態でした。外には見えるか見えないかほどの霧雨、小糠雨が降っていました。そのとき背後から不意に母のひとり言が聞こえました。
『絹漉しの雨やネ』

母の声にびっくりすると同時に、我にかえった私は「キヌゴシノアメか？」と思いました。私は“絹漉し”という言葉は意識して聴いた覚えがありません。わが家では父親の好みで、豆腐は木綿漉ししか食べません。しかし私には眼の前の雨の降る様と“絹漉し”という言葉がぴたっと結びついて、その言葉が感じとれたのです」

「絹漉しの雨」。この表現は一般的ではなく、辞書にも載っていません。おそらくお母様の独自の言い回しだったのでしょう。けれど、多感な少年は何ともすばらしい言葉を授かった

ものですし、こうした「絹漉しの雨」が降るたびに、それを言葉で噛みしめられる感性も得ることができました。

私たちは一人一人同じ景色を見ても、感じ方はそれぞれに異なります。その差は、持っている言葉の差によっても生じてきます。

雨を見るとき、「大雨」「小雨」「通り雨」「夕立」「冷たい雨」「どしゃ降り」くらいの言葉しか持ち合わせていない人は、景色を受け取る

感性のメッシュ（網の目）も粗くなります。

他方、自分の中に、「霧雨」「小糠雨」「時雨」「涙雨」「五月雨」「狐の嫁入り」「氷雨」「翠雨」「卯の花腐し」「地雨」「外持雨」「篠突く雨」などの言葉を心で持っている人は、感性のメッシュが細かで、その分、豊かに景色を受け取ることができます（**図表5-2**）。

ただ、これらの言葉を受験勉強のように覚えれば感性が鋭敏になるわけではありません。

図表5-2｜言葉は感性の「メッシュ（網の目）」である

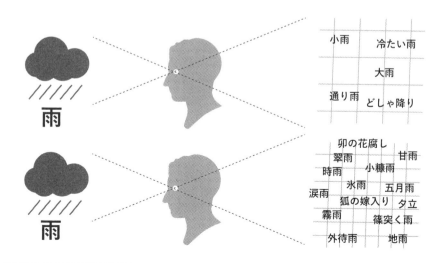

結局のところ、見えているものを、もっと感じ入りたい、もっとシャープに像を結んで外に押し出したい、そういった詩心が溢れてくると、人はいやがうえにも言葉という道具を探したくなるのです。

職人の世界では、物を加工する場合、実に多くの技を状況に応じて使い分けます。

たとえば、腕の立つ金属加工の職人たちの間では、鉄を「けずる」場合、「削る」「挽く」「切る」「剥る」「刳る」「刮ぐ」「揉む」「抉る」「浚う」「舐める」「毟る」「盗む」などといったふうに、さまざまあるそうです。

小関智弘著『職人ことばの「技と粋」』にはこうあります──

「機械職人は、「あと1ミリ削ってくれ」とはいいますが、「あと100分の3ミリ削ってくれ」とはあまりいいません。……「あとイッパツ舐めて、しっくり入るようにしてくれ」とか、「表面が毟れていて、みっともないから、イッパツ浚って、見てくれをよくしといてくれ」と言います」

一般の素人であれば、「けずる」ことをみな一緒くたで考えますが、職人は100分の何ミリの世界をはっきりと感じ取り、それに合わせて意識や能力を使い分けるのです。

微妙な差異へのこだわり、気配り、集中力。これらは必ずしも目に見えるものではありませんが、仕事のアウトプットには必ず現れるものです。「大胆に、かつ繊細に」とはよく言いますが、メッシュの細かな人がときに大胆にいくことはできます。しかし、メッシュの粗い人が、いざ繊細にいくことはできません。ふだんから細かな感覚を養っていく意識が大事です。

6│たとえる

●レトリックを用いる

概念的理解を深めていこうと思ったら、それを比喩的に言い回してみる作業をお勧めします。ある概念を修辞的技法の直喩、換喩、隠喩、提喩などで表現してみるのです。修辞（レトリック）については第3スキルの「類推」の箇所でも説明しました。

たとえば、「リーダー的能力」と「マネジャー的能力」の違いについて。これら2つの違い

はよく、前者は「ビジョン・決断・勇気」であり、後者は「管理・運営・評価」であるように言われます。であるならば、この違いをどう比喩で表せるのか。

優れた解答例をマキアヴェッリの『君主論』にみることができます。

> 「(君主は)狐と獅子を範とすべきである。なぜならば、獅子は罠から身を守れず、狐は狼から身を守れないがゆえに。したがって、狐となって罠を悟る必要があり、獅子となって狼を驚かす必要がある。単に獅子の立場のみに身を置く者は、この事情を弁えないのである」

マキアヴェッリは、君主はリーダー的能力だけではだめで、マネジャー的能力も併せ持たなければならないとし、前者を「獅子」に、後者を「狐」に喩えています。見事な置換表現ではないでしょうか。2つの能力の要件をあえて事細かに直接的に書き上げず、こうした含み・にじみのある比喩で言い表すことのほうがむしろ概念の核心が伝わります。

● 見立てる

「見立て」とは芸術の世界の言葉で、見たり感じたりしている対象をほかのものになぞらえて表現することをいいます。

たとえば、禅宗寺院などで見られる「枯山水」という庭園様式。砂紋は海や川の波を表し、石・岩は山や島を表すといいます。観念的な次元では、砂紋は絶え間ない時の流れ、石は須弥山や三尊仏を表し、庭全体として「無常」の世界を抽象化しています。そのように見立てとは、認識の目を肥やし、比喩的な想像でものごとを表そうとする技でもあります。

こうした高尚なレベルでなくとも、「あの雲がハンバーグに見える」とか、テキストメッセージの「(^0^)」を笑顔の代用にするとか、そういったことも見立てです。

いずれにせよ、見立てをするにも、見立てを解釈するにも、隠れた本質を探り当てる洞察眼と豊かな感性が必要となります。そのためにはふだんから文学作品や芸術作品に触れ、比喩的な表現に慣れることです。

それでは、ワークを行いましょう。

このワークは、別名「Magic Pot Ideation」（ポットの魔法による概念創造）と名づけている発想トレーニングです。先に紹介した精錬方法のなかで、もっとも一般的でもっとも強力な方法である「掛け合わせる」能力を鍛えるものです。

「Pot」とはくじ引きを入れたポット（容器）を想像してみてください。そこから1枚1枚、紙くじを引くという偶発性が概念創造に魔法の力を与えるという狙いでつくったプログラムです。

私たちは、画期的なアイデアというものがしばしば意外なものの掛け合わせから起こっていることを見聞しています。「回転寿司」にせよ「イチゴ大福」にせよ、成功してみれば「ああ、その手があったか」と、いわばコロンブスの卵なのですが、その意外な掛け合わせを思いつくのが難しい。

発案者は「寿司×○○」「大福×○○」を考える過程で、どう「ベルトコンベアー」「イチゴ」という掛け合わせ素材を思いついたか。おそらくそれは、論理的分析や数学的演繹から導き出したのではなく、偶発的な出合いや不測のアクシデントから得たのでしょう。突拍子もない発想というのはそうした思考の枠外から意図せぬ形でやってくるものです。私たちは何かを掛け合わせるといっても、どうしても既存の思考枠のなかの素材を持ってくることし

かできません。そのために「くじ引き」を利用します。

この演習は、「A×B」によって何か新しい概念を起こす力を訓練するわけですが、「A」には主題とするテーマ（みずからが担当する製品・サービス）を置き、「B」にはくじ引きによって突拍子もない、そして主題とは脈絡のない素材をもってくるようにします。

そうしたふだんの自分の思考からはおそらく出てこない想定外の素材と出くわすことによって、思考はいやおうなしに揺さぶりをかけられ、ときに大胆な着想にいたります。本書ではこの演習にかぎらず、ところどころで設問にくじ引き方式を採っていますが、その意図は偶発による思考の拡張作用を効かせるためです。

この演習の狙いは、みずからが担当する製品・サービスに想定外の光を当て、思ってもみなかった発想がどんどん広がっていくことが狙いです。現実的な解決策を見つけるという成果を目指すものではありません。思考の枠を外す、頭の縛りを解きほぐすエクササイズととらえて行ってください。

もちろん、ポットの魔法によって画期的なコンセプトが生まれれば儲けものです。

精錬ワーク4-A │ Magic Pot Ideation 偶発の「掛け合わせ」による概念創造

① まず事前準備をします。名刺サイズほどのカードを用意し、そこに適当に思いついた単語を1つ書き入れます。チーム内でやる場合は、部外者の人に頼んで書いてもらうのがいいかもしれません。「名詞や形容詞、動詞、何でも当てずっぽうに書いてください」とお願いしてください。
　この記入カードを20〜30枚つくり、4つ折りにして何か入れ物（くじ引きポット）に放り込みます。入れ物はポットでなくとも、箱でも袋でもトレイでもかまいません。作業机の中央に山積みにする形でもいいでしょう。

② 参加メンバー（1グループ：3〜8名）は作業机を囲んで座り、次ページのワークシートと筆記具を持ちます。シートの「主題テーマ」欄にコンセプトの精錬をしたいテーマを書き入れます。この演習では、みずからが担当する商品・サービスを記入します。

③ 誰でもいいのですが、くじ引きポットから適当にカードを10枚引き、中身を開いてテーブルに並べます。この10枚が「マジックワード」と呼ばれるもので、掛け合わせ候補になります。参加メンバーはこのマジックワードをシートに転記します。

④ ここから15分間、シンキングタイムです。参加メンバーは10枚のカードをながめ、各自頭の中であれこれ主題テーマと掛け合わせてみてください。そのうち1枚でも2枚でも何かピンとくれば、それをもとにアイデアを肉付けし、ニューコンセプトな何かに仕立て上げます。このときのアイデアは、現実的に実施可能な提案である必要はありません。この掛け合わせでこういうことを発想した、連想したという程度のことでかまいません。

⑤ シンキングタイムが終わったら、各自が思いついたアイデアを披露します。

ワークシート4-A ｜ Magic Pot Ideation 偶発の「掛け合わせ」による概念創造

10枚のマジックワード

主題テーマ

選択マジックワード

×

そのニューコンセプトな
ものとは……

① 事前準備：「掛け合わせ語」の
カード記入（20〜30枚程度）

重い　ネコ
パン
野菜　空気　階段

くじ引きポット
（入れ物は箱でも袋でもトレイでもよい）

ワークシート

10枚のマジックワード

主題テーマ

選択マジックワード

そのニューコンセプトな
ものとは……

② 主題テーマを記入

④ 掛け合わせの語を選び
アイデアを仕立てる

③ ポットからカードを
10枚引いて並べる

近瀬太志のコンセプチュアル奮闘記

⑥

近瀬はチームメンバーに声をかけ、コンセプチュアル思考研修で学んできた「Magic Pot Ideation」ワークをやってみることにした。近瀬は事前のカード記入を大久保（新卒入社4年目）に任せておいた。

近瀬｜「大久保君、 カードの準備はオーケー?」

大久保｜「はい、ばっちりですよ。中島部長とお隣の梶川リーダーにいろいろと書いていただきました。この袋の中に入っています」

近瀬｜「じゃ、みんなで引きましょう」

（カードを10枚引き、一同盛り上がる。図表5-3のようになった）

近瀬｜「主題テーマは〈旅行〉。それに対して掛け合わせ候補がこの10枚。ふーん、旅行とは一見関係ない言葉がずらり並びましたね。さ、いまから15分間シンキングタイムとします。個人で集中して考えましょう」

（15分経過）

近瀬｜「だれか口火を切るアイデアを紹介してくれる人は?」

坂井｜「はい。私は〈旅行×タオル〉。団体旅行のお客様に差し上げるノベルティとして、タオルを使うのってありかなと思ったので。

というのも、以前、海外からの団体ツアーで瀬戸内を回ったことがあるんですが、今治市に立ち寄った後に、みなさんが地元の産品であるタオルやハンカチをいっぱい買って、しかももうバスのなかでパッケージを開けて使い始めているんです。夏だったこともあって、汗拭き用に使ったり、風呂敷みたいに使ったり。

旅行って、タオルやハンカチは必需品ですからね。日本製はおしゃれなデザインのものが出ていますから、そういうのをノベルティであげたら喜ばれるんじゃないかと思います」

大久保｜「あ、それは浅草のツアーでもそうでしたよ。お客さんたちがバスに戻ってくると、買ってきた江戸てぬぐいをさっそくマフラー代わりに使っていました」

広田｜「販促品としてのタオルの視点はおおいにありだと思います。で、今治に行ったからタオルだったわけで、そう考えると、全国各地にはそれぞれの地場産品があって、それを見直してみるとノベルティに向くものが他にも見つかるように思います」

坂井｜「関の刃物とか」

広田｜「倉敷のデニム製品、燕三条の金物の工場見学ツアーも面白かったです」

坂井｜「いわゆる伝統工芸品の工房をツアーに組み込むことはやってきてるわけですけど、工業製品の分野でがんばっている工場を旅行コースに取り入れることはもっと取り組んでいいかもしれませんね。

で同時に、そこと提携してノベルティをつくってもらうことにすれば、お客様にとっても、工場にとっても、私たちにとってもメリットがあって、一石三鳥の気がします」

近瀬｜「工場見学をエンターテインメント化するアイデアに関しては社内にもいくらか蓄積されているので役に立てそうな感じがしますね。それにしても、いい議論の展開ができた1本めでした。その調子でいきましょう」

近瀬｜「じゃ、次は私のほうから。〈旅行×ゴジラ〉で考えてみました。2つあって、1つは〈ゴジラ〉をテーマにした旅行商品。ゴジラのファンは固まりとして見逃せない潜在顧客群なので、ゴジラにまつわるディープな旅を企画する」

大久保｜「ゴジラはハリウッド映画にもなっていますから、海外ツアーでも組めそうですね」

近瀬｜「もう1つ考えたのは、〈ゴジラ〉的商品開発の限界ということ」

坂井｜「〈ゴジラ〉的商品開発……?」

近瀬｜「そう、ゴジラっていうのは、でかさと強さの象徴。旅行業界にもかつてそういったゴジラ級のヒット商品がいくつも生まれました。ハワイとかヨーロッパのパッケージツアーはまさにゴジラがのっしのっしと歩くように勢いよく売れた時代があったわけです。年配の上層部の中には、いまだにそういったゴジラ級のヒット商品をつくれないかと期待する人もいる。でもそうした大型のヒット狙いの時代はとっくに過ぎて、いまはディスカウント競争の時代が長く続いている。でも、このままの消耗戦がいいわけでもない。で、私が目指したいイメージは、ゴジラに代わって〈旅行×ニョロニョロ〉!」

一同｜「ニョロニョロ?」

ワークシート4-A ｜ Magic Pot Ideation 偶発の「掛け合わせ」による概念創造

近瀬太志のワーク内容

10枚のマジックワード
折り紙 Tシャツ
空気 タオル
壁 ゴジラ
重い ふとん
自信 ワイン

主題テーマ
旅　行 ×

選択マジックワード

そのニューコンセプトなものとは……

近瀬｜「そう、『ムーミン』（フィンランドの作家、トーベ・ヤンソンによる小説・絵本）に出てくるキャラクターです。ニョロニョロは、白のアスパラガスにひらひらした手がついたみたいな生き物で、大群をなして、にょろにょろと動いています」

坂井｜「あ、そのキャラクター思い出しました。1匹1匹のニョロニョロはとても敏感なセンサーを持っているんですよ」

近瀬｜「いま、旅行に関する志向は多様化して、売るほうとしてもいろいろな品ぞろえが求められていますね。で、その多様化といったときに、売る方が対応しているのは単純に旅の行き先の拡大化なんです。数年前はベトナムだと言ってたのが、次はミャンマーだというふうに。でも、そういう新地開拓競争も行き詰まりがみえてきています。これからはもっと人びとの旅に対する動機とかテーマとかを敏感に感じ取りながら、1つのテーマは少数だけれども強く支持される商品をいくつも打ち立てていく姿勢が大事なんじゃないかと思うわけです」

広田｜「でかいゴジラを一発当てにいくんではなくて、ニョロニョロのようにたくさんの興味テーマを察知して、品ぞろえし、群で見せていくというイメージですね」

近瀬｜「そのとおり。そのために、うちの情報サイト『プラネット・ウォーキング』のなかに専用のコーナーを企画しているところです。そこをのぞきに来れば、旅のテーマや旅をしたくなる動機がさまざま見つかるような量・質の情報を提供します。そして旅に行かれたお客様がどんどん情報を上げてくだされば、ニョロニョロはどんどん広がり大きくなる」

大久保｜「ええ、そのイメージよくつかめます。一様の戦術でマスのお客様を取りにいこうとするやり方はもう効かなくなっていますから」

近瀬｜「ニョロニョロ的戦術の話はこれくらいにして、だれか次のアイデアを」

広田｜「はい。そのニョロニョロにもつながるかもしれませんが、〈旅行×自信〉を考えてみました。この10枚のカードを見渡してみて、〈自信〉という言葉に思わずどきっとしたんです。自分がやってきた旅で、旅からいちばん何を得たかと言えば、自信じゃなかったかなと。もちろん旅をして成長があった、発見があった、変化があったとは感じていましたが、自信という言葉がいちばんぴったりきます。で、担当業務に引きつけて考えるなら、『自信をつけるための旅行』、あるいは『自信を取り戻す旅』というコンセプトでお客様にアピールできるのではないかと」

大久保｜「さすが上級バックパッカーならではの視点ですね」

近瀬｜「旅行商品の場合、潜在顧客を引き寄せる最初の入り口として、価格、行き先、テーマ、動機などいろいろあるわけですが、それを『自信を得る』という動機にするわけですね。そういうちょっとシリアスに心に呼びかけるやり方は私もぜひ試したいと思っていました」

大久保｜「確かに、自信をなくしているときに、家に閉じこもっていないで外に出て何かをしたほうがいいことはわかっている。でも、それはパーティーとかでおおいに騒げばいいということでもない。後から反動がきますからね。じゃあ、自信を取り戻す旅というものがあるならそこへ、という心理はじゅうぶんに考えられますね。で、具体的にはどんな旅行プログ

ラムが想定されるんでしょう?」

広田｜「たぶん、へんに考えすぎなくてもいいと思うんですよ。雄大な自然のなかに身を浸す時間をたっぷりとるものとか、田園の民泊プログラムなどで無心に農作業やってみるとか」

坂井｜「ボランティア体験のツアーもいいと思います。私も数回行ったんですけど、やるたびに、ああ、いまの自分の生活は恵まれているんだなあ、自分はまだ甘いなあと、心のネジをまきなおして帰ってこられる」

広田｜「私は小学校のときにボーイスカウト活動で、よく自活キャンプをやったんですが、あれをやると、ほんとうに生き物としての自分の能力がフルに活性化するんです。いろんな意味で自信がつきます。ああいったものの大人版をつくるのも面白いかもしれません」

近瀬｜「"旅が与えてくれた自信"というテーマでいろいろな人からエッセイやコメントを集めて『プラネット・ウォーキング』に掲載したいですね。そうした記事が旅行の潜在欲求を刺激してくれるでしょう」

掛け合わせアイデアをより
効果的に深めるために

〈精錬ワーク4-A〉について少し補足をしておきましょう。

私が研修でこの「〇〇（主題テーマ）×■■（マジックワード）」の掛け合わせワークを行うとき、アイデアを活性化させるために伝えているコツは次のようなことです。

● 主題テーマを目的、マジックワードを手段とみる
● マジックワードを切り口・観点としてみる
● マジックワードを何かの象徴としてみる
● 主題テーマとマジックワードを入れ替えてみる（マジックワードを主題にした見方をする）
● 抽象と具体の往復をする

たとえば近瀬チームが行っていたワークにおいて、最初、坂井さんがノベルティとして〈タオル〉はどうかというアイデアを披露していました。これは旅行商品を売る目的に対し、手段としてタオルを用いると考えたわけです。さらに、タオルおよび生産地である今治を地場産業の成功の象徴的存在ととらえ、他にも同じような事例があるはずだからそれを利用し

てはどうかというアイデアに発展させていきました。

つまりここでは、〈タオル〉というマジックワードが、**具体的な手段物としてのタオルから、〈タオル製造で奮闘している今治的な〉切り口に変わっていった**といえます。

近瀬リーダーがあげた〈ゴジラ〉でのディスカッションにおいても、ゴジラという具体物を旅行のテーマとして採用するアイデアとともに、後半部分では〈ゴジラ的な〉戦術がどうこうというような観点となり、コンセプチュアルな討議がより深まっていました。

さらに広田さんが取り上げた〈自信〉の箇所では、旅行商品を売るために自信という切り口でどうアピールできるかという話と、自信をつけるために旅行はどんなプログラムが考えられるかという話と、目的と手段を入れ替えた両方の論議がなされていました。

職場でこの演習を試してみるときは、ファシリテーター役の人がこういった点を刺激するとアイデア出しがふくらむでしょう。

また、近瀬チームのディスカッションをながめてみると、一方的な抽象論に偏らず、具体的なアイデアが語られているようです。

このように抽象と具体をうまく往復することによって、本質論議と実行論議がともに深まっていきます。

「製品で勝っても、事業に負ける」ことがある時代

さて、第4スキル「精錬」の最後に、これからの時代にますます重要になるであろう大きな事業発想・概念転換の技法を扱います。それが「アズ・ア」モデルの発想法です。

昭和の高度経済成長期から今日に至るまでニッポンの製造業は品質に優れたモノづくりを得意とし、多くの分野で優位性を高めてきました。新しく出す1種1種の製品をきちんとつくっていき、1種1種に適当な価格を付け売り切っていく。「良くつくったモノは必ず売れる。そして会社も繁栄する」──これが多くのメーカーの成功体験であり、揺るぎない正攻法でした。

しかし昨今、「製品で勝っても、事業に負ける」という現象がしばしば起こりはじめました。

1つには、中国など新興の工業製品生産国が従来の「安かろう悪かろう」ではなく、「品質がそこそこ良くて、かなり低価格」を実現し、グローバル市場で販売量をケタ違いに確保するようになったこと。「高品質でそれなりに高価格」という日本製品は、一般向けの耐久消費財分野ではニッチ（隙間市場）に追いやられ、結果的に事業継続が難しくなることが多くなりました。

もう1つには、仮に「高品質でそれなりに高価格」製品が求められるにせよ、ひとたび、プラットフォーマーと呼ばれる統合的サービスの事業基盤を押さえる企業の下でサプライヤーの1社として組み込まれるや、事業の方向性や利益創出の主導権が著しく制限されてしまうことです。

いくら一製品づくりに優れていても、今日ではそれ単独で事業を発展させていくことが難しく、強大なプラットフォーム上に載らざるをえないのが現状です。

品質の高いモノをつくることは日本人のコンピテンシー（強みとなる特性）ともいうべきものです。私たちはモノを微細に正確に加工する、言うなればミクロ方向に目と手と意識を向けることが得意です。

しかし、それのみに依っていては、製品で

勝っても事業に負けてしまう時代です。そこを乗り越えていくためにいま求められるのはマクロ方向への発想、**すなわち統合的仕掛け、概念的枠組み、グランドビジョンを構想する力**です。それこそがコンセプチュアルに考える力です。

「アズ・ア」モデルによる
事業概念の大転換

こうした流れのなか、「アズ・ア」モデルの発想が注目されています。 先に紹介した「Software as a Service｜SaaS」や「Mobility as a Service｜MaaS」が代表格です。

いま特に製造業においては「Product as a Service」すなわち「サービスとして製品を売る」という事業モデルに続々と転換を図るところが増えています。消費者の購買意識の向く先が、モノの所有から、統合化されたサービスによる能動的生活の実現へとシフトしているからです。

トヨタ自動車の企業ウェブサイト（2021年8月時点）をみると次のような宣言が記してあります。

「100年に一度の大変革の時代。トヨタは『モビリティカンパニー』にモデルチェンジしていきます。『未来のモビリティ社会』の実現を目指しながら、これまで以上に『愛車』にこだわり続け、『もっといいクルマ』をお届けしていきます」

このように自動車メーカーが、クルマを売るということから、モビリティ（移動性・動きやすさ）を売ることに移行していく流れが明確になってきたわけですが、その流れを2つの図を使って概括しておきましょう。

まず自動車で起こっている変化を3業態に分けて描いたのが**図表5-4**です。

第I業態は「クルマを売る」形です。お客様はクルマが持つ機能・デザイン・ステータス、言うなれば「モノ的価値」に魅力を感じて買います。

クルマの所有権はお客様にあり、当然メンテナンスもお客様が費用を負担してやります。そしてクルマの耐用年数が過ぎてくれば、再度、新しいクルマに買い換えることになります。

次に第II業態の「クルマを貸す」という形があります。いわゆるリース・レンタルという利用契約です。

モノとしてのクルマを所有する欲求がさほど強くない、あるいは、所有するだけの財力がないといったお客様に対し、手軽な価格でクルマを使える権利を売るというものです。

リースにおいては、定額利用料を払い、一定期間利用するので、いわゆるサブスクリプション制課金です。この業態はモノ的価値ではなく、「移動手段を得ること」「（高級車などを）運転できる喜び」など、コト的な価値を売るのが特徴です。

これら第I業態、第II業態はともに最も基本的な形であり、以前から併存してきましたし、これからも併存していくでしょう。そんな中、進化形として起こってきたのが第III業態の「モビリティを売る」です。この形が進化させたのは次の2点です──

図表5-4｜「**クルマを売る**」から「**モビリティを売る**」への業態変化

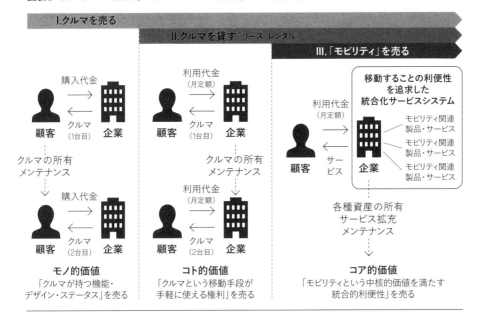

1. 中核的価値を打ち出し、提供する価値の軸を鮮明にする
2. その価値を満たす統合的な仕組みを構築する

モノやコトが溢れつつあるなかで、自動車メーカーがたどり着いた答え、すなわち「自分たちが究極的に売りたいものは『モビリティ』という価値なのだ！」という自己発見はとても大きな出来事ではなかったでしょうか。

自動車という製品が購入客に届ける価値はいろいろあります。しかし中核的価値をいざ、「モビリティ」と定めたときに第Ⅲの業態への転換が大きなうねりとなって生じてきたのでした。

売るものは「製品」ではなく「製品の中核にある価値」である

メーカーはこれまでともかく「自社製品を売りたい、自社製品を使わせたい」という発想で事業を動かしてきました。製品を売ったり、リースやレンタルを通して使わせたりすることで、大量生産する品がどんどんはけていくか

らです。第Ⅰ業態も第Ⅱ業態もその考えをベースにしたものでした。

しかし、売るものは「製品」ではなく、「製品の中核にある価値」であるとしたときに第Ⅲ業態は誕生します。この「中核にある価値」について、ピーター・ドラッカーは『現代の経営』(英語版の初版は1954年刊行)の中でこう述べています。

「ガスレンジのメーカーは、競争相手は同業他社と考える。しかし、顧客たる主婦たちが買っているのは、レンジではなく料理のための簡単な方法である。電気、ガス、石炭、木炭のいずれのレンジであろうと構わない」

これは企業に対し、事業の目的をガスレンジという製品に紐づけるのではなく、「日常の料理における簡便さ」という中核的価値に紐づけなさいという指摘です。中核的価値が最上位の目的としてあり、そのもとに手段として製品および製造技術がある。と同時に、その価値を十分に実現させるためには、ときに他社製品を取り込んだり、他業界との協業を

行ったりすることも必要だという考え方です。

技術は変転が激しく、1つのハード技術に凝り固まると事業や組織は柔軟性を保てなくなります。しかしその上位に置く価値は本質的であるほど不変・普遍です。事業目的や組織の存在理由を中核的価値で考えることは、言い換えれば、「変わらざる自己概念の軸」を定め、そのもとで「変えていくべき技術」を自覚する一大作業となります。

「モビリティ」は、現代人が求めるきわめて本質的な価値であり、中核的価値として掲げるにふさわしいものです。ビジネス出張や個人旅行、日常の外出など、私たちの能動的生活に移動はつきものです。

たとえば、いま自分が東京のオフィスビルにいるとして、これから大阪まで出張に出かけようとするとき、スマートフォン（スマホ）のアプリか何かで現在地と目的地を入力さえすれば、移動経路・移動手段の選択肢をいくつか提示してくれる。そしてその中から最適なものを選べば（それは電車かもしれないし、タクシーかもしれない、レンタカーかもしれない）、予約手配や発券手配、そして料金決済まで、そのスマホ画面で完結できる。おまけに、リピート顧客はこれま

でのポイントが決済に使えたり、特別割引クーポンまで手に入る。こうした統合的なサービスは時代の要請にかなっています。

「移動すること」の利便性をいかに向上させ、利用者の能動的活動を支えていくことができるか。目下、「MaaS」と呼ばれる第Ⅲ業態は自社他社を巻き込んだ大がかりな事業として形成途上にあります。

単にサブスクリプション型で売るのが「アズ・ア」モデルではない

このように図表5-4ではクルマを例にして、企業が「お客様に届ける価値」が3つの業態で変化してきた様相をみてきました。

次にそれをタテ軸に取り、ヨコ軸に「お客様の行動」を取って、「アズ・ア」モデルによる事業進化を概括したのが図表5-5です。

「アズ・ア」モデルがどういう概念発想であるのかはこの後すぐ触れますが、ここで押さえていただく点は、「アズ・ア」モデルによる事業が単なる品揃えの拡充・機能の複合化ではなく、また単なるリピート化・ブランドファン化でもなく、それらを超えていくことです。

図表5-5 │ 「アズ・ア」モデルによる事業の進化

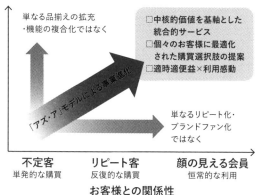

お客様に届ける価値

コア的価値
中核的価値をかなえる統合的利便性
[価値を具現する可能性・手応え]

コト的価値
便利なコト・面白いコト
[利用・体験の満足]

モノ的価値
モノが持つ機能・効用
[所有の満足]

単なる品揃えの拡充
・機能の複合化ではなく

□中核的価値を基軸とした
　統合的サービス
□個々のお客様に最適化
　された購買選択肢の提案
□適時適便益×利用感動

「アズ・ア」モデルによる事業進化

単なるリピート化・
ブランドファン化
ではなく

不定客
単発的な購買

リピート客
反復的な購買

顔の見える会員
恒常的な利用

お客様との関係性

　そのために不可欠な要件こそ、先ほどあげた「中核的価値を打ち出し、提供する価値の軸を鮮明にする」と「その価値を満たす統合的な仕組みを構築する」の2点です。

　最近、ともかくモノをサブスクリプション型で売れば、「アズ・ア」モデルだ、のような感じになっています。しかし、そうではありません。たとえば、ミネラルウォーターの定期宅配サービスを「アズ・ア」モデルのビジネスとみなせるでしょうか。すなわち、「ミネラルウォーター・アズ・ア・サービス」として新しい地平を拓くビジネスなのでしょうか。

　結論から言えば、これは単なる課金方法の変更であり、「アズ・ア」モデルのビジネスとはいえません。ここには何ら新しい概念の光が当たっていないからです。

　「アズ・ア」モデル化の要件の1つとして、お客様に届ける価値を「モノ的価値」から「コト的価値」へ。さらには「コア的価値」へ、という発展がなくてはなりません。この3番目のコア（中核）的価値を事業の基軸にすることが決定的に重要です。

ミネラルウォーターという製品の中核にある価値は何でしょうか?——それを主観意志的に打ち出す必要があります。

それがたとえば、「健やかな体内環境維持の源」だとしましょう。そうすると、「私たちの事業は、ミネラルウォーターを売ることを通じ、お客様の『健やかな体内環境維持のお手伝い』をすることだ」といった提供価値宣言へと昇華していきます。

そのような中核的価値をつかんではじめて、「健やかな体内環境維持のお手伝い・アズ・ア・サービス」あるいは「ミネラルウォーター・アズ・ア・健やかな体内環境維持の源」として、既存事業は概念の転換が図られ、軸を持って動き出します。

健やかな体内環境維持のお手伝いをサービスとして売るわけですから、ミネラルウォーターを売るのはその手段の1つです。

そこからさらに、その提供価値の軸にそった商材(モノ・コト)はほかに何があるのか。もしかすると、発酵食品を品ぞろえして定期的に届けることがあるかもしれないし、健康セミナーやヨガプログラムなどを企画することがあるかもしれない。

それらを統合的な仕組みを構築して、お客様に利便性高く、恒常的に活用してもらう。そういった事業の発展形が「アズ・ア」モデル化ということです。

「X as a Y」——
XとYに何を入れるか

では、ここから「アズ・ア」モデルの発想法を具体的にみていきましょう。

この発想は端的に表せば「X as a Y(＝YとしてのX)」、言い換えると「XをYという光を当ててながめるとどうなるか」ということです(図表5-6)。

昨今は多くの商材(売りたいモノ・コト)においてそれ自体の差別化が難しくなっています。リバースエンジニアリングやベンチマーキングの技法の発達によって、どこかでヒット商品が生まれても参入各社がすぐに真似て追いついてくるからです。そうして製品やサービスのコモディティ化が進んでしまいます。

そのために、商材に新しい概念の光を当ててゲームチェンジを図ることが求められます。その光はその商材を「新しい概念をもった何か」に生まれ変わらせ、商材は「〜として」提供されることになります。その仕組みが新た

な事業をつくり出すわけです。

さて、「X as a Y」において［X］と［Y］に何を入れるのか——ここが概念的能力の出番です。発想型としては3種類考えられます。

まず1番目に、Xに［中核的価値］、Yに［切り口・形態］がくる型。たとえば、メルセデス・ベンツが打ち出した「モビリティ as a サービス」がこの型です。クルマという製品が中核にもつ価値を「モビリティ」ととらえ、それを「サービスとして」売る仕組みを構築する。

また同様に、ヘルスメーター（体組成計・体脂肪計・体重計など）のトップメーカーであるタニタもハードウエアをつくり、1台1台に値段を付けて売り切っていくという従来の製造業の形から脱皮しつつあります。同社がユーザーに届ける中核的価値は「健康の見える化」と想察されます。

いわゆるIoT（Internet of Things）やDX（Digital Transformation）などの進化によって、個々のユーザーがヘルスメーターで測定する数値はネット経由で集めることができ、それを蓄積・解析してユーザーに戻すことが可能になります。

さらには個々のユーザーの健康状態に合っ

た食品を提供することもできるでしょう。同社はタニタ食堂の運営や健康食品づくりの監修を推し進めており、その分野での実力を確実につけています。

「健康の見える化 as a サービス」という事業概念の転換により、同社は製造業を基盤としながらも、中核的価値のもとに総合的な利便性を売る企業に変貌していくことになります。

発想型Aとしてキッザニアもあげておきましょう。

キッザニアの行う事業がなぜユニークなのか。それは、世の中には就職・キャリアに関わる支援や教育サービスがたくさんありますが、同社はそれを「テーマパークとして」打ち出したからです。すなわち「職業に関するビビッドな体験・理解 as a テーマパーク」という事業発想です。

子どもに職業を体験させよう、理解させようとする事業はこれまで、現実の職場でのインターンシップであったり、書籍であったり、セミナーであったりしました。それをテーマパーク化という斬新な切り口で形にしたのがキッザニアです。

図表5-6 | 「アズ・ア」モデルとは

新概念の打ち出し手法の1つ ──「アズ・ア」モデル

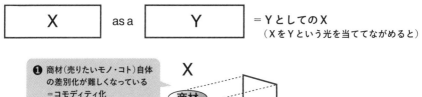

 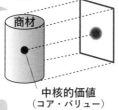

❶ 商材（売りたいモノ・コト）自体の差別化が難しくなっている ＝コモディティ化

❷ そのために新しい概念の光を当ててゲームチェンジを図ることが求められる

❸「〜として」提供されるその商材は「新しい概念をもった何か」となり、新たな事業をつくり出す

概念の光

中核的価値（コア・バリュー）

発想型A

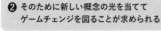

X
| 中核的価値 | as a | 切り口・形態 |

Y

【事例】
□ **メルセデス・ベンツ**：[モビリティ] as a [サービス]
　＝「サービスとしての移動性/動きやすさ」
□ **タニタ**：[健康の見える化] as a [サービス]
　＝「サービスとしての健康の見える化」
□ **キッザニア**：
　[職業に関するビビッドな体験・理解] as a [テーマパーク]
　＝「テーマパークとしての職業に関するビビッドな体験・理解」

発想型B

X
| 商材（売りたいモノ・コト） | as a | 中核的価値 |

Y

【事例】
□ **JR東日本テクノハートTESSEI**：[車両清掃] as a [おもてなし]
　＝「おもてなしとしての車両清掃」
□ **アドレス**：[地方の空き家] as a [場所に限定されないプチ移住]
　＝「場所に限定されないプチ移住としての地方の空き家」

発想型C

X
| 商材（売りたいモノ・コト） | as a | 切り口・形態 |

Y

【事例】
□ **らぽっぽなめがたファーマーズヴィレッジ**：
　[サツマイモ] as a [エンターテインメント]
　＝「エンターテインメントとしてのサツマイモ」
□ **ディズニーランド**：[アニメーションコンテンツ] as a [遊園地]
　＝「遊園地としてのアニメーションコンテンツ」

「車両清掃 as a おもてなし」
という大胆な事業概念の転換

　次に発想型Bは、Xに[商材]、Yに[中核的価値]を置く型です。

　たとえば、JR東日本テクノハートTESSEIという会社があります。同社は東京駅などホームに入線してきた新幹線車両を発車までの数分内に手早く清掃をする清掃員を派遣する事業を行っています。あるときまで同社もそこで働く清掃員も、みずからの事業は単に清掃業という認識でした。ですから、仕事は地味で暗いという固定観念のもとで行われていました。

　しかし同社にある役員が入ってきて状況が変わりました。彼は自社が提供する価値を「さわやか・あんしん・あったか」とし、「魅せる清掃・おもてなしとしての清掃」に転換する意識改革・業務改革を行ったのでした。すなわち「車両清掃 as a おもてなし」というべき事業概念を掲げたのです。

　自分たちの仕事がお客様一人一人の旅の一部になりうる。ならば清掃という仕事はどうあらねばならないか。まさに在り方を基点にして、同社の事業は生まれ変わりました。なお、この事例の詳細を知りたい方は『新幹線お掃除の天使たち』(遠藤功著)をご覧ください。

　もう1つ、アドレスが展開する事業も発想型Bでとらえることができます。同社は「地方の空き家 as a 場所に限定されないプチ移住」の事業です。

　日本全国に地方の空き家物件はかなりの数に上ります。それらを1軒1軒、不動産取引として売買したり賃貸したりするのは事業として難しいものがあります。しかし、そこに中核的価値の軸を貫き、統合的なサービスとしてまとめあげると魅力的な事業が誕生します。

　アドレスが考えたお客様に届ける中核的価値は、「場所に限定されないプチ移住」とか「住むように旅をする喜び」などのように想察できます。この提供価値を実現させるために、全国の地方にある空き家をいくつもリノベーションし、移住的滞在希望者に向けて整備し、物件をネットワーク化します。

　その結果、利用者は月定額の料金を払って会員になれば、同社の管理する全国の物件のどこにでも好きな期間滞在ができます。宿泊費、光熱費等は会員費に組み込まれています。

　このような「定額・多拠点住み放題サービス」は新しい概念の光を当てたことで生まれたものではないでしょうか。

そのごく普通の商材は新しい
概念の光を当てることで
生まれ変わる

3つめは、Xに［商材］、Yに［切り口・形態］がくる発想型です。その事例としてあげたいのは、らぽっぽなめがたファーマーズヴィレッジ（茨城県行方市）です。

同施設は民間企業とJAなめがたしおさい、行方市の3者の共同で成功を収めたということで、私は数年前、ある研究グループの活動でここに視察に行きました。

茨城県はサツマイモの生産量が全国第2位です。なかでも行方市は生産の中心地の1つです。しかしながら、サイツマイモという商材は一次産品であり、どうにも単価が安いし、多少の加工品をつくったとしてもインパクトが弱い。その地味な商材に「エンターテインメント」という概念の光を当てて起こした事業が、なめがたファーマーズビレッジです。

その施設は廃校となった中学校の校舎、敷地を利用してつくられました。エリア内には加工品売店、レストラン、やきいもファクトリーミュージアム、サツマイモ畑などが整備されて

います。ここでは、サツマイモについて「食べる、育てる、遊ぶ、つくる、買う、考える・知る、働く、つながる」というテーマで活動ができるようになっています。

単にレストランで食事をして、土産菓子を買って帰るというのではなく、ミュージアムで食育を学ぶ、キッチンでスイートポテトを焼く経験をする、年間で畑オーナーになってサツマイモを育てて収穫する、この施設で就業体験をするなど、サツマイモをいろいろな角度からエンターテインメントできる機会を集積させたことにより、「サツマイモだけでここまでやるか」というユニークな事業が誕生したのでした。

さらに発想型Cの事例をあげるなら、ディズニーランドもそうでしょう。

ウォルト・ディズニー・カンパニーは豊富なアニメーションコンテンツをつくりあげ、保持してきました。この商材を映画や書籍として売ることは通常の発想です。しかし、それを「遊園地として売る」という事業概念の変換を行い、ディズニーランドを生んだウォルト・ディズニーの発想は天才的です。

以上、「アズ・ア」モデルの発想法を「X as

aＹ」として3つの型で整理しました。

「アズ・ア」モデルは、その呼び名こそ最近のものですが、発想のしかた自体は以前からあるものです。ビジネスの世界で「これは既存の事業概念を変えた事業だな」と思えるものを上の事例のように「Ｘ as a Ｙ」としてながめてみてください。おそらくＸとＹがみえてくるはずです。

ちなみに上記事例のＸ、Ｙに当てはめた文言は本書なりに想察したものです（メルセデス・ベンツを除く）。各社は実際もっと別の文言で考えたかもしれません。

しかし、ＸをＸとして売るのではなく、ＸをＹとして売る変換アプローチを取ったことは確かです。

いずれにせよ、自社他社の事業取り組みを「Ｘ as a Ｙ」に当てはめて想察する作業は、概念的思考力を磨く手法としてきわめて有効です。

では、「アズ・ア」モデルの思考型を使って、概念を精錬するワークをやってみましょう。

精錬ワーク4-B 「アズ・ア」モデルによる事業概念の大転換 ────

① 定式「Ｘ as a Ｙ」に入る独自の言葉を考えてください。
　題材は3つあります。
　題材Aは自社事業に関わるもの。
　題材Bは他社事業に関わるもの。情報はメディアから入手できうるものを集め、自分なりに想察します。
　題材Cは職種に関わるもの。営業職とか企画職、研究職、法務職、エンジニア職など。できれば自分が携わっている職種がよいでしょう。

② 上で考えた「Ｘ as a Ｙ」を実行・成功させるための鍵となる要素を数点あげてください。何か印象に残りやすいワーディング（言葉づかい）であればなおよいでしょう。

ワークシート4-B │ 「アズ・ア」モデルによる概念の大転換

作業①

下記の題材のどれかを選び、記入例を参考にして、
あなた独自の「X as a Y」を考えてください。

☐ 題材A：自社事業に関わるもの
☐ 題材B：他社事業に関わるもの（想像・推察でかまいません）
☐ 題材C：職種に関わるもの

X [　　　] as a Y [　　　]

作業②

左の「X as a Y」を実行・成功させるための
鍵となる要素を数点あげてください。
何か印象に残りやすいワーディング
（言葉づかい）であればなおよいでしょう。

[　　　　　　　　　]

記入例：題材A（自社事業）

X モビリティ（移動性・可動性） as a Y サービス

「サービスとしてのモビリティ」を実現するためにクルマは
次の4つの要件（CASE）を満たすことが必要になる。

● Connected：つながること
● Autonomous：自動運転できること
● Shared&Services：共有されること
● Electric：電動化されること

※独「メルセデス・ベンツ社」が打ち出した実際の内容です

記入例：題材B（他社事業の想察）

X 車両清掃 as a Y おもてなし

「車両清掃をおもてなしとして」事業推進するための鍵は、

● 「さわやか・あんしん・あったか」を創造する仕事への革命
● 「魅せる清掃」のプロ集団
● 「リスペクト」と「プライド」

※「JR東日本テクノハートTESSEI」の事例を想察したもの
参考文献『新幹線お掃除の天使たち』

記入例：題材A（自社事業）

X キャリア研修 as a Y 哲学の場

「キャリア研修を哲学の場として」成立させるための鍵は、
次の3つの根幹的な「問い」を発すること──

問い❶ 働くこと・仕事の「本質」を問う
……アタマではなく、肚（はら）で考える

問い❷ 働くこと・仕事の「意味」を問う
……外発的動機ではなく、内発的動機をみつめる

問い❸ 働くこと・仕事の「志」を問う
……仕事環境の批評ではなく、自分の道を決意する

※キャリア・ポートレート コンサルティングの実際の打ち出しです

記入例：題材C（職種）

X 営業職 as a Y ネットワーカー

「プッシュ型」で売るだけが営業の仕事ではない。
「ネットワーキング型」で人と人とをつなげることを重ねていると、
自然と注文が湧いてくる。その鍵は「3H」──

Host 催す……異業種交流会や勉強会などを主催し、
多くの人と縁をつなぐ

Help 助ける……縁をつないだ人たちの困り事をきいて
解決に結びつく人を紹介してあげる

Hook 留める……縁をつないだ人たちの気に留まりそうな
情報を定期的に届ける

※あるトップセールスマンのとらえ方

このワークをやるうえでの、記入例を4種類載せておきました。

まず、1つ目の例、メルセデス・ベンツの打ち出した「モビリティ as a サービス」は、その成功要件として「CASE」をあげたことも話題となりました。

記入例の2つ目は、私の事業における実際の打ち出しです。私が行う研修事業のメイン分野はキャリア研修です。この分野は参入企業も多く、独自性を出さねば埋もれてしまう世界です。そこで私がこの事業にどんな切り口を入れたかといえば、それは「**キャリア研修 as a 哲学の場**」でした。

既存のキャリア研修はおおかた、キャリア理論の知識インプットがあり、能力の棚卸しをし、キャリア計画を立てる内容のものでした。私はキャリアを考える基盤に据えるべきは、意味や価値を問う哲学的内省だと考え、「哲学の場」として研修を組み立てることにしました。そのときに鍵になるのが、**3つの問い**——本質を問う、意味を問う、志を問う——です。この事業の概念変更はお客様企業に新鮮な驚きを与え、共感をもって受け入れていただけたように思います。

記入例3つ目は、先ほども紹介したJR東日本テクノハートTESSEIのものです。「車両清掃をおもてなしとして」推進していくためには、シートに記載したようにいくつもの鍵が必要だったと想察されます。

4つ目は、ある生命保険のトップセールスマンの話です。

彼は営業の仕事を直接的に商談を仕掛けて売るという角度からはとらえていません。彼はそういったプッシュ型で成約をとったことはほとんどないと言います。「私は単なるネットワーカーだから」というのが彼の口癖です。

つまり、人と人とをつないで、保険営業とは直接関わりのないことのお世話や手助けをしているうちに、自然と成約が取れるというのです。その鍵になる行動が、シートに記した「3H」だそうです。

さて、こうした記入例を参考にしながら、考える対象に新しい概念の光を当てて独自の「X as a Y」を考えてみてください。

近瀬太志のコンセプチュアル奮闘記

きょうは中島部長、梶川チームリーダー、近瀬チームリーダーの3人による定例のオンラインミーティング。

一通りの情報共有、課題検討を終えたところで、近瀬が切り出す──。

近瀬｜「中島部長、梶川さん、ミーティングを閉じる前に15分ほどお時間いただいてよろしいですか?」

中島・梶川｜「はい、どうぞ」・「ええ、もちろんです」

近瀬｜「研修ワークでやっている『アズ・ア』モデルについてご意見をうかがおうと思いまして。今後のマーケティング部の方向性にも関連しているので」

中島｜「あのワークは深い議論を呼ぶからね。大歓迎ですよ。そういえば梶川さんも去年、これでいろいろ考えていたよね」

梶川｜「はい、どっぷり考えましたよ」

近瀬｜「ちなみに梶川さんはどんな答えにたどり着いたんですか?」

梶川｜「『旅行 as a 学びの機会』としました。旅行商品を通して私がお客様に届けたい価値は『学び』ではないかと考えたんです。旅行に出て、いろいろなことを見聞したり、人と交わったり、トラブルを乗り越えたり、それらの体験すべてが結局は『学び』につながっていく。だから旅行代理店は、旅行設定の手間ヒマを代行する存在から、学びの機会を売る存在へと変わっていかなくちゃいけない、ということに気づいたんです」

中島｜「旅行代理店のアイデンティティががらっと変わる大きな認識変化だったね」

近瀬｜「だからですか、梶川さんのチームがその後、学びをテーマとした旅行を積極的に企画していったのは」

梶川｜「ええ、そうです。あのワークで自分たちの仕事にひとつの軸ができたような気がします。私はいま自分の仕事のイメージを『キュレーター（英語: curator）』のように感じるようになりました。

キュレーターというのは、美術館や博物館などで展示素材をいろいろ集めて、展示企画を練る専門職ですね。それと同じように、いろいろな旅の素材を吟味・収集して、ある学びテーマのもとに企画旅行を練る。これがいまの私と自チームの役割ではないかと」

中島｜「で、近瀬君はこのワークをどう考えたのかな?」

近瀬｜「はい、それがご意見をうかがいたいところでして、いまのところ『旅行 as a 自己発見（セルフ・ディスカバリー）』としました。梶川さんの『学び』とつながるところがありますね。

旅行というものが中核に持つ価値として何があるかを見つめていくと、私には『自己発見』が一番強く見えてきます。英語のdiscoverという語も、覆い（cover）を取り去る（dis）という意味があります。まさに人は、旅によって自

分を覆っていたものがはがれ、地にあるものが出てくる感じです」

梶川｜「とてもいい切り口だと思います。お客様の旅行後のSNSなどの発信をみても、旅で自分がこう変わったみたいな内容ってかなりありますよ」

中島｜「『自己発見』にしても『学び』にしても、そういう軸で旅行商品を企画していくことは当社の色合いを鮮明にする上で有効的だと思う。ただ、顧客は限定する方向になるね。お気軽にちょっと無目的で旅行に出たいという潜在客は切り捨てることになるから」

梶川｜「ですけど、そういった旅行ジャンルは薄利多売競争になっているので、どのみち外していく流れになっていますよね」

中島｜「中期的にはその流れです。ただ、その薄利多売型の旅行商品の売上比率は、当社でいまだ5割強あるから一気に捨てることはできない。中核的価値に基づいて軸を据え、自社の方向性を限定することは必須の作業であるにしても、その限定の先に何か広がりのようなものが見えてこないと、組織全体への説得力不足というか、みんながそこに懸けてみようというような志気を起こすパワーが足りないのではないか、というのがぼくの正直な感想。でもそれはとても大きな自問で、経営トップだってその答えづくりに腐心している」

（3人の間で少し沈黙があり、その後、近瀬はふと何かひらめいた様子で）

近瀬｜「であれば、こういうのはどうでしょう――『自己発見（セルフ・ディスカバリー）as a サービス』。私たちはもう旅行代理店という枠を取っ払って、自己発見をサービスとして売る会社になるという発想です。もちろん旅行は継続して売りますけど、お客様の自己発見を手助けできるものなら、セミナーを売ってもいいし、書籍を売ってもいい。メンタルコーチの人材派遣だってやるかもしれません。1つの軸のもとにすごく広がりが出てきます」

梶川｜「確かに『旅行 as a 自己発見』だと、自己発見という提供価値を旅行というパッケージに収めなくてはいけないので打ち手の幅が狭まりますね。でも、『自己発見 as a サービス』であれば、旅行はサービスの1つであって、それだけにこだわる必要がなくなる」

近瀬｜「ええ、そうです。私たちはこれまで旅行を唯一の商品としてそれを目的にして売ってきました。その旅行を手段側に回すわけですよ。しかも手段の1つ。目的は自己発見という価値を売ることです」

中島｜「広がり感は出てくるけど、同時に拡散感も出てくる。そうした多種類のサービスを我が社がやりきれるかどうかもあるし」

近瀬｜「そこは協業の仕組みをつくらないといけないでしょうね。我が社は旅行商品で集客した顧客を母体にしてコミュニティをつくる。その固まりに対し、他業種から協業を呼びかけてサービスを提供してもらうんです。我が社がやるべきは顧客の固まりづくりとサービスのプラットフォームづくりです」

中島｜「この会社は10年後、旅行手配とは全く別の事業で稼いでいてもいいわけだから、全く頼もしい発想だと思いますよ」

近瀬はミーティングを終え、「アズ・ア」モデルの研修ワークシートを完成させた（**図表5-7**）。

ワークシート4-B　「アズ・ア」モデルによる概念の大転換

近瀬太志のワーク内容

作業①

下記の題材のどれかを選び、記入例を参考にして、あなた独自の「X as a Y」を考えてください。

☑題材A：自社事業に関わるもの
□題材B：他社事業に関わるもの（想像・推察でかまいません）
□題材C：職種に関わるもの

X		Y
自己発見（self-discovery）	as a	サービス

作業②

上の「X as a Y」を実行・成功させるための鍵となる要素を数点あげてください。
何か印象に残りやすいワーディング（言葉づかい）であればなおよいでしょう。

「自己発見」という価値をサービス化し
成功させるための鍵は「4つのC」

①コラボレーション
　協業者をさまざま集め、束ねる
②チャンス
　魅力的な「自己発見機会」の企画・提供
③コンテンツ
　お客様の自己発見体験をコンテンツ化
④コミュニティ
　自己発見体験を共有できる場づくり

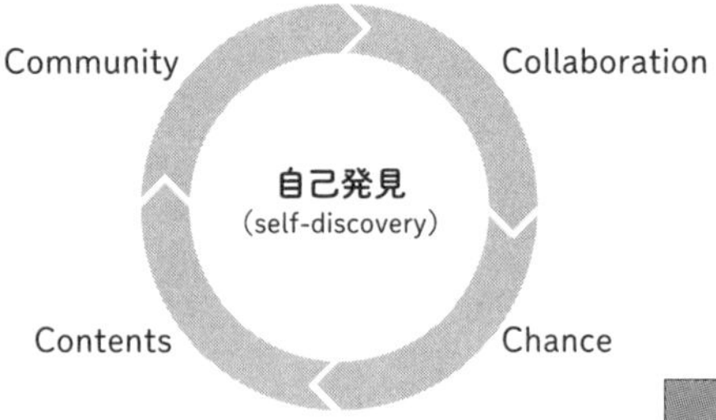

図表5-7

CONCEPTUAL
THINKING

第 **6** 章

ものごとに意味づけや
価値づけをする

意味化
ものごとの目的を定める

科学の言葉・芸術の言葉・哲学の言葉

　私はいまこの原稿を自宅の仕事部屋で書いています。窓からは陽の光が入ってきます。

　さて、この陽の光というものを意識的にどうとらえるか。それには3種のとらえ方があります。

- 太陽が1天文単位の距離にあるとき、地面を垂直に照らす照度は13万lx（ルクス）である。[※1]
  ——「この太陽光は電力に変換が可能である」
- この春の日のさらさらとした陽光は新緑を輝かせる。
  ——「私は絵を描こう」
- 太陽はこの惑星の生命を育む源である。
  ——「私も人の世で太陽のような根源的な存在でありたい」

　1番目は「知の目線」で眺めています。これは「科学の言葉」です。2番目は「情の目線」であり「芸術の言葉」。3番目は「意の目線」、つまり「哲学の言葉」と言えます。

　組織が行う事業にせよ、個人のキャリア・人生にせよ、「知・情・意」を深く融合させることで、独自の世界観をもった強い表現が生み出されます。

　昨今の企業のビジネス競争や個人の生き方をながめるに、どうも「知」や「科学」が勝ちすぎる状況にあるのではないでしょうか。

　すべてを科学的知見、経済的合理性のもとに処理し、利得の最大化を狙う。そうした態度は必要ではあるものの、それのみを突出させ、それのみを過信すると弊害も出てきます。私たちは同時に「情の目線／芸術の言葉」「意の目線／哲学の言葉」を織り交ぜていかねばなりません。

　米アップル社がなぜ『iPhone』という強力な商品を出しえたかといえば、一つには、自分たちの想いを商品デザインや使用体験感、ブランド物語に具現していったからです。そしてまた、故スティーブ・ジョブズ氏の優れたビジョン化能力です。

　開発の現場は、彼からのかなりの無理難題をこなしましたが、それはジョブズ氏の人柄がそうさせたというより、ビジョンの魅力がチームを動かしたのでしょう。

※1　『天文学辞典』（地人書館）

そのようにコモディティ化に抗い、お客様から強く選ばれる商品づくりをしようと思えば、理念・信念・意味・ビジョン・美意識といった想いが不可欠な時代になってきています。想いが先導して、最新の技術を使いこなす。そういった形の推進です。その推進力の根幹は、つくり手側のいい意味でアクやクセといったものを強くモノやサービスに込める思考、そう、コンセプチュアル思考が担っているのです。

また補足的に加えますと、コンセプチュアル思考は個人の仕事の向き合い方、キャリア形成にも大きな影響を与えます。

雑務に忙殺され、数値目標のプレッシャー下に恒常的に置かれ、中長期のキャリア進路が見えづらい職場にあって、一人一人の働くモチベーション低下やメンタルヘルスの問題が顕在化しています。人間は意味を求める動物です。

目の前の仕事から何か意味を掘り起こし、意志を湧かせるようなものごとのとらえ方をしないと、健全に長く働いていくことができません。人事部やマネジャー層は、ヒトを動かすために成果主義や目標管理制度といった外側の仕組みを精緻化することに熱心ですが、そこには限界もみえています。

個々の人間やチーム・組織を内側から自律的に動かすためには、意味が必要なのです。そうした観点から、本章では5番目のスキルとして「意味化」を考えていきます。

目標と目的～2つの概念の違い

「意味化」を考えていくうえで、はじめに重要な2つの概念の違いを押さえておかねばなりません。それが「目標」と「目的」です。

まず「目標」とは――

- ● 達すべき数値
- ● 成すべき状態
- ● 目指すべきしるし（具体物／像）

たとえば、「今期は売上高●●円を目指す」とか、「対前年比●●％増の来場者数を目指す」「●●製品と言えば真っ先に思い浮かべられるブランドになる」「将来、■■さんのようなプロスポーツ選手になりたい」などをいいます。目標の「標」は、「しるし・めあて」という

意味です。そのように目標は、何かに取り組むうえで、目指すべき程度やレベル、目印を具体的に考えるものです。

それに対し、「目的」は——

> **最終的に目指す事柄＋それをやる意味・意図**

たとえば、「我々の目的は、月面に人類を着陸させること（科学技術の進歩のため。そして地球外への人類移住の可能性を探るため）」とか、「この政策の目的は、地方の活性化である（首都への一極集中を緩和させるため）」などをいいます。目的は、どちらかというと抽象的・包括的な観点で語られることが多く、なぜそれをやるのかという意味を含んで使われます。

図表6-1で整理するように、目標は「どの程度・どんなものを目指すのか」という外形的な水準・目印に重心があるのに対し、目的は「何を実現させて、なぜやるのか」という目指すべき内容・意味に重心があるといえるでしょう。また、目的のもとに、目標が手段・過程としてあるという構図もみえてきます。

レンガを積む3人の男 ～彼らの目標・目的は何だろう？

目標と目的の違いをもっとわかりやすく把握してもらうために、再び次の寓話『3人のレンガ積み』を使って説明します。

> 中世のとある町の建築現場で3人の男がレンガを積んでいた。
> そこを通りかかった人が、男たちに「何をしているのか？」とたずねた。
>
> 1人めの男は、「レンガを積んでいる」と答えた。2人めの男は、「あしたパンを買うための作業さ」と言った。3人めの男は、明るく顔を上げてこう答えた——「後世に残る町の大聖堂を造っているんだ！」と。

3人の男たちにとって目標は共通です。つまり、1日に何個のレンガを積むとか、何ミリ以内の精度で組み上げるとか、何月何日までに終えるとか。

図表6-1 │ 「**目標**」と「**目的**」

目標 ＋ **意味** ＝ **目的**
〜のために

☐ **達すべき数量**
定量的目標
「今期の売上高目標は●●円」「対前年比●●％増の来場者数を目指す」など

☐ **成すべき状態**
定性的目標
「●●製品と言えば真っ先に思い浮かべられるブランドになる」
「価格競争下でも利益が残る財務体質になる」など

☐ **目指すべきしるし（具体像／物）**
「将来、●●さんのようなプロスポーツ選手になりたい」
「きょうは東京タワーまで散歩して戻ってこよう」など

［**目的**］のニュアンス
● 最終的に目指す事柄＋それをやる意味・意図
● 「的」＝まと・ねらい
● 抽象的／包括的な観点で立てられる
● 「何を実現させて、なぜやるのか」という
　目指すべき内容・意味に重心がある

［**目標**］のニュアンス
● 目指すべき数値や状態、目印とすべきもの
● 「標」＝しるし・めあて
● 具体的な観点で立てられる
● 「どの程度・どんなものを目指すのか」という
　外形的な水準・目印に重心がある
● 目的のもとに目標が（手段・過程として）ある

しかし、**目的**（＝意味を含んだもの）は**3人とも**ばらばらです。

1人目の男は、目的を持っていません。2人目の男は、生活費を稼ぐのが目的です。3番目の男は、歴史の一部に自分が関わり、世の役に立つことが目的となっています（**図表6-2**）。

このように目標というのは外形的なものであり、他者から一律共通に与えることができます。しかし、目的は他者が与えることはできません。目的はあくまで本人が意味的なものを抽出しなければならないからです。目的意識がどうであるかは各人各様であり、これがそれぞれの人生コースに大きく影響を与えます。

私はこの『3人のレンガ積み』の続編を勝手につくって紹介しています。3人の男が数年後、それぞれどうなっていたかというと───

> 1人目の男は、違う建築現場で相変わらずレンガを積んでいた。
> 2人目の男は、今度はレンガ積みではなく、木材切りの現場でノコギリを手にして働いていた。「こっちのほうが割がいいんでね」
> そして3人目の男は、その真摯な働き

図表6-2 | 『3人のレンガ積み』にみる目標と目的

	目的		
	目標		意味
第1の男： 「レンガを積んでいる」	【作業量目標】 1日に●個のレンガを積む		（特になし）
第2の男： 「パンを買う金を稼いでいる」	【精度目標】 ●ミリ以内の精度で積む		食うため
第3の男： 「大聖堂を造っているんだ！」	【納期目標】 ●月●日までに聖堂を完成させる ……など		後世に残る建設 事業に加わるため
	具体次元		抽象次元

ぶりから町役場に職を得ていた──
「いま、水道計画を練っている。あの山
に水道橋を造って、町が水で困らない
ようにしたい!」。

コンセプチュアル思考は「意」の思考です。
ものごとから意味を取り出し、意志に変えて
いきます。その意味や意志は行動力の源泉と
なり、方向軸を生じさせます。そして行動の積
み重ねが、個人においては仕事の性質やキャ
リアのコースを決めていきます。組織におい
ては、事業の性質や組織文化を決めていきます。

そのようにものごとから意味を見出す能力
は、即効的にではありませんが、中長期的に
自己のありように根本的な影響を与えるもの
です。

「目標に動かされる」のか
「目的のもとに動く」のか

さて、もう少し目標と目的について理解を
深めておきたいと思います。

図表6-3をみてください。ものごとへの取り
組み方を2つ描きました。

図表6-3 | ものごとへの2つの取り組み方

取り組み方 A

取り組み方 B

取り組み方Aは、自分の能力・時間を目標達成に向けて投入する形です。目標の先には何もありません。「営業売上●●円」「市場シェアNo.1死守」が目標であれば、ただその達成に向けて動くという状態です。

それに対し、取り組み方Bは、目標の先に目的、すなわち、何のためにそれをやるかが意識されている形です。

「目標どまり」か、「目標の先に目的がある」か、この違いは大きい。

目標は必ずしも人を動かすとはかぎりません。ましてやそれが押しつけられ、繰り返されるものであれば、むしろ目標疲れや目標嫌悪となって、人を動かなくしてしまいます。そこで組織は何が必要になるか──それが報酬制度、賞罰制度などによる「アメとムチ」です。

アメとムチといった外発的動機が、いわばやる気の強制ポンプとなって人を動かす形になります。これが「目標どまり」の取り組み方Aです（図表6-4）。

図表6-4｜外発的動機と内発的動機

「外発的動機」主導の
取り組み方A

アメ（利得）への欲望と
ムチ（損失）への恐怖によって
自分が動かされていく

「内発的動機」主導の
取り組み方B

目的（意味）が意欲を湧き立たせる
目的のもとに自分が動く

他方、取り組み方Bは、目標──たとえそれが半ば与えられたものであっても──の先に目的を見出している形です。そのとき目的がはらんでいる意味が内発的動機となって自分のやる気を湧かせます。そのため図のように円環的な形で人がどんどん動いていくようになります。多少のストレスやプレッシャーもはねのけていく力が起こります。

長く健全に仕事を続け、キャリアをたくましく拓いていく人は例外なくこの形です。また、職場のあちこちで自律創発的に提案が次々に起こる組織もこの形をもとにしています。

数値目標は溢れるが目的がない職場

目標と目的について、もう1つ別の図を紹介しましょう。図表6-5は「坂上り」をメタファーにしたものです。

私たちはつねに坂に立っています。仕事をやるというのは、いわば坂を上っていく努力と言ってもよいでしょう。

坂の傾斜角度は仕事の難度です。難しい仕事であればあるほど角度は大きくなります。

私たちは坂の途中に目標A、B、Cを設けます。働く個人においても、事業組織においても、目標の設定は欠かせません。目標なき仕事・事業は、惰性に陥り、存続が危うくなるからです。

しかしこのとき同時に、「坂の上に太陽を昇らせる」ことが必要です。すなわち、目標の先で輝く意味の創出です。

太陽は坂道を照らし、エネルギーをくれます。意味から湧く内発的なエネルギーは強力かつ持続的です。こうした目的のもとに、目標は手段・過程として正しく機能します。

残念ながら、いまの職場には「数値目標は溢れるが、目的がない」ところが多く見うけられます。目標は往々にして、義務的、受動的、圧迫的になりやすいものです。目標管理制度と成果主義が多くの職場に導入されている昨今、数値目標は知らず知らずのうちに目的化します。目標をクリアしなければならないという恒常的なプレッシャーは、働き手に目標疲れや目標嫌悪を生じさせます。悪くすればメンタル問題も引き起こします。

図表6-5 │ 「坂上り」のメタファー

目的を成就するための
手段・過程として目標がある

坂の上の太陽

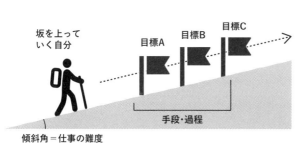

坂を上って
いく自分

目標A　目標B　目標C

【おおいなる目的】
● グランドビジョン
　（理想の姿・使命）
● 最終的に満たしたい意味・価値

手段・過程

傾斜角＝仕事の難度

「坂の上の太陽」がなく、
目標が目的化すると……

「目標疲れ」が出てくる
（内発的動機に支えられていないから）

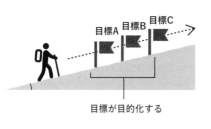

目標A　目標B　目標C

目標が目的化する

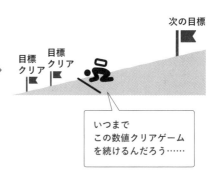

目標
クリア　目標
クリア　次の目標

いつまで
この数値クリアゲーム
を続けるんだろう……

数値的な到達点は目的ではありません。なぜ自分は、あるいは我が社はその数値を目指すのか、そのことが社会や自分にどんな意味や価値をもってつながっているのか、それが目的です。**目的が語られてこそ、数値目標は生きたものになります。**目的は「在り方」を決めます。坂の上にどんな太陽を昇らせるのか。これはけっこう大きな問いです。

数値目標をどう設定するかについては、ＭＢＯ（目標管理制度）やＫＰＩ（重要業績評価指標）などの手法がどんどん発達しています。いわばこれは、ロジカル思考・科学の目による産物です。

しかしこれのみが突出して偏ることで問題も起きてくるでしょう。数値目標に動かされる状態から、目的のもとに動く（そこにたまたま数値目標がある）状態へと意識転換する──それはまさに仕事のコンセプト転換なのですが──ためには、コンセプチュアル思考・哲学の目が不可欠です。

同時にそこへアート思考・芸術の目が加わり、自分なりの美意識を具現することができれば鬼に金棒です。

目的と手段～意識目線の高さによって相対的に変わる

コンセプチュアル思考の「意味化」スキルを学ぶうえでもう1つ基本的理解が必要な概念があります。それが「目的と手段」です。それをていねいにみていきましょう。

「**目的**」とは**目指す事柄**です。そして、その**事柄を実現するための要素・資源・行為・方法**が「**手段**」です。

何かを成し遂げようとするとき、目的と手段は組み合わさり、「～実現のために、～する／～がある」という形をとります（図表6-6）。

たとえば、「平和を守る〈＝目的〉ために、署名活動をする〈＝手段〉」。「平和を守る〈＝目的〉ために、法律がある〈＝手段〉」といった具合です。

私たちは日々の仕事の中で、「**手段がいつの間にか目的にすり替わっている**」という状況に出くわします。

そうしたことがなぜ起こるのか。それは目的と手段の関係構造を把握するとみえてきます。

図表6-6 | 目的と手段の基本形

[目的] 目指す事柄

[手段] それを実現するための
要素・資源・行為・方法

［例］
平和を守るために

● 法律がある
● 署名活動をする

図表6-7 | 目的と手段の入れ替わり

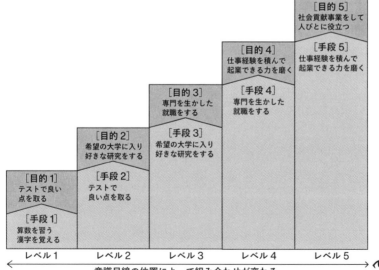

［目的5］
社会貢献事業をして
人びとに役立つ

［手段5］
仕事経験を積んで
起業できる力を磨く

［目的4］
仕事経験を積んで
起業できる力を磨く

［手段4］
専門を生かした
就職をする

［目的3］
専門を生かした
就職をする

［手段3］
希望の大学に入り
好きな研究をする

［目的2］
希望の大学に入り
好きな研究をする

［手段2］
テストで
良い点を取る

［目的1］
テストで良い
点を取る

［手段1］
算数を習う
漢字を覚える

レベル1　レベル2　レベル3　レベル4　レベル5

意識目線の位置によって組み合わせが変わる

さらなる目的に続く
（より大きな意志を持ち続ける限り、おそらく無限に続く）

...

図表6-7は、ある一般的な人生の流れを例として描いたものです。

小学生のころであれば、「**テストで良い点を取る**」ために「**しっかり算数を習う・きちんと漢字を覚える**」という目的／手段の組み合わせがあります（レベル1）。

ところが、レベル2の高校生くらいになると、**レベル1では目的だった「テストで良い点を取る」は、手段となります**。その手段の先に、「**希望の大学に入り、好きな研究をするため**」という目的が新たに生じたからです。

このように、ある1つの目的は、より大きな目的の下では手段となります。つまり、自分がどのレベルに意識目線を置くかによって、何が目的か、何が手段かが相対的に決まってくるわけです。

ある目的を成就した後、次の新たな目的を掲げ続けるかぎり、この目的／手段の入れ替わりはどこまでも続くことになるでしょう。

逆に、何を成したいかという目線が下がってしまえば、やはり目的／手段の入れ替わりが起こります。

事業組織の目的は利益獲得か？

さて、会社をはじめとする事業組織における目的と手段を考えてみましょう。

図表6-8は、目的と手段の組み合わせを2通りで描いたものです。

まず右側の「組織B」から見てください。組織Bの最上部には「事業を通して成し遂げたいこと＋それをやる意味」があります。これが組織Bの目的です。

そしてその下に、手段として「目標数値」「具体的方法や資源」があります。これは健全な組み合わせの形です。

次に、左側の組織Aに目を移してください。組織Aでは、「事業を通して成し遂げたいこと＋それをやる意味」がどこかに行ってしまい、最上部に「目標数値」がきて、これが目的になっています。

昨今のビジネスの世界はどの分野も競争が激しく、会社を存続させていくこと自体が難しくなっているので、容易にそれが目的にすり替わってしまう。するとノルマ化した数値が一人歩きします。それが組織Aの姿です。

こうした組織では、管理職や経営層から「会社が生き残り、雇用を維持するためには数値を達成するしかない」とか「四の五の言わずに市場シェアNo.1を死守せよ!」などの発破がかかります。

会社は「営利を目的とする社団」ですから、利益を獲得するために、組織A型に徹するというとらえ方も誤りではありません。ただ、組織を単なる利益獲得機械として冷徹に回していくことが、組織にとって中長期的な最適解なのかという自問を突き立てねばなりません。

そうしたときに耳を傾けたいのが、次のピーター・ドラッカーの言葉です。

「組織は、自らのために存在するのではない。組織は手段である。組織の目的は、人と社会に対する貢献である。あらゆる組織が、自らの目的とするものを明確にするほど力を持つ」
　　　　　　　　　　　──『断絶の時代』

「組織は存在することが目的ではない。種の永続が成功ではない。その点

が動物とは違う。組織は社会の機関である。外の環境に対する貢献が目的である」
　　　　　　　　　　　──『経営者の条件』

「事業体とは何かを問われると、たいていの企業人は利益を得るための組織と答える。たいていの経済学者も同じように答える。この答えは間違いだけではない。的外れである。利益が重要でないということではない。利益は企業や事業の目的ではなく、条件である」
　　　　　　　　　　　──『現代の経営』

私たちは個々それぞれに働く意味を求めます。このことは組織も同様です。組織にもその事業を行う「意味」が要る。それはドラッカーも指摘するとおり自己保存ではないでしょう。人と社会に対する貢献であるはずです。

利益を上げるのはそのための条件、言い換えれば地盤づくりでしかない。その地盤の上にどんな建造物をこしらえて世に役立っていくか。それこそが目的であり、「意(こころ)が味わえる」中身です。

そしてこの「意が味わえる」中身こそ、個人と組織に内発的な意欲をわかせ、健全で持続的な推進力を生じさせる源になります。

もし組織もそこで働く個人も、事業の目的が自己を存続させ、拡大させるための利益獲得になってしまうと、「意が味わえる」ものはなくなってしまうでしょう。あったとしてもそれは荒涼とした世界を渡っていかねばならない世知辛さ、あるいは、量的・覇権的な勝利者になることの優越感かもしれません。

しかしそれは同時に、いつ敗者になり滅びるかという恐怖心も抱え込むことになるでしょう。そうした動機をベースに事業を続けていくことがはたしてよい形であるのか……答えは自明であると思います。

ちなみに、松下幸之助は利益というものについて、『実践経営哲学』でこう述べています──「本質的には利益というものは、企業の使命達成に対する報酬としてこれをみなくてはならない」。これもまた1つの達見です。

図表6-8 | 事業組織における目的と手段

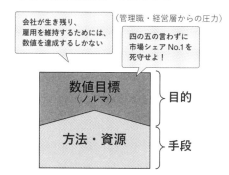

[組織A]

数値目標が目的化している
本来の目的がどこかに行ってしまい
ノルマ化した数値が一人歩きする

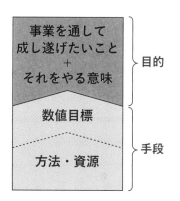

[組織B]

目的のもとに数値目標がある

目的を「処し方」に置くか 「在り方」に置くか

　結局、組織AとBを比べて何が違うかといえば、目的の次元です。

　組織Aは目的が技術や利益といった具体次元にあります。つまりその次元では、自己を物質的に維持・拡大することに意識が向けられ、処し方をどうするかがもっぱらの関心事になります（図表6-9）。

　他方、組織Bは目的が意味や想いといった抽象次元にあります。その次元では、自己を存在的に開発することに意識が向けられ、在り方をどうするかが核心のテーマになります。

　コンセプチュアル思考は意味や意志を起こし、在り方を探る「意の思考」。組織の目的をBの形にもっていくためのものです。

　利益獲得機械的な組織観を持つことや、量的・覇権的なものを目的に据えるのは、たやすいことです。「多く売って稼ぐ事業を目指す」というのは事業コンセプトとしてはいかにも"芸がなく"貧弱です。コンセプチュアル思考の観点からすれば、ほとんど思考停止状態といってもいいでしょう。

　それに比べ、組織Bは在り方の次元で事業コンセプトをつくり出そうというものです。それに加え、そこで利益を出し、事業を継続的に

図表6-9｜目的がどの次元にあるか

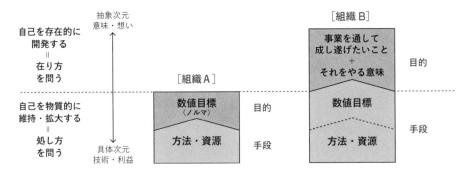

回していこうとするわけですから、はるかに難度の高い作業になります。

「数値追求のヒエラルキー型」組織と「理念具現化の自律創発型」組織

組織Aのように目的を具体次元に置くのか、それとも、組織Bのようにコンセプチュアルに考え、抽象次元に押し上げていくのか、この差は組織の形にも影響を及ぼします。組織がヒトを集めて事業を行うとき、その組織の形がどうなるか、両極のイメージを**図表6-10**に描きました。ここでいう形とは、実際的な組織体制の形というより性質的な形を表現しています。

組織Aは数値目標を分割して下ろす組織形になっていきます。全社の数値目標は、事業部、部・課、個人へと分割され、それぞれが達成を目指します。組織Aは言ってみれば「数値追求のヒエラルキー型」組織です。

他方、組織Bは個と全体が意味を共有する組織です。事業目的は意味や理念を具現化することにあります。その事業活動を通じて社会から必要とされる存在となり、結果的に利

図表6-10 | 2つの組織形

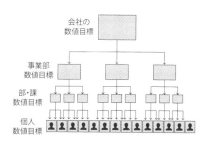

［組織A］
目標数値を分割して下ろす組織

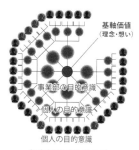

［組織B］
個と全体が目的を共有する組織

自律創発が生まれる

益が出て存続していきます。「理念具現化の自律創発型」組織と言っていいでしょう。

2018年にフレデリック・ラルー著の『ティール組織』が話題となりました。組織Aは同書で言うところの「オレンジ組織」（全体成果を追求する階層構造を持った機械的組織）、組織Bは「ティール組織」（メンバーやチームが目的に応じて自律的に進化していく生命体のような組織）ととらえることができるでしょう。組織Bのような自律分散型の組織を、全体（holon）や全体論（holism）との掛け合わせ造語で「ホラクラシー（holacracy）」と呼ぶこともあります。

現実の事業組織はさまざまありますが、その形は組織Aと組織Bの混合です。多分にAに偏っている組織もあれば、B寄りの組織もあるでしょう。

組織における個人の分業意識～「ブロック的」か「マグマ的」か

さらに目的を置く次元の違いは、個人の分業意識にも違いを起こします。

上意下達による規律や命令で動いていく組織Aの場合、個人への分業はきっちり決め

られています。達成すべき数値はもちろん、役割、やり方、報酬の仕組み──目標を達成すれば満額の報酬が得られるが、未達成となれば減額や罰則があるといった「アメとムチ」の仕組み──が伝えられ、個人はそれを忠実にやり遂げようとします。各人の自由度は小さいものの、逆に自分で考えなくてすむのでラクというメリットも感じています。その結果、意識は他律的、従属的になります。与えられた仕事は真面目にこなしますが、与えられた以上のことはあまりやろうとしません。

他方、組織Bにおける個人の分業意識はどうでしょうか。この組織では個と全体が目的（理念や想い）を共有しています。そのため個人は全体と協調を図りながら、それぞれの立場で自分なりに何ができるかを考えます。与えられた以上のことをやることもしばしば起きます。なぜなら彼らはその仕事から意的報酬を得ていて、その仕事自体が喜びになっているからです。組織Bのあちこちで自律的な創発が起こる理由はここにあります。

こうした個人の分業意識をイメージで比較したのが図表6-11です。

組織Aにおいては「ブロック」的です。個々がブロック片として自分の存在を固定的にと

らえます。これは組織側のもくろみが強く影響しています。事業全体を適切に分割し、そこにヒトを割り当て、中央集権的に動かしたほうが管理しやすいからです。大規模な事業になればなるほど、このブロック分割法は有効です。

その一方、組織Bにおける個人の意識は「マグマ」的といっていいでしょう。個々それぞれは独立した活火山であり、マグマが湧き出します。その熱の発し具合や形状は多様です。中央的に管理がなされるというより、個と全が協働的に部分最適と全体最適の両方を図りながら、進んでいきます。ひとまずは目標を設定しますが、結果的にその目標どおりではなく、理念や想いを具現化する想定外の成果にたどり着くこともしばしば。組織Bはそれを歓迎します。ただ、組織全体としてはあいまいさや不確実性を背負わねばなりません。

……さて、あなたの組織はAとB、どちらに近いでしょうか?

では、ここからいくつかワークを行いながら「意味化」という思考スキルがどんなものか、感覚をつかんでいきましょう。

最初に、自分が担当する事業/プロジェクトにおける目的と手段の再確認です。

図表6-11 | 個人の分業意識

［組織A］
ブロック分割型

組織全体の数値目標

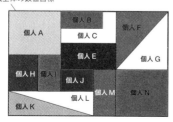

［組織B］
マグマ湧き出し型

組織全体の数値目標

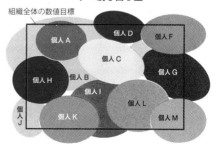

意味化ワーク5-A | 担当事業/プロジェクトにおける目的と手段の再確認

① 担当する事業/プロジェクトにおいて最も重要な数値目標を記入してください。

② ①で書いた数値目標をクリアするための鍵となる具体的方法/アプローチは何か、あるいは重要なリソース（資源）としてどんなものがあるかを書いてください。

③ この事業/プロジェクトを通して最終的に成しとげたいこと（状態）は何でしょうか。それをやる意味・想いは何でしょうか。また、それはチームで共有されているでしょうか。

④ ③で記入した目的が、組織全体の掲げる事業理念や志向価値、経営方針とどう共鳴しているでしょう（場合によっては共鳴していないかもしれません）。加えて、この後、意味化ワーク5-B、5-Cを行いますが、それらとの共鳴具合も振り返ってください。

ワークシート5-A | 担当事業/プロジェクトにおける目的と手段の再確認

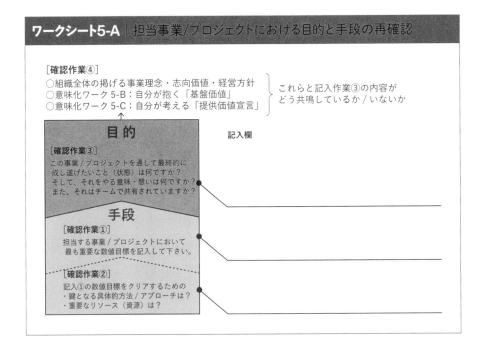

［確認作業④］
○組織全体の掲げる事業理念・志向価値・経営方針
○意味化ワーク5-B：自分が抱く「基盤価値」
○意味化ワーク5-C：自分が考える「提供価値宣言」

これらと記入作業③の内容がどう共鳴しているか / いないか

目 的

［確認作業③］
この事業 / プロジェクトを通して最終的に成し遂げたいこと（状態）は何ですか？
そして、それをやる意味・想いは何ですか？
また、それはチームで共有されていますか？

手 段

［確認作業①］
担当する事業 / プロジェクトにおいて最も重要な数値目標を記入して下さい。

［確認作業②］
記入①の数値目標をクリアするための
・鍵となる具体的方法 / アプローチは？
・重要なリソース（資源）は？

記入欄

さて、このワークですが、これは自分が担当する事業/プロジェクトの目的目線がどこにあるかをあぶり出すのが狙いです。

おそらく記入作業の①と②は、誰しも書く内容が明確にあるでしょう。

まず、ほとんどの人は何かしらの数値目標を持って（与えられて）事業にあたっています。最近はMBO（目標管理制度）やKPI（重要業績評価指標）の普及・発達によって、高度に算出された数値にすらなっています。

そしてその数値を達成するためにどんな方法、どんな資源を使うか、日々の現場ではその具体的施策をめぐって侃々諤々、討議が行われているはずですから。

実際、研修の場でも、受講者のほとんどは①②の欄は実務的な内容なのでスムーズに書けています。

問題は一番上の目的欄③です。

数値目標の先にある意味や想い、最終的に成し遂げたい状態や満たしたい価値、坂の上の太陽は何なのか。この事業/プロジェクトは世の中の何につながっているのか──それを自分の言葉で書き出せるかです。

これが力強く書ける人は、目的の目線が抽象次元・在り方に上がっている人です。こういった人には想いがあるので、ビジョンを語り、それを他者と共有し、チームの求心力にできる可能性が十分に出てきます。

逆に、この欄がうまく書けない人は、目的目線が具体次元・処し方に下がっている危険性があります。そのため、個人が給料をもらうためには、あるいは、組織が生き残っていくためには数値目標をクリアしなければいけないという意識に流されがちになります。こういった人がリーダーになると、理念やビジョンを描けないので、数値を前面に押し立ててチームを動かそうとします。

個人の目的意識と経営方針の齟齬が生じることも

ちなみに最後の確認作業④については、人によって苦悶が出てくる場合があります。すなわち、**自分自身の目的意識と組織全体の経営方針との齟齬の問題**です。

わかりやすい例でいえば、自分は担当事

業に関し、多少コストや時間をかけてでも独創的な商品づくりをし、業界や世の中の既成概念を打ち破っていく存在になることを目的にするものの、会社側の経営方針は「まずは最も売れる価格帯で商品をつくれ。機能はそこそこでよい。市場シェアで上位にいることを優先」といった場合です。

この場合は、個人の目的意識が「在り方」次元にあるのに、会社側が「処し方」次元にとどまる経営方針を立て、かみ合っていません。この逆の場合もあるでしょう。

つまり、経営側からは理念・ビジョンに基づく企業体質の脱却を「目的」として呼びかけているにもかかわらず、現場は相変わらず、競合他社との価格や機能上の小さな差違化にとらわれた「目標」しか立てられないという齟齬です。

しかしこうした齟齬の認識こそ重要です。「目的」をめぐる個人と組織全体の齟齬がどの次元で、どのようにあるのか、そこをあぶり出さないかぎり、相互に共有できる「意」をつくり出していくことは不可能だからです。

個と組織がコンセプチュアルに考え、意味や目的観を交わし、強力な「意」を生成することができたなら、それは独自の世界観をもった事業づくりの源泉になっていきます。

次のワークに進んでいきましょう。「基盤価値の言語化」です。これは、自分が心の根底に持つ価値をあらためて言葉にして書き出すものです。

意味化ワーク5-B | 基盤価値の言語化

① 基盤価値を思いつくままに書き出しましょう（書き出しにあたっては、ヒントワードを参考に）。

② 書き出した基盤価値を重要度の順に並び替えてください（上位10個まで）。

ワークシート5-B | 基盤価値の言語化

①基盤価値を思いつくままに書き出す	②左欄の基盤価値を重要度の順に並び替える（上位10個まで）
	1. 2. 3. 4. 5. 6. 7. 8. 9. 10.

日ごろの仕事・事業の推進において、あなたは、

- ●～することに喜びを感じている。
- ●～であることが好きだ。
- ●～であることに誇りを感じる。
- ●～を最優先／大切に考える。
- ●～であるべきだと思う。
- ●～は外せない／こだわりたい。
- ●～を信条・ポリシーにしている。

のような観点で考えると、
基盤価値があぶり出されてくる。

［基盤価値のヒントワード］
□困難に挑戦すること □正しくあること □既存の枠を壊す □自然と調和すること □ユニークであること □社会に貢献すること □創造的であること □責任を果たす □尊敬されること □社会的評価を得る □結果を出す □安全性の確保 □安定性を重視する □常に向上心を持つ □お客様の喜ぶ顔 □計画性を重視する □世の中にないものを生み出す □より早く・速く □より正確に・緻密に □より大きいこと □美の追求 □ムダのないこと □何事にも挑戦魂を・失敗をおそれない □他の真似をしない □先駆者になること □目立つこと □他者を信頼すること □社会に希望を与える □楽しくあること □スローなリズム □海外に出ること □秩序を守る □世界的な視野に立つ □競争に勝つ □流行の先端にいる・トレンドをつくる □楽観主義 □共感・博愛 □すべて一番を目指す □ハイリスク・ハイリターンを狙う □有名になる □世の中をアッと驚かせる □生きた証を残す □作品表現する □人の上に立つ □独創性 □独自のスタイルをつくる □古いものを伝承する □アウトロー路線 □質実剛健

記入例

①基盤価値を思いつくままに書き出す	②左欄の基盤価値を重要度の順に並び替える（上位10個まで）
トライアル＆エラー　　量より質の追求 　ユニークであること 　　既存の枠にとらわれない　　　開拓魂 先見性のあること　　世界で通用する 　オープンマインド　ポジティブ 好奇心にあふれる　誠実　共生　自然体	1. ユニークであること 2. オープンマインド 3. 量より質の追求 4. 開拓魂 5. 誠実 6.　　…… 7. 8. 9. 10.

私たちは仕事生活でも私生活でもよく「価値観、価値観」と口にします。

価値観というものは、常に心の中でうごめいていて、ものごとの評価・判断に大きな影響を与えているものでありながら、それを真正面から言葉で表現してみた人はきわめて少ないのではないでしょうか。

であるからこそ、こうして言語化することにより新鮮な気づきがあります。そしてまた、研修であれば受講者どうしで発表も行いますので、それもまた刺激に満ちたものになります。

研修ならずとも、新規のプロジェクトチームが発足したときなどに、メンバーが集まり、チームが基盤に置きたい価値を皆で出し合い共有する作業をやることをおすすめします。

動機を重層的に持つ

自分が行っていることに意味を与えるとは、動機を考えることでもあります。図表6-12は、私が別途実施しているキャリア開発研修でよく使う「働く動機5段階」です。アブラハム・H・マズローの「欲求5段階」説にならって描いたものです。

各段階の動機の概要を説明すると──。

［段階I］金銭的動機

働く動機の一番土台にくるのが「金銭的動機」です。そこには「生きていかねばという自分」がいて、誰しも懸命に働こうとします。

金銭を動機として働くことが必ずしも卑しいということではありません。「食べていくためにはお金がいる。だからきちんと働いてお金を得、生活を立てていこう」とする姿はむしろ尊い。

金銭的動機は、個人を労働に向かわせ、社会の規律や秩序を守るための土台として機能する大事なものです。

ただ、金銭的動機は概して「外発的」であり、「利己的」です。

［段階II］承認的動機

誰しも他から自分の能力や存在を認められたいと願う。そこにはたらくのが「承認的動機」です。

仕事で嬉しかったことをアンケートすると、「上司から褒められた／難しい仕事を任された」「お客様からありがとうと言われた」「ネッ

トに発表した記事が多くに読まれた」など、承認にかかわることが多く出てきます。

SNSメディアで使われる「いいね!」ボタンも、いわばこの承認的動機を刺激するものの1つでしょう。

この動機もどちらかというと「外発的」「利己的」の部類です。

[段階Ⅲ] 成長的動機

仕事をやるほどに自分の能力が伸びていく、深まっていく、となればもっとその仕事をやってみたくなる。それはその仕事が「成長的動機」を喚起しているからです。

この場合、仕事そのものの中に動機を見出しているので「内発的動機」となる。しかしながら、いまだ「利己的」ではあります。

[段階Ⅳ] 共振的動機

仕事や働くことは、1人では完結しません。何かしら他者や社会とつながりを持つものです。Ⅱ段階目の「承認」より、もっと相互に、積極的に、質的・情熱的に他者と結びつくことで、やる気が起こってくるのが「共振的動機」です。

自分のやっていることが他者と共感できる、他者に影響を与えることができる、社会に共鳴の渦をつくることができる、そうした手応えは強力な力を内面から湧き起こします。

この段階から「利他的」な動機へと変容してきます。

[段階Ⅴ] 使命的動機

自分が見出した「おおいなる意味」を満たすために、文字通り"命を使って"まで没頭したい何かがあるとき、それは「使命的動機」を抱いている状態にあるといえます。

夢や志、究めたい道、社会的な意義をもったライフワークなどに一途に向かっている人はこの段階にあります。

なお、この図の5つの動機の序列は優劣を示すものではありません。外発から内発へ、利己から利他へという順で並んでおり、あえて言うなら、動機の抱きやすさの順と考えてください。

これらの動機に良し悪しはないものの、「動機の持ち方」としては、望ましい持ち方と望ましくない持ち方があります。

　動機の持ち方として望ましいのは、これら5段階ある動機を重層的に持つことです。動機を重層的に持っていれば、仮に1つの動機が失われても、他の動機がカバーしてくれることとなり、働く意欲は持続されます。また、動機どうしが相互に影響し合い、統合的に動機が深まりを増すことも起こるからです。

　そこでこの5段階に分けた動機を目の前の仕事・事業に対して内省するのが次のワークです。

図表6-12｜「働く動機」の5段階

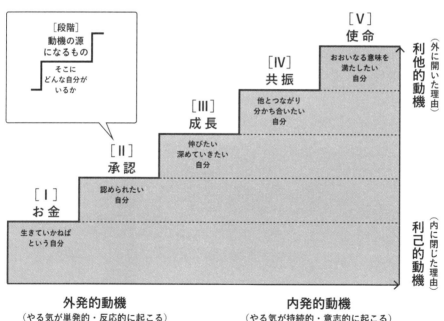

意味化ワーク5-C | 仕事・事業の動機5段階

① 自分が行っている仕事・事業について、5種類の動機の観点から中身を考え記入します。

② 各動機についてその強さを0～5の数値で書き込みましょう。

　※記入例は、この後の「近瀬太志のコンセプチュアル奮闘記⑧」を参照

ワークシート5-C | 仕事・事業の動機5段階

いまあなたが行っている仕事・事業に対し、下の5種類の動機の観点から中身や強さを考えてみましょう。

動機	①動機の中身／動機をどう保持しているか	②動機の強さ
[V] 使命的動機	いまの仕事・事業にはどんな使命的な内容があるだろうか…	
[IV] 共振的動機	いまの仕事・事業を通じて、人びととつながり共振できるどんな喜びがあるだろうか…	
[III] 成長的動機	いまの仕事・事業は自分にどんな成長をもたらしてくれているだろうか…	
[II] 承認的動機	いまの仕事・事業を通じて、自分はどう他者から認められているだろうか…	
[I] 金銭的動機	いまの仕事・事業で得ているお金は、生活にどう役立っているだろうか…	

[動機の強さ数値評価] 5：とても強い　4：強い　3：ほどほどある　2：弱いが少しある　1：かろうじてある　0：無い

誰もが5つの動機すべてを持っているとはかぎりません。とくに4番目の「共振的動機」と5番目の「使命的動機」は持つことが難しいものです。

動機の持ち具合はあくまで個々それぞれですが、私が研修現場で感じ取っているおおまかな傾向性を少し加えておきましょう。

システムエンジニアや、金融機関（銀行や保険会社）およびメーカーの営業職、企業が事業を日々回していくための保守や運用に携わる職種などは、総じて「共振的動機」を抱きにくくなっています。

事業全体の一部分を切り渡され、1人の世界でひたすら決められた作業量や目標数値に向かうという業務特性がそうさせているのかもしれません。

また、顧客対応の担当者もこの動機から遠くなる傾向があります。公務員でいえば役所の窓口対応職員や、民間企業ではクレーム処理の担当など。

彼らは日々、市民・顧客の不満や非難の声を受けるのが仕事であり、共振とは逆の、むしろ人間不信に陥ってしまうことが理由の1つです。

とはいえ、そうした人間的な接触が濃いからこそ人間のすばらしさに出会う出来事もあり、「共振的動機」を一番にあげる人もいます。

反対に「共振的動機」を抱きやすいのは、業種・職種を問わず、事業の理念や意義を共有するプロジェクトチームに属する人たちです。

ベンチャー企業に集まる従業員も夢やロマンに懸けるという意味でこの動機が強くなります。いずれにせよ、この段階の動機はお客様と共振できる、仲間と共振できる、経営者と共振できる、開かれた価値が必要になります。その価値を見出し、仕事・事業の中に練り込んでいくための技術が、まさにコンセプチュアル思考の「意味化」スキルといえます。

さらに、「使命的動機」については、私がみている研修受講者の範囲で言うと、持っていると書くのは25％、4人に1人くらいです。総じて、消費財メーカーでは多くなります。自社の製品が目に見える形で世の中に役立っているのが感じられるからでしょう。

同様の理由では、社会のインフラ事業（電気やガス、鉄道、物流など）をやっている企業やNPO、公務員の行政企画担当、教育関連の従事者なども割合が高まります。

一方で、自社が部品をつくっていたり、BtoB的なサービスを行ったりする会社では、社会への直接的な貢献がわかりづらく、使命感は抱きにくくなる傾向があります。

いずれにせよ、このワークではみずからの動機をできるだけ重層的に持つようシートに書き込んでいくよう促します。研修では他人の書き込みも共有できるので、仮に自分が使命的動機をうまく書けなかった場合でも、他の人の使命の抱き方を聞いて「あ、そういう目線でとらえれば我が社の事業の社会的意義がみえてくるのか」「あ、なるほど、自分の仕事のとらえ方は表面的だった」という刺激を得て、観点が変わり、筆がすっと進むこともあります。

そういった仲間どうしで学びあうことを「**ピア・ラーニング**」といいますが、こうした意味や価値をどう見出すかという問いへの答えは、講師が上段から教える形ではなく、個々が相互に気づきあう形が理想です。したがって日々の職場では、意味や価値を語り合う対話がとても重要になってきます。

いわずもがな、経営者やプロジェクトリーダーは誰よりもみずからの意味や価値、使命的動機を自分の言葉で発し、対話を起こさねばなりません。

次のワークは、一職業人としての自分の存在意義、および自組織の存在意義を考えるものです。

意味化ワーク5-D｜提供価値宣言

① あなたは職業人としてどんな価値を世の中に届けているのでしょう。中央の四角の空欄に自分の言葉で書き込んでください。

② あなたが所属する組織（会社、部、課、チーム）は事業者としてどんな価値を世の中に届けているのでしょう。中央の四角の空欄に自分の言葉で書き込んでください。

ワークシート5-D｜提供価値宣言

作業①「私の提供価値宣言」

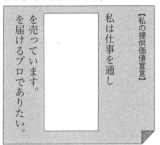

【私の提供価値宣言】
私は仕事を通し　　　　　　を売っています。　　　　　　を届けるプロでありたい。

[記入ヒント]

・保険会社のライフプランナーは、「もしかのときの経済面での安心」
・自動車メーカーの開発者は、「快適な移動空間／モビリティーのための道具」
・レストランのシェフは、「幸福な舌鼓の時間」
・新薬の開発者は、「その病気のない世界」
・コンサルタントは、「専門の知恵と手間ヒマの短縮」

・財務担当者は、「数値による企業の健康診断書」
・プロスポーツ選手は、「筋書きのないドラマと感動」
・コメ作り農家は、「生命の素」

……（という価値を）売っている／届けている。

作業②「我が社の提供価値宣言」

【我が社の提供価値宣言】
我が社（部課・チーム）は事業を通し　　　　　　を売っています。　　　　　　を届けるプロ集団でありたい。

[記入ヒント] コーポレート・スローガンの一例

・「地図に残る仕事」大成建設
・「100年をつくる会社」鹿島建設
・「Drive Your Dreams.」トヨタ自動車
・「The Power of Dreams」本田技研工業
・「人生に、もっと輝きを。」メルセデス・ベンツ

・「駆けぬける歓び」BMW
・「クルマはつくらない。クルマのある人生をつくっている。」ヤナセ
・「Inspire the Next」日立製作所
・「Sensing Tomorrow」オムロン
・「"あったらいいな"をカタチにする」小林製薬
・「ひらめき・はかどり・ここちよさ」コクヨ

・「Channel to Discovery」みずほフィナンシャルグループ
・「JUST DO IT.」ナイキ
・「IMPOSSIBLE IS NOTHING」アディダス
・「おいしい記憶をつくりたい。」キッコーマン
・「やがて、いのちに変わるもの。」ミツカン

・「お口の恋人」ロッテ
・「お、ねだん以上。ニトリ」ニトリ
・「服を変え、常識を変え、世界を変えていく」ファーストリテイリング
・「まだ、ここにない、出会い。」リクルート
・「あたらしいふつうをつくる。」日本郵政
・「驚安の殿堂」ドン・キホーテ

空欄には「提供価値」が入ります。ここでは、自動車メーカーに勤めているから、「私（我が社）はクルマを売っています」とか、介護事業会社に勤めているから「私（我が社）は介護サービスを売っています」というような物的・外形的な言葉を求めているわけではありません。自分・自組織が仕事・事業を通じて提供したい価値を抽象化して書いてください。作業①は個人に視点を置いた提供価値です。作業②は視点が組織になります。

たとえば、保険会社のライフプランナーは現物としては保険商品を売っていますが、その核にある価値に着目すれば「もしものときの経済面での安心」を売っているといえるでしょう。また、新薬の研究開発者であれば、仕事を通じて「その病気のない世界」を売っているととらえることができます。財務担当者は「数値による企業の健康診断書」を売っているのかもしれません。スポーツ選手であれば、「筋書きのないドラマと感動」を売る人たちでしょう。コンサルタントは「課題解決のための情報と知恵」、コメ作りの農家の人なら「生命の素」といったところです。

ちなみに、「コンセプチュアル思考」を研修化し生業にしている私の提供価値は、「具体と抽象の思考往復を促し、ものごとの本質が見えてくる概念化レンズ」を売っています、となるでしょうか。

誰しも「自分の存在意義は何か？」と問われても、うまく答えることはできません。問いが漠然としすぎているからです。しかし、こうした提供価値は何かという切り口の入った問いにすれば答えることができます。提供する価値を通して、自分は職業人として何者であるのか、どう社会と結びついているのか、どんな形で貢献する人間なのか、そういう角度から存在意義を認識できるようになります。

このワークは、たった1行のフレーズを空欄に書くだけのものですが、職業人としてのアイデンティティの核を見つめ、そこからエッセンスを抽出し、自分の言葉で意志を宣言するというとても濃く重い作業です。実際やってみると、そう簡単ではありません。「意の思考」であるコンセプチュアル思考ならではのワークです。さて、あなたは一職業人としてのコンセプトを提供価値の角度からどう表現するでしょうか。

また、所属する組織についても同様です。その組織はこの社会の中で何者であるのでしょう。これを考えるときのヒントワードがワークシートの脇に並べてあります。これらは企業

が社名とともに発表しているコーポレートスローガンです。これらもある意味、企業が事業を通じて届けたい価値を言い表しています。たとえば、大成建設は「地図に残る仕事」を売りたいと思っている。BMW社が製品を通して顧客に届けたいのは「駆けぬける歓び」です。Mizkanが売ろうとしているのは「やがて、いのちに変わるもの。」といった具合です。これらは企業の大本営発表のフレーズですが、一人一人の社員が現場目線で考えるとまた違った表現が生まれてくるでしょう。

参考までに、これまでの実際の研修で出てきた答えをいくつか紹介しておきます（図表6-13）。

図表6-13 | 提供価値宣言〈研修時の答案例〉

【私の提供価値宣言】
私は仕事を通し
働きがいと働きやすさをつくり出す仕組み
を売っています。
を届けるプロでありたい。

不動産会社・人事担当

【私の提供価値宣言】
私は仕事を通し
経営の健康診断書
を売っています。
を届けるプロでありたい。

消費財メーカー・経理担当

【私の提供価値宣言】
私は仕事を通し
お客様がまだ気づいていない解決発想と実行方法
を売っています。
を届けるプロでありたい。

コンサルティングファーム・戦略コンサルタント

【私の提供価値宣言】
私は仕事を通し
15秒に詰めた欲望の着火剤
を売っています。
を届けるプロでありたい。

広告代理店・CMプランナー

【私の提供価値宣言】
私は仕事を通し
今日注文した物が、翌日当たり前に届く基盤
を売っています。
を届けるプロでありたい。

【私の提供価値宣言】
私は仕事を通し
アナログ体験をよりワクワクさせるデジタルツール
を売っています。
を届けるプロでありたい。

ITシステム開発会社

物流企業・営業担当

【私の提供価値宣言】
私は仕事を通し
子どもたちの「できない」を「できた！」に変える感動
を売っています。
を届けるプロでありたい。

学習塾・講師

【私の提供価値宣言】
私は仕事を通し
お客様の記憶に残る旅物語のワンシーン
を売っています。
を届けるプロでありたい。

ホテル会社・接客担当

「変化」を渡るために
「不変」の軸を持つ

さて、いまここで考えてきた「提供価値」というのは、スキル④の「アズ・ア」モデルの箇所で触れた「中核的価値」とほぼ同じものです。そこでも紹介したピーター・ドラッカーの言葉を再掲します。

> 「ガスレンジのメーカーは、競争相手は同業他社と考える。しかし、顧客たる主婦たちが買っているのは、レンジではなく料理のための簡単な方法である。電気、ガス、石炭、木炭のいずれのレンジであろうと構わない」

ここには「変化」と「不変」の2つのことが含まれています。

まず不変（これは同時に普遍でもある）なのは、「**日常の料理における簡便さ**」という価値。いつの時代にも料理をする私たちはこの価値を求めてきましたし、これからも求めていくでしょう。

しかし、**この価値を実現する技術や方法は**どんどん変わっていく。かつての主流は石炭・木炭でした。それがガスとなり、いまではIHのような電気も出てきた。将来はもっと効率的で安価な方法が発明されるかもしれない。

このことから肝に銘じるべきは、**時代とともに変わっていく外形要素**（知識や技術、手段や方法）**の差別化・低価格化だけに執着すると、自己を不安定にしてしまうことです。**

むしろそこで重要なことは、みずからの事業の核に据える不変/普遍の提供価値を見出すことです。すると自己を「確信軸のもとに変化を活用できる動的安定」な状態にすることができます（**図表6-14**）。

「VUCA」と呼ばれる移ろいやすく、不確実で、複雑で、あいまいな時代を渡っていくためには、「変わらざる軸」と「変えていくべき技術」の両方を持つことが必須です。

本章ではここまで、個人が行う仕事や組織が行う事業のベースにある精神的価値や動機などを言葉にしてきました。その思考はまさに「意（こころ）の味わいをどこに求めるか＝意味化」の作業です。それで最後に行うのがこの統合ワークです。

図表6-14 | 変化と不変

製品・サービスを実現する外形要素（知識・技術、手段・方法）は時代とともに変わっていく／変わらざるをえない。そこの差別化・低価格化だけに執着すると「不安定」になる。

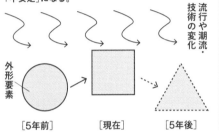

製品・サービスの核に据える不変/普遍の提供価値を見出す。すると「確信軸のもとの動的安定」な状態になる。

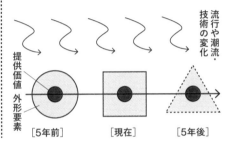

本章のはじめの部分で次の重要なことを書きました。

● 目標に向かっていく場合、そこに意味が与えられているかいないかで大きな違いが生じる
● 意味が与えられていないと、往々にして目標に動かされることになる
● 目標に自分で見出した意味を与えて目的に昇華させることが、長く健全に動き続けていくために不可欠である
● この意味づけをする作業が、まさに仕事や事業のコンセプト転換あるいは創出になる

次に行うワークは、いま自分が掲げている（掲げさせられたのかもしれませんが）達成目標が、どんな意味とつながっているのかを意識する作業です。こういった作業をする中から、自分なりの軸や独自のコンセプトが立ち上がり、それに向かう内発的エネルギーが湧いてきます。

「Link to Meanings＝意味につなげよ」を略し、私はこのワークを「L2M」と名づけています。

意味化ワーク5-E｜目標を意味につなげる：L2Mシート

① 「仕事・事業を行う上での基盤価値」はワーク5-Bで考えた答えを転記します。
② 「5段階の動機」はワーク5-Cでの答えを転記します。
③ 「提供価値宣言」はワーク5-Dの答えを転記します。
④ 「仕事の報酬」は、「スキル2：モデル化（図表3-17）」で触れた7つの報酬を記載します。
⑤ 新たに書き込むのが中央部の「達成目標」欄です。いま、自分が掲げている業務目標を記入してください。短期の定量的な目標であれば、「今年度受注額●●円」「月間成約件数●●件」「新規顧客獲得●●社」「対前年度比●●％増」といった数値でいいでしょう。中期的なら「●●プロジェクトの完遂」とか「マネジャー職昇格」といった感じです。

次に意味のリンク作業に入ります。

⑥ 書き込みを終えたら、そのシートを［原本］とし、コピーを一枚取ります。コピーを取ったものを［複写版］とし、いまからこれを使います（ワークサンプルを次ページに示しました）。
⑦ ［複写版］を机の上に置き、筆記具を用意します。ここからリンクの作業です。中央に書いた目標と周囲に書かれている基盤価値や動機、報酬などとの間のつながりを線で描いてください。

ワークシート5-E｜目標を意味につなげる

②5段階の動機 （ワーク5-Cより）

[Ⅴ] 使命

[Ⅳ] 共感

[Ⅲ] 成長

[Ⅱ] 承認

[Ⅰ] 金銭

③提供価値宣言 （ワーク5-Dより）

私は仕事を通し、
を売っています／を届けるプロでありたい。

我が社は事業を通し、
を売っています／を届けるプロ集団でありたい。

⑤達成目標

〈短期目標〉

〈中期目標〉

④仕事の報酬 （P.126より）

【報酬⑦】
・次の仕事機会
【報酬⑥】
・安心感、深い休息
・希望、思い出
【報酬⑤】
・能力習得
・成長感、自信
【報酬④】
・人脈
・他からの信頼、他からの感謝
【報酬③】
・仕事そのもの（行為・成果物）
【報酬②】
・昇進／昇格
・名誉
【報酬①】
・金銭（給料・賞与）
・物品、福利厚生

①仕事・事業を行う上での基盤価値 （ワーク5-Bより）

1. _____
2. _____
3. _____
4. _____
5. _____

6. _____
7. _____
8. _____
9. _____
10. _____

②5段階の動機　（ワーク5-Cより）

[V]使命
よりよい「世界見聞の感動」「自己発見の機会」は、一人一人のよりよい成長を助け、社会全体をよりよくしていくだろう。

[IV]共感
旅による一人一人の人間交流によって、地域・国を越えた共感の輪が広がる。当社とお客様の間にも信頼の絆が結ばれる。

[III]成長
新しい旅の形を考えていくことは、自分の専門力と総合力を磨く。チームリーダーの仕事は人間力も試される。

[II]承認
いまの仕事によってメンバーから頼られる喜びがある。また、お客様からもっと信頼される実績をつくりたい。

[I]金銭
この仕事によって安定的な収入を得ている。経済基盤を維持することは、よい公私生活をする上で大事なこと。

③提供価値宣言　（ワーク5-Dより）

私は仕事を通し、
人がよりよく変わっていくための
きっかけ・場・仕組み
を売っています/を届けるプロでありたい。

我が社は事業を通し、
旅という名の
「世界見聞の感動」「自己発見の機会」
を売っています/を届けるプロ集団でありたい。

⑤達成目標
〈短期目標〉

④仕事の報酬　（P.126より）

【報酬⑦】
・次の仕事機会
【報酬⑥】
・安心感、深い休息
・希望、思い出
【報酬⑤】
・能力習得
・成長感、自信
【報酬④】
・人脈
・他からの信頼、他からの感謝
【報酬③】
・仕事そのもの（行為・成果物）
【報酬②】
・昇進／昇格
・名誉
【報酬①】
・金銭（給料・賞与）
・物品、福利厚生

> ワークシート〈原本〉の記入を終えたら
> コピーを取り〈複写版〉を用意する

①仕事・事業を行う上での基盤価値　（ワーク5-Bより）

1. 健やかであること
2. 正しくあること
3. 独自（ユニーク）であること
4. 探究心
5. ていねいであること
6. 人を明るくすること
7. リスクを恐れない
8. 自由闊達
9. 不易と流行の両方をみる
10. アイデアはともかく形にしてみる

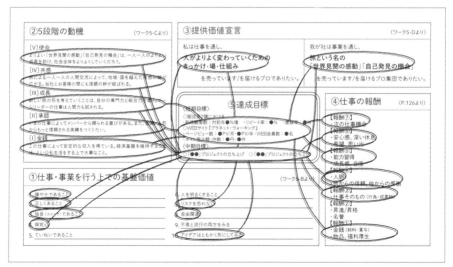

②5段階の動機　（ワーク5-Cより）

[V]使命
よりよい「世界見聞の感動」「自己発見の機会」は、一人一人のよりよい成長を助け、社会全体をよりよくしていくだろう。

[IV]共感
旅による一人一人の人間交流によって、地域・国を越えた共感の輪が広がる。当社とお客様の間にも信頼の絆が結ばれる。

[III]成長
新しい旅の形を考えていくことは、自分の専門力と総合力を磨く。チームリーダーの仕事は人間力も試される。

[II]承認
いまの仕事によってメンバーから頼られる喜びがある。また、お客様からもっと信頼される実績をつくりたい。

[I]金銭
この仕事によって安定的な収入を得ている。経済基盤を維持することは、よい公私生活をする上で大事なこと。

③提供価値宣言　（ワーク5-Dより）

私は仕事を通し、
人がよりよく変わっていくための
きっかけ・場・仕組み
を売っています/を届けるプロでありたい。

我が社は事業を通し、
旅という名の
「世界見聞の感動」「自己発見の機会」
を売っています/を届けるプロ集団でありたい。

⑤達成目標
〈短期目標〉
◇販促2回/週におけ……
◇新規顧客数：対前年●%増　・リピート率：●%……　重点顧客……
・WEBサイト『プラネット・ウォーキング』
　ページビュー数：●PV/月・●PV/年・WEB会員数：●名
・ネット受注額・件数：●円・●件
〈中期目標〉
・「●●」プロジェクトの立ち上げ　◇「●●」プロジェクトのたち……

④仕事の報酬　（P.126より）

【報酬⑦】
・次の仕事機会
【報酬⑥】
・安心感、深い休息
・希望、思い出
【報酬⑤】
・能力習得
・成長感、自信
【報酬④】
・人脈
・他からの信頼、他からの感謝
【報酬③】
・仕事そのもの（行為・成果物）
【報酬②】
・昇進／昇格
・名誉
【報酬①】
・金銭（給料・賞与）
・物品、福利厚生

①仕事・事業を行う上での基盤価値　（ワーク5-Bより）

1. 健やかであること
2. 正しくあること
3. 独自（ユニーク）であること
4. 探究心
5. ていねいであること
6. 人を明るくすること
7. リスクを恐れない
8. 自由闊達
9. 不易と流行の両方をみる
10. アイデアはともかく形にしてみる

たとえば、中央に書いた短期目標が「今年度受注額●●円」だとすると、それは周囲の何とつながりがあるでしょうか。もちろん、「5段階動機」のところの「I.金銭」や「II.承認」とは太くつながっているでしょう。「仕事の報酬」のところでも、「報酬①：金銭」「報酬②：昇進・昇格」ともつながっています。また、ある数値をクリアするところには、成長や自信にもつながってきますから、そこにリンクが生まれます。さらに、自分の基盤価値や提供価値宣言とどうつながるでしょうか……。そのように、目標と周囲に書いてある意味的な要素との間にリンクを見出すのがこのワークの狙いです。

目標が周囲の要素とつながらない場合も出てきます。たぶん、目標が意味を離れて一人歩きしてしまっているからです。そうしたときは、周囲の要素とつながりができるよう目標の内容を少し変えたほうがいいと気づくかもしれません。いずれにせよ、このワークでは筆記具を持って、複写版にどんどんリンクを書き込んでください。ぐしゃぐしゃになってかまいません。そのためにコピーした複写版を使っています。1枚のワークシートを俯瞰する形で、意味へのつながり具合を"発見する"のが大事なことです。

働く意味を持つとは、高尚で大きなものを何か一つ見つけなくてはならない、ということではありません。この仕事をやりきることは給料とつながっていて、それは家族を養うためにつながっている（このリンク線は太い）。この目標をクリアすることは、一皮むけた自分とつながっている（このリンク線も太い）。このプロジェクトを成功させることで、世の中の消費のあり方が少しだけ変わるかもしれない（このリンク線は細い）……。といった具合に、目の前の仕事はふだんの生活や自己の成長、世の中の変化などと連関しているという想像——私はこれを「リンケージ・イマジネーション」と呼んでいます——を豊かにやってみてください。

仕事・事業に対し「意味」は必要か？

今日の事業現場において、個人やチームに数値目標を課すことは不可欠です。そうしたとき、同じような目標の負荷がかかる状況で、持続的に成果を上げられる人とそうでない人の差が出てきます。

その要因はどこにあるか——。もちろん達成能力の差はあるでしょう。技能やセンスのマッチングの問題もあるでしょう。金銭的報酬

への執着の差もあるかもしれません。

と同時に、本書では「目標に意味を与える」というコンセプチュアル能力の差が無視できないとみます。人がものごとに意味を見出したときの変容というものは驚くべきものがあります。その点につき、次の4つの言葉を付記しておきます。

「指揮者に勧められて、客席から演奏を聴いたクラリネット奏者がいる。そのとき彼は、初めて音楽を聴いた。その後は上手に吹くことを超えて、音楽を創造するようになった。これが成長である。仕事のやり方を変えたのではない。意味を加えたのだった」
──ピーター・ドラッカー
『プロフェッショナルの条件』

「(人間は)どうすることもできない絶望的な状況においてもなお意味を見るのであります。(中略)意味を探し求める人間が、意味の鉱脈を掘り当てるならば、そのとき人間は幸福になる。しかし彼は同時に、その一方で、苦悩に耐える力を持った者になる」
──ヴィクトール・E・フランクル
『意味への意志』

「われわれが不幸または自分の誤りによって陥る心の悩みを、知性は全く癒すことができない。理性もほとんどできない。これにひきかえ、固い決意の活動は一切を癒すことができる」
──ゲーテ『ゲーテ格言集』

「夢があるから強くなる」
──日本サッカー協会2005年宣言

仕事や事業を無機質的にとらえる人の中には、働く意味のような個別のフワフワしたものを事業現場に持ち込むことは不要と考える人もいます。「会社は営利事業をやるところなのだから、そこでは事業遂行に見合った技能を持つヒトが集まり、雇われたヒトは命じられた成果を出し、対価を受け取る。雇用契約で成り立つ組織は、それ以上でもそれ以下でもない」と。

しかし、「意の思考」であるコンセプチュアル思考の観点からはそう考えません。仕事・事

業に対し、意味を持つことの重要性は次の3つです。

> ① 働くことのフェーズが変わる
> ② 困難に耐える力・
> 　 乗り越える力が増す
> ③ 人を導くことができる

1つ目に関しては、クラリネット奏者の箇所で述べられているとおりです。彼は「上手に吹く」というフェーズから、「音楽を創造する」フェーズへと脱皮しました。

このことは組織でも同様です。単に「儲けるのがうまい」会社はたくさんあります。しかし、「独自の世界観を醸し出し、豊かに価値を創造し社会に貢献する」会社は少ないものです。このフェーズ移行を可能にするには、事業についての強い意味が必要になります。

次に2つ目に関して。仕事や事業には困難がつきものです。ネガティブな状況における苦難を耐え、それを乗り越えるエネルギーを意味は与えてくれます。さらにはポジティブな状況、つまり夢や志などに没頭するときにも困難は発生しますが、それを乗り越えるエネ

ルギーもまた、意味から引き出すことが可能です。

昨今「レジリエンス（resilience）」という言葉がよく使われます。一般的には「復元力、弾力、しなる力」などと訳されていますが、まさにものごとに意で味わえる中身があればこそ、このレジリエンスは高まります。

そして3つ目。意味は人を結びつけ、求心力を起こします。それは別の角度からみると、意味によって人を導けるということでもあります。

もしあなたがリーダーの立場になったとき、メンバーをどう導いていくでしょうか。もちろん、人をリードする技術は必要でしょう。人間力も必要でしょう。ですが、リーダーになるすべての人が、こうした技術や人間力に優れているわけではありません。そうしたときにメンバーを意味で引っ張ることもできます。

いや、むしろ、リーダーが技術や人間力によらず、意味で求心力を起こし、チームを推進させることができたなら、そのチームはそのリーダーが去っても継続して前進することになるでしょう。実際、強い意味や理念、ビジョンのもとに形成された集団が、リーダーが変わっても、その意志（ときに遺志）を継いで発展していくケースが多々見受けられます。

ワーク5-Eはどちらかというと、個人の内省的な意味化作業です。そこでもう少しチーム視点に立って、プロジェクト全体の景色を共有するためのワークを補足して紹介しておきましょう。

図表6-15がそのワーク用の「ザイン｜ゾルレン」シートです。ザイン、ゾルレンはドイツ語で、ここでは次のような意味で用いています。

ザイン [sein]
● 存在・実態
● どうあるのか（現にあること）
● 事実に目を向ける
● 英語：be

ゾルレン [sollen]
● 当為（とうい）
● どうあるべきか、何をなすべきか
● 理想や価値を問う
● 英語：ought

このワークシートの記入方法を細かに説明することは省きますが、要は左の「ザイン」側に現状認識を書き出し、「ゾルレン」側に実現

すべき姿や価値を描きます。戦略分析でよく使われる「As Is｜To Be」と構えは似ていますが、書き込む内容がより抽象の次元にあり、コンセプチュアル思考的な俯瞰シートになっています。

仕事現場のプロジェクトというものは放っておくと、容易に具体次元の問題処理、数値合わせ、言い訳づくりに引っ張られていきます。そんなときに抽象次元の理想に立ち返るためのものがこの「ザイン｜ゾルレン」シートです。

具体次元の処理ごとにもまれ奮闘する中でここに立ち返ったときに、確かに、当初自分たちが描いた理想は青かったなと思えることがあるかもしれません。そんなときは再度コンセプトを練り直すチャンスです。そうした抽象と具体の往復によって事業は磨かれていきます。

図表6-15 | ザイン | ゾルレンシート

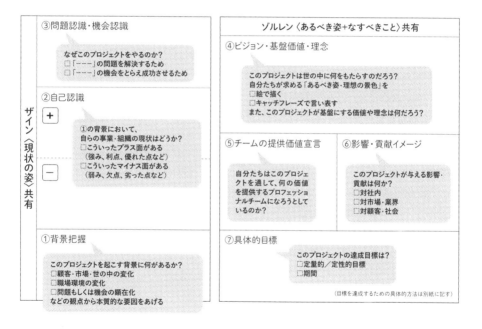

③問題認識・機会認識

なぜこのプロジェクトをやるのか？
□「－－－」の問題を解決するため
□「－－－」の機会をとらえ成功させるため

②自己認識

＋

①の背景において、
自らの事業・組織の現状はどうか？
□こういったプラス面がある
（強み、利点、優れた点など）
□こういったマイナス面がある
（弱み、欠点、劣った点など）

－

①背景把握

このプロジェクトを起こす背景に何があるか？
□顧客・市場・世の中の変化
□職場環境の変化
□問題もしくは機会の顕在化
などの観点から本質的な要因をあげる

ザイン〈現状の姿〉共有

ゾルレン〈あるべき姿＋なすべきこと〉共有

④ビジョン・基盤価値・理念

このプロジェクトは世の中に何をもたらすのだろう？
自分たちが求める「あるべき姿・理想の景色」を
□絵で描く
□キャッチフレーズで言い表す
また、このプロジェクトが基盤にする価値や理念は何だろう？

⑤チームの提供価値宣言

自分たちはこのプロジェクトを通して、何の価値を提供するプロフェッショナルチームになろうとしているのか？

⑥影響・貢献イメージ

このプロジェクトが与える影響・貢献は何か？
□対社内
□対市場・業界
□対顧客・社会

⑦具体的目標

このプロジェクトの達成目標は？
□定量的／定性的目標
□期間

（目標を達成するための具体的方法は別紙に記す）

近瀬太志のコンセプチュアル奮闘記

スキル⑤——意味化

近瀬はワーク5-Bに取り組んでいた。近瀬は彼の中にいるもう一人の自分と対話をしながら、答えを書き進める。

近瀬A｜「まず働くうえでの基盤価値だ。おまえはふだん仕事で、何を大切にし、何を優先させ、何を外せないと思っているのか?」

近瀬B｜「まっさきに思い浮かぶのが『健やかさ』だな。健やかな心身、健やかな商品、健やかな文化、健やかな社会。健やかな自分でありたいし、健やかなものをつくりたいし、健やかな世界であってほしい。

同様に『正しくあること』も最優先させたい価値だ。あと、『独自であること』は外せない」

近瀬A｜「2年前の担当プロジェクトはかなりの修羅場をくぐって成就できたわけだけど、あの成功体験を振り返って、自分はどんなことにこだわっていたと思う?」

近瀬B｜「そうだなぁ、『リスクを恐れない』『アイデアはともかく形にしてみる』ということかな。そういった価値が意識の底になければ、あのプロジェクトは進められなかった」

近瀬A｜「じゃ、ワーク5-Dに移ろう。おまえの会社はいったい何の価値を世の中に届けている存在なんだい?」

近瀬B｜「旅行商品を通して、楽しさとか感動とかだろうか」

近瀬A｜「いや、楽しさや感動なら、映画会社だってプロスポーツだって同じような価値を売っているわけじゃないか。もっと旅行に携わる者として限定的に深く考えないと。定義化やモデル化の演習で旅行や販売企画について根源的なことを見つめたよね。そこも思い出すんだ」

近瀬B｜「ああ、そうか。旅行というのは外界の移動と内面の変化にかかわる活動だった。その外と内の2つの面がある。だから提供する価値もそこを考えなきゃいけない。外的には我々は世界を見聞する旅を売っている。そこに込めている想いが感動だ。さらに内に目線を移せば、その旅がお客さんにとって自己を発見する機会になってほしいという想いがある。それを表現するとどうなるだろう?

……こういう感じかな。我が社は『旅という名の世界見聞の感動・自己発見の機会』を届けるプロ集団でありたい」

近瀬A｜「じゃ、個人の視点、つまりおまえは一職業人として何の価値を世の中に届ける存在か?」

近瀬B｜「旅行会社に就職したのはたまたま旅が好きだったからだけど、これまで働いてきて感じることは、自分は仕事を通じて人が変わっていく手助けをしたいんだと思う。そういう価値を満たす仕事であれば、売るものは旅行商品でなくてもいいような気がする。

つまり自分は、『人がよりよく変わっていくためのきっかけ・場・仕組み』を売るプロになりたいということかな」

近瀬A｜「次に働く動機を5つの観点からながめてみよう」

近瀬B｜「当然、生計を立てるために『金銭的動機』がある。また『承認的動機』ももちろんある。人から能力を認められるのはうれしいものだ。逆に言えば、あいつは仕事のできないやつと思われたくない。そして『成長』。これが自分の中では一番大きい動機かな。いまの仕事は自分がぶつかった分だけ、成長をくれるので感謝している」

近瀬A｜「なるほど、自分に利する動機はしっかりとあるようだ。なら、利他的な動機となる『共振』や『使命』はどうだ?」

近瀬B｜「旅による一人一人の人間交流によって、地域・国を越えた共感の輪が広がる。もちろん当社とお客様の間にも信頼の絆が結ばれる。あの人たちがいるから、あの人たちのために、あの人たちと一緒になって魅力ある旅行商品をつくり出したい。そんな『共振』動機は確かに自分を動かす力になっている。

さて、『使命的動機』……人びとが自由に国内外を移動でき、人間対人間の交流ができるというのは、世界が平和であることの一つの姿ではないか。政治的には対立していても、いや対立しているならなおさら、人間が直接に交流して争いを起こさないような空気をつくることが必要だ。その意味で、旅を売ることは、平和を築く礎ともいえないか。であるなら、この仕事は十分な使命がある」

近瀬A｜「さ、それで、シートの中央に業務上の達成目標を書く。それら目の前にある目標は、自分が抱く意味的な想いや価値とどうつながっているのか。つながりが強いものは太い線で、弱いものは細い線でつなげてみるんだ」

ワークシート5-E ｜ 目標を意味につなげる

②5段階の動機 （ワーク5-Cより）

[V] 使命
よりよい「世界見聞の感動」「自己発見の機会」は、一人一人のよりよい成長を助け、社会全体をよりよくしていくだろう。

[IV] 共感
旅による一人一人の人間交流によって、地域・国を越えた共感の輪が広がる。当社とお客様の間にも信頼の絆が結ばれる。

[III] 成長
新しい旅の形を考えていくことは、自分の専門力と総合力を磨く。チームリーダーの仕事は人間力も試される。

[II] 承認
いまの仕事によってメンバーから願われる喜びがある。また、組織・上司からもっと信頼される実績をつくりたい。

[I] 金銭
この仕事によって安定的な収入を得ている。経済基盤を維持することは、よい公私生活をする上で大事なこと。

③提供価値宣言 （ワーク5-Dより）

私は仕事を通し、
**人がよりよく変わっていくための
きっかけ・場・仕組み**
を売っています/を届けるプロでありたい。

我が社は事業を通し、
**旅という名の
「世界見聞の感動」「自己発見の機会」**
を売っています/を届けるプロ集団でありたい。

⑤達成目標

〈短期目標〉
◇販促第2課における
・新規顧客数：対前年●％増 ・リピート率：●％ ・直販率：●％
◇WEBサイト「プラネット・ウォーキング」
・ページビュー数：●PV/月 ・●PV/年 ・WEB会員数：●名
・ネット受注額・件数：●円・●件

〈中期目標〉
◇「●●」プロジェクトの立ち上げ ◇「●●」プロジェクトの立ち上げ

④仕事の報酬 （P.126より）

【報酬⑦】
・次の仕事機会
【報酬⑥】
・安心感、深い休息
・希望、思い出
【報酬⑤】
・能力習得
・成長感、自信
【報酬④】
・人脈
・他からの信頼、他からの感謝
【報酬③】
・仕事そのもの（行為・成果物）
【報酬②】
・昇進/昇格
・名誉
【報酬①】
・金銭（給料・賞与）
・物品、福利厚生

①仕事・事業を行う上での基盤価値 （ワーク5-Bより）

1. 健やかであること
2. 正しくあること
3. 独自（ユニーク）であること
4. 探究心
5. ていねいであること
6. 人を明るくすること
7. リスクを恐れない
8. 自由闊達
9. 不羈と流行の両方をみる
10. アイデアはともかく形にしてみる

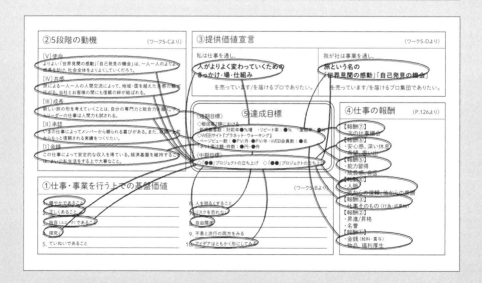

7

第 章

事業・製品・サービスを
独自で強いものにするために

「モラルジレンマ」に立つ
複数の価値の間でどう判断し行動するか

5人を殺さないために
1人を殺してよいか

まず、この思考実験から始めましょう――。

　ある鉄道の線路があり、向こうの方からこともあろうに制御不能になった車両が猛スピードで走ってくる。

　その先の線路上では5人の作業員が工事をしていて、彼らは近づいてくる車両にまったく気づいていない。このままいけば5人をはねてしまうのは確実な状況である。

　しかし、その手前に右側へと逸れる待避線がある。そこにも作業員がいる。だが1人だけだ。

　いま、あなたはたまたまその分岐点にいて、切り替えレバーを操作することで列車を待避線に進めることもできる。……このとき、あなたはどうすべきだろう？

倫理・道徳上の葛藤を扱うこの手の問題はたくさんあります。

たとえばほかにも、次のようなものがあります。

　あなたは豪華客船を所有する経営者だとしよう。自社の企画する世界一周の船旅に同乗している。この船の定員は200人。この旅では180人が乗り込んでいて、定員まであと20人の余裕がある。

　ある島を通りかかったとき、みすぼらしい小舟が近づいてきて、乗っていた島人の1人が「われわれを助けてほしい。海面の上昇で島には住める土地がほとんどなくなった。ここ何週間も満足に食べていないんだ。その船に乗せてもらえないか」と乞うた。その小舟に乗っているのは、12、3人といったところだ。

あなたはこの状況で、小舟に乗った島人を船に乗せてやるべきでしょうか？

もちろん、人道的な立場から、乗せてやることもできるし（その場合、高額な旅費を払って上流階級気分を楽しんでいる乗客の心理に影響が出るでしょ

う）、これは政治の問題だからと見て見ぬふり
をして通り過ぎることもできます。

　仮に、その12、3人を乗せようと決断した場
合、実は島にはさらに100人超の人が助けを
待っていて、1隻の船が客船に助けられたと
知るやいなや、残りの島人もこぞって小舟で
客船を追いかけてくる状況も起こりえます。

　そのときにあなたは、「もうこれ以上はダメ
です」と後続を追い払うでしょうが、最初の
12、3人は助かって、残りの100人超は助から
ないという、その選別の理由を説明できるで
しょうか。単に、「先着順でした」ということで
よいのでしょうか……。

　この客船のたとえは、先進国と発展途上国
との南北格差になぞらえて考えると、とても悩
ましい問題です。

「コンセプチュアル思考」を鍛える最後のテー
マの一つとして、この章では「モラル・ジレン
マ」（道徳的価値の葛藤）を扱います。**正義・公正・
倫理・道徳の狭間に立たされたとき、いかに
自分は思考し、判断するか**を見つめていきま
す。

道徳的判断とは
「自我を形成し・現し・検証する」こと

　列車の問いにせよ、客船の問いにせよ、こ
こには論理的に導き出せる、あるいは万人が
文句なしに納得できる唯一無二の正解はあり
ません。**正義、公正、倫理、道徳といった意味
や価値にかかわる問いにおいては、いくつも
の解釈や評価が存在し、答えは多様にならざ
るをえない**からです。

　政治の世界はもちろん、ビジネスの世界や
個人の人生においては、そもそも"鋭く切れな
い"問題のほうが多い。その種の問題に対し
ては、"鈍くではあるが、ほんとうの自分がしっ
かり滲み出る"思考が求められます。

　つまり、何がほんとうに大事なことなのか、
何を最優先にすべきなのかという本質を自分
なりに抽出し、自分の理想像をこしらえ、自分
の内側から湧いてくる意志を表明する、そうし
た「意の思考」による決断が結果的に最良
の、そして創造的な解決に導いてくれる可能
性が高い。

　ただし、そこには意が単独で暴走しないよ
う知と情の裏付けや抑止が不可欠であること

は言うまでもありません。

米国の哲学者ジョン・デューイは『倫理学』の中で、道徳的判断とは「**自我を形成し、自我を現し、自我を検証する**（form, reveal, and test the self）」ことであると述べています。

直面する問題が、意味や価値といった次元に入り込めば入り込むほど、私たちは自我と対話せざるをえなくなります。

昨今の日本の政治やビジネス現場を見ていると、欧米から輸入した論理的思考の普及によって、状況の客観的な分析や論理的な（あるいは論理が通ったふうの）コメントや批評はすぐに集まるようになりました。そしてそのためのひな形ツールもいろいろ持つようになりました。

ところがそうして論評が集まったところで、「じゃあ、どうするんだ」という意志のある答えを"創造する"ことができません。皆が一歩引き合いながら事をながめ、あるいはまったく逆に、情緒的な所感を発するだけで、結果的にどこからも反対の出ない玉虫色の方策に丸まったり、部分的な対症療法の処置に終わったりしてしまう。だれも自我の核に迫っていって、根本的に、創造的に、信念の軸を持った答えを考え出そうとしないのです。

評論家の小林秀雄はこう言っています──「人間は自己を視る事から決して始めやしない。自己を空想する処から始めるものだ」と。

「視る」ことに長けていても、いっこうに豊かに「空想する」ことができない。空想するとはビジョンを打ち立てることと言ってもよいでしょう。こういったところが、いまの日本・日本人の行き詰まりの一つではないでしょうか。

だからこそ、「意の思考」の要の部分である自我との対話、あるいは、あるべき姿を空想し、そこから意志を引き出してくる作業を、1人1人がごく普通にできるようになればビジネスの現場はずいぶん変わるだろうと思います。

論理で割り切れない
複数の価値の葛藤問題

「Aは正しい／Bは正しくない」といったときの判断や選択は簡単です。誰もができます。しかし冒頭から見てきたように、「Aは正しい／Bも正しい」といったとき、あるいは、「Aは正しくない／Bも正しくない（が、どちらかを選ばなくてはならない）」といったときの判断は一筋縄ではいきません。

こうした2つの対立する「正しいこと（あるいは、正しくないこと）」の間で自分はどういう判断をするか、この訓練として「ジレンマ（葛藤）法」というのがよく知られています。

たとえば児童向けの「ジレンマ・ケース」として、次のようなものがあります。

『ホリーのジレンマ』
ホリーは木登りの大好きな女の子ですが、木から落ちてしまったので、彼女はお父さんにもう木登りはしないと約束をしました。あるとき、友だちの飼っている子ネコが木に登り、あまりに高いところまで上がったので降りてこられなくなりました。子どもたちはだれも子ネコのところまで登っていけません。そこで、みんなはホリーに木に登って子ネコを助けてくれるように頼みました。ホリーはお父さんとの約束を破って子ネコを助けたほうがよいでしょうか？
（R.デブリーズ／L.コールバーグ『ピアジェ理論と幼児教育の実践〈上巻〉』加藤泰彦監訳より）

ここには2つの「正しい」があります。

お父さんとの約束を守ることは正しい。同時に、子ネコを助けることも正しい。あるいは逆に考えれば、お父さんとの約束を破ることは正しくないし、子ネコを助けずに放置しておくことも正しくない。

児童たちは、この2つのとらえ方の間でどう判断してよいか悩むのです。

このケースの問題について、たとえば、「ネコを助けてあげればいい。お父さんだって、ネコの命を救った行為に対しては理解してくれるだろうから」と答えることができます。

しかしこの考え方はある意味、場当たり的です。たしかに実際そうすることで、ネコは助かるでしょうし、お父さんもほほえましく寛大に済ませてくれた、と一件落着するかもしれません。ですが、これでは何ら子どもたちのジレンマと向き合う力を育むことにはなりません。

今回はホリーの身の周りで起こった小さな出来事だったので、その答えでたまたまオーケーであるにすぎません。

このジレンマ・ケースが本質的に問うていることは、**命を救うという目的のためには約束**（広くとらえれば契約や法律）**はないがしろにされていいのか、大義があればいかなる手段も正当化されうるのか**ということです。

ジレンマ・ケースで私たちが求められることは、そこから本質的に大事な道徳的価値を抽出し、それをもとに、理想とする状態・世界を描き、その見地から自分はどうするかを判断することです。これはまさに「意の思考」が受け持つ作業になります。

そしてまた、こうしたジレンマを乗り越えて考えることは、「自我を形成し、自我を現し、自我を検証する」ことでもあります。出された答えは、その個人の在り方がいやおうなしに滲み出るものになります。

モラルジレンマは主に道徳的価値を問題にし、それは「正しいか／正しくないか」「善いか／善くないか」を自問します。
ところが、私たちが日々過ごすビジネス世界におけるジレンマには、さらに他の価値が入り込んできます。

最も強力なのは「**経済的に得になる／得にならない**」という利の価値です。

また、「**見た目が良い／見た目が良くない**」「**クールである／クールでない**」「**趣味が洗練されている／洗練されていない**」など美の価値も、ビジネスの判断には大きな影響を及ぼします。

対面する状況の中にこうした価値が複雑に混ざり合うとき、私たちは葛藤します。
一方からは「儲けることが第一だろう」という声が聞こえ、もう一方からは「儲けを犠牲にしても正しいことをせよ」という声が迫ってくる。
自分の判断する心がねじれを起こすなかで、私たちは場当たり的にではなく、ぶれずに判断するためにいったい何に依ればいいのでしょう。

そうした葛藤状況をシミュレーションするのが次のワークです。

次にあげるケース（事例）は、実際の市場で起きていることを一部取り込みながら創作したものです。
次ページからのケースを読み、後の問いについて考えてください。

① まずケースで示された状況に対し、複数視点・立場から客観的・一般論的にながめてください。
たとえば、商品開発担当者、経営者、消費者、市民などいろいろな視点に立って、各視点において
は何が優先され、何か求められるべきかを考えます。
② スキル5〈意味化〉で考えたあなたが大切にする基盤価値や動機・提供価値を思い出してみましょ
う。①で行った客観的推察と、主観的な想いをぶつけ合います。
③ あなたがこれから下そうとする判断・行動に対し、チームメンバーはついてきてくれるでしょうか。
同時に経営層を説得できるでしょうか。さらに、消費者（特に自社ブランドの固定客層）や社会全体の支
持は得られるでしょうか。そうした現実的な反応を想像してください。
④ 目的と手段に分けて、総合判断をしてください。

ワークシート6-A | モラルジレンマケース「ボックスティッシュ開発競争」

① さまざまな視点・立場から客観的・一般論的にながめる

〜からの視点では 〜としての立場では	こうすべき / すべきでない （これが正しい / 正しくない）	その理由（どんな価値を優先 させているのか）
(1) 企業人 （商品開発担当者）		
(2) 企業経営者		
(3) 消費者・ユーザー		
(4) 生活者・市民 社会全体		
(5) その他 （　　　　　）		

② 自身の信条価値を振り返り主観的に考える
スキル5〈意味化〉で考えたあなたが大切にする基
盤価値や動機・提供価値を思い出してみましょう。

③ 現実的な反応を想像する
あなたが下そうとする判断・行動に対し、チームメ
ンバーはついてきてくれるでしょうか。同時に経営
層を説得できるでしょうか。さらに、消費者（特に
自社ブランドの固定客層）や社会全体の支持は得ら
れるでしょうか。

④ 総合判断

目的
あなたが成し遂げたい
最上位の目的は……？

手段
市場シェアについての
目標設定は……？

実行方法や
アイデアは……？

ケース：
ボックスティッシュ開発競争

　あなたは製紙会社A社に勤めていて、ボックス（箱入り）ティッシュの商品開発リーダーをしています。

　A社の看板商品である『ワンダー・ソフティ』は、スーパーやドラッグストアなどでよく見かけるボックスティッシュ「5箱パック」で業界トップシェアの位置を確保しています。

　ところが、最近B社が急速に売上を伸ばし、A社を追い抜く勢いになってきました。なぜかというと、B社の低価格戦略品が消費者の支持を集め、急速にシェアを拡大しているからです。

　現在、店頭では次のような状況で2社の製品が並んでいます。

　A社品『ワンダー・ソフティ』＝5箱パック：358円（税抜）
　B社品『フェザー・タッチ』＝5箱パック：298円（税抜）

　両社の製品は外箱のデザインこそ違え、5個パックの大きさはほぼ同じ。消費者はティッシュ自体の品質に大きな差を感じていません。となれば、そこに付けられた値札の差額は、価格に敏感な昨今の消費者にとってみれば、歴然と大きなものです。「5箱パックが300円を切った！」ということで、消費者は一気にB社製品に手を伸ばしているわけです。

　しかし、ここにはからくりがあります。B社が投入してきた戦略品は、同じ「5箱パック」としながら、1箱に詰めるティッシュの枚数を減らし、かつ、紙の品質（薄さ・密度）をわずかに落とし、そこで低価格を実現させているのです。

　従来、業界では標準として、2枚を1組のティッシュとして、1箱に200組400枚を詰めていました。それをB社は、160組320枚にしたのです。1箱に何枚のティッシュが入っているかという表示は、箱の裏面に小さく表示があるだけで、多くの消費者はその点に気づかないのが現実です。つまり、実際はこういう比較数値になります（図表7-1）。

　そうこうしているうちに、B社は次の策を

図表7-1｜ボックスティッシュ比較図

【A社（自社）品】
『ワンダー・ソフティ』5箱パック

SALE!!
358円

1箱400枚入り×5箱
＝総計2000枚

1枚あたり 0.1790円

【B社品】
『フェザー・タッチ』5箱パック

エコ＆エコ！
外箱をちょっぴり
小さくして省資源

SALE!!
298円

1箱320枚入り×5箱
＝総計1600枚

1枚あたり 0.1863円（紙品質やや劣）

打ってきました。今月発売した新商品のパッケージには「エコ×エコ」とデザインされた目立つシールが貼ってあります。説明表示を読むと、「箱の高さを数ミリ小さくし、外箱に使う紙資源を少なくしました！」とあります。

さて、客観的に考えて、ほんとうに「エコ×エコ」＝経済的で省資源なのはどちらでしょうか？

たしかに店頭価格はB社品のほうが安い。しかし、ティッシュ1枚あたりで考えると、A社のほうが安いのです。しかも品質的にも上です。経済的なのはA社品です。

次に、ほんとうに省資源なのはどちらでしょうか。

B社が小さくしたという箱の高さはわずか数ミリです。その分の資源の節約は実際に効果的なものなのでしょうか。A社が調査したと

ころ、外箱を数ミリ薄くしただけでは、箱用紙、印刷インク、物流コストについて大きな節約効果は出ません。

もし、同じ総数1600枚の販売で考えるなら、「1箱320枚×5箱」より「1箱400枚×4箱」で販売するほうが、節約効果が大きいとの結果です。

結局、B社がやっていることは、1箱に400枚詰められる技術があるにもかかわらず320枚に留め、A社と見た目のボリューム感はほぼ同じにしながら、分かりにくいように中身の質と量を落とし、低価格で訴える戦術です。しかも、そこにもっともらしい社会性のある宣伝文句を加えるというしたたかさ。

こうしたB社の猛追を受けて、A社の1位陥落は時間の問題となってきました。

もちろん、A社内では盛んに議論が交わされています。「うちも枚数と品質を落とした低価格品で対抗すべきだ」という声もあれば、「業界のトップ企業として、そしてもっとも信頼される上級ブランドとして、安易に見せかけのエコ競争・低価格競争に走ってはならない。

多少の割高感が出たとしても、何がほんとうに経済的か、省資源的かを訴え、自分たちの理念を軸にした商品開発を堅持すべきだ」という声もあります。

また、ネット上の口コミサイトを探ると、ほんとうに経済的で省資源的であるのは「1箱400枚入り」のものだという意見があるもののごく一部に留まり、おおかたの口コミは、「5箱パックで298円!」だとか「無名ブランド品で198円ものが出た!」など、もっぱら安売り情報が主となっています。

問題

自社（A社）は、ボックスティッシュ5箱パック分野において、B社と同じような仕様（枚数減・品質低）で競合品を出すべきでしょうか?

それとも他の方向性・アイデアはありますか?

ワークシートを使って考えを整理し、総合判断をしてください。

私たちは「マルチロール」な存在である

このケースを考えるとき、個人の頭の中でも、そして組織内の議論においても、さまざまな視点・評価軸が出てくるでしょう。

「安さを追求した商品を出すことが消費者のためである」「シェアを取る＝数量を押さえることが事業の根幹である。シェアトップの座を奪われることは、組織の士気に影響する」「数量の論理・利益至上主義のみで進める事業は長続きしない」「地球環境を守ることは一地球市民としての義務である」「目先の競争のためにブランドイメージをゆがめてはならない」など。

こうした多様にある価値的判断軸によって、「正しいこと」はいくつも存在します。

私たちはこうした正解のない問題に対し、まず具体的な事実やデータを把握し、論理的に分析をし、客観的に対応法を考える。しかし、そうやって追いこんでいっても、切れ味よい答えがなかなか出てこない。

それは私たち個人が、「**マルチロールな**（複合的な役割を持つ）」人間だからです。

すなわち、自分がどこかの会社に勤め、何か事業を企てている場合、私たちは「一企業人」としての側面を持つ。一企業人であるかぎり、事業の拡大を狙うし、組織が永続するために利益を追求する。競合会社を蹴落とすために手段を尽くすし、より多くの消費者を取り込もうとします。

また一企業人としての自分は、行政・法律の制限、消費者団体の意見、メディアの批評、株主の圧力、取引先との関係性、地域・社会の動き、社内の目などにも囲まれている。これら外部の力と複雑にやりとりをしながらものごとを動かしていかねばなりません。

と同時に、私たちは「一人間」としても存在する。つまり家に帰れば、誰かの親であり、あるいは子であり、市民であり、地球人であり、消費者である（図表7-2）。

ボックスティッシュのケースにおいて、もしあなたが「安さで太刀打ちできる製品を出して、何が何でもトップシェアを維持すべきだ」と考えるのは、一企業人・経営者としての価値的判断でしょう。

しかし同時に、一人間としてのあなたの心の奥からはこのような声が聞こえてくるかもしれない──「資源のムダを知りながら、それを脇に置いて価格競争に明け暮れていいのか。子どもたちの世代に少しでもきれいで豊かな地球を引き渡してあげるのが、大人の責務ではないのか」と。

ここにモラルジレンマが生じます。

「組織人格」と 「個人人格」を超えて

米国の経営学者チェスター・バーナードは『経営者の役割』の中で、「組織のすべての参加者は、二重人格──組織人格と個人人格──をもつ」と記述しました。事業現場におけるモラルジレンマはこの2つの人格の間の揺れ動きにほかなりません。組織の目的を優先

図表7-2 | 「マルチロール」な個人

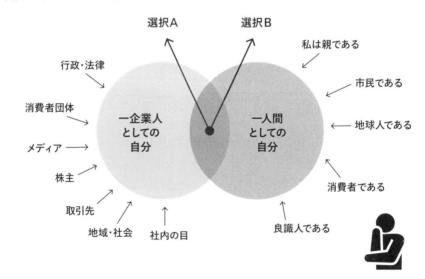

させるのか、個人の動機に根ざすのか、その力学が複雑になればなるほど私たちは悩み悶える。

では、この「組織人格」と「個人人格」の葛藤を超えて答えを出すためにどうすればよいのか。それは、**高台から現実の自分を見つめる「もう一人の自分」をつくる**ことです。

その「もう一人の自分」は、単なる客観を超えたところで、「自分は何者であるか／ありたいか」という根源的な主観を持っている存在

です。モラルジレンマに遭遇したとき、その彼（彼女）が現実の自分を導いていく。これが最良の形です（図表7-3）。

ちなみに、その自己超越的な「もう一人の自分」について、能楽の大成者である世阿弥は、『風姿花伝』のなかで「目前心後」という言葉で表しています。

世阿弥によれば、達者の舞いというのは、舞っている自分を別の視点から冷静に見つめてこそ可能になる。そのために、「目は前を見ていても、心は後ろにおいておけ」と。

図表7-3 │ 「組織人格」と「個人人格」

高台から自分を見つめるもう一人の自分をつくる＝「離見の見」（世阿弥）

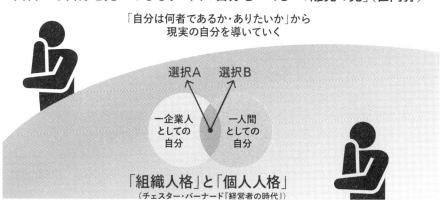

「自分は何者であるか・ありたいか」から
現実の自分を導いていく

選択A　選択B

一企業人
としての
自分

一人間
としての
自分

「組織人格」と「個人人格」
（チェスター・バーナード『経営者の時代』）

つまり、前を向いている実際の目と、後ろにつけている心の目、この両方を巧みに使いこなすことが重要であるとの教えです。また、世阿弥は同様のことを「離見の見」とも言い表しています。

もちろん、「もう一人の自分」の導いた判断が、ビジネス的成功の観点からまずい結果に終わり、一企業人としては失敗者の烙印を押されることもあるかもしれません。

が、その判断は「自分は何者であるか／ありたいか」という根源的な次元から出てきたものですから、本人に悔いはないはずです。心身へのダメージは比較的軽く済むでしょう。

むしろ恐れるべきは、「高台のもう一人の自分」をつくることができず、現実の間で、自己喪失したり、自己欺瞞に苦しんだりする日々を送ることなのです。

バーナードが著した『経営者の役割』はすでに経営の古典的教科書の1つになっているもので、1938年の刊行です。同書が経営者が直面すべき道徳性について少なからずの紙幅を割いているのは、**担当する業務が経営のレベルに上がっていけばいくほど、個人は道徳的緊張と価値観の乱立にさらされることとなり、人格の崩壊や道徳観念の破滅が起こ**るリスクが高まるからです。実際、当時から経営現場ではそれが数多く起こっていました。

昨今の職場でも、メンタルを病む人間が増えていることが社会問題化しています。実は、論理・分析ができる人間ほどそのリスクが高くなります。ものごとが客観的に見えすぎるがゆえに、自分の論理が事態収拾のためにどんどん捻じ曲げられ、破綻していくことに精神が耐えられなくなるからです。

また、企業の不正事件もあとを絶ちません。高度な専門能力をもった担当者が、巧妙な手口で組織に利益を誘い込む。その担当者は自分の中の「組織人格」が肥大化し、組織の論理・組織の都合だけで違法な手段を実行してしまう。それはもはや一市民・一良識人としての「個人人格」の制御が失われたロボットのような状態です。

私たちはマルチロールな（複合的な役割の）存在です。もし、モノロールな（単一的な役割の）存在であれば、ものごとの思考はラクになります。が、その分、判断も経験も浅いものになってしまいます。

幸いなるかな、私たちは多重的に複雑な役割を担った存在です。そのときに大事なこと

は、「自分は何者であるか／ありたいか」の主観的意志を持つことです。

　最終的に依るべきもの──それこそコンセプチュアル思考の煮詰まった先にある「意味」です。ここでいう「意味」とは、これまで本書でみてきた「信念・理念」であり、「使命的動機」であり、「提供価値」であり、「ビジョン」です。

　この「意味」が明確に定まっている人ほど、価値の葛藤が起きたときに、それを最上位にしてものごとの判断を下しやすくなります。さらには、そのうえでとった選択肢であれば結果的に好ましい状況を生まなかったとしても後悔がないでしょう。

　万人を即座に納得させるような切れ味はないかもしれない。しかし自分が信じる軸のもとに、自分の味わいを表出し、低重心でものごとをじっくり押していく。そして気づけば独自の世界観の仕事を成し遂げ、共感者を呼び寄せている──そういう答えをつくり出すために「意の思考」、すなわち、コンセプチュアル思考はあります。

モラルジレンマ追加ワーク①： 安価なエイズ治療薬

　ではここから、追加のモラルジレンマ・ワークを2つ紹介します。

　次のケースは先ほどのボックスティッシュのときよりも問題がはるかに大きくなります。一担当者というより、一経営者としての判断が求められます。

ケース： 安価なエイズ治療薬

　あなたはインドの製薬企業P社の社長です。P社は国内大手の規模で、技術力もあります。いま社内で大きな事業案件が持ち上がっています。欧米の製薬企業が開発し販売しているエイズ治療薬を技術部門が解析研究した結果、同等の成分・効果のものを自社で製造できる見通しがついたというのです。

　インドでは、医薬品に対する特許法が少し特異で、製造された薬そのものは特許で保護されず、その製造方法についてのみ特許が認められることになっています。つまり、この法律のもとでは、欧米の開発企業に特許使用料を支払うことなく独自に製造した（いわばコピーの）エイズ治療薬を販売できるということです。

　欧米の開発企業が販売するエイズ治療薬の価格は、患者1人に対し、年間1万～1万5000ドル。それをP社は350～600ドルで提供しようと計画しています。

　エイズ患者（HIV感染者含む）は全世界に3000万人を超え、その大半を占めるアフリカ諸国や南アジア地域などでは、高額の薬代のために治療がほとんど進んでいません。イン

ド自身も国内に数百万人の患者を抱えています。

安価なエイズ治療薬を求める声は切実で大きい。世界的な非営利団体である「国境なき医師団」は、こうした特許使用料を免除された価格破壊的に安いエイズ治療薬が出れば、それを大量に購入したいとの意向を示しています。エイズ患者を多く抱える発展途上国も同様の意向です。

もしこの価格で製品が出れば、P社への需要は高まり、P社は世界最大のエイズ治療薬メーカーとなるでしょう。ただ、P社としては、この案件を人道的および公衆衛生を維持する目的からの事業とし、提供先は発展途上国かつ特許使用料免除が許される国に限定することを前提にしています。

しかし、こうした動きを察知して開発企業も黙ってはいません。「彼ら（P社）は、われわれが支払った多大な開発費・開発時間を免れて、利益だけを横領しようとしている。こんなことが許されるなら、誰もリスクを負って新しいものを創造しなくなるだろう。これは一つの薬をめぐる問題ではない。人間の創造性への意欲を失わせるかどうかの問題だ」と。

□問1
あなたはこの案件に関し、どう意思決定しますか？　つまり、特許使用料を支払わず安価なエイズ治療薬を独自に製造販売しますか、しませんか？　その理由も加えてください。

□問2
逆に、もしあなたが欧米の開発企業側の経営者であったなら、P社が特許使用料を支払わずに製造販売することに対し、どう考えますか？

□問3
もしこのケースがエイズ治療薬ではなく、『バイアグラ』のようなED（勃起不全）治療薬だったり、増毛薬だったりした場合はどうでしょう。問1で回答した意思決定とは違ってきますか？

「多数の命を救う」vs 「創造者の権利を守る」

このケースは、実在するインドの製薬会社における1990年時点の事例を参考にしながら教材向けに創作したものです。実際の状況はもっと複雑多岐にわたっており、またその後、数々の国際的なルール調停によって上の状況は変化しつつありますが、ジレンマが生じている構図はさほど変わっていません。

ここにもさまざまな正義が存在します。
「安価な治療薬で貧困国の患者を救うことは正しい」「リスクを負って創造をした者は正当に報われなければならない」「企業家としてみずからの組織を拡大させ、多くの雇用を創出することはよいことである」など。

そして、状況を見る目というのは立場が変わると当然違ってきます。

P社の経営者なら「創造した者が開発費を回収しようとするのはいい。しかし、この薬に1万ドル以上の値をつけるのは正当な報いの範囲を超えている。彼らは企業の社会的責任をまったく考えていない。エイズ治療薬はもは

や公共財なのだ」と主張するでしょう。

他方、開発企業の経営者にとっては「貧困国の患者を救うという人道的目的は表向きの看板に過ぎない。今後もP社は特許使用料を免れる形で他の分野のコピー薬にも手を広げるにちがいない」という不信感もあるでしょう。実際、P社は結果的にエイズ治療薬だけでなく、その後ED治療薬や発毛剤も商品化しました。

「正しいこと」はもはや相対的であり、あいまいです。さらには「正しいこと」を行おうとする者の心もあいまいです。その人間が抱く動機のどこまでが正義や善目的で、どこまでが野心や偽善なのかは、本人も他人も確固たる基準で評価することができません。

また、ビジネスにおいては、その根本的性質の一つが「戦い・競争」であることから、相手を蹴落とすために「手を汚さずに生き残ることなど不可能」「100％善で儲けることは夢物語である。せいぜいできることは、悪を少なくして儲けること」といった観念が支配的になります。

だからこそ、最終的に道を切り開いていくのは、**多くの矛盾や非合理、あいまいさを受**

容しつつ、「自分は何者であるか／ありたいか」という主観的意志なのです。

　ちなみに、「プロフェッショナル（professional）」の原義は「profess＝神に誓う」にあります。

　古代ギリシャで医学の父と呼ばれたヒポクラテスは、医師としてどうありたいか、どうあらねばならないかを明文化しました。これが世に言う『ヒポクラテスの誓い』です。それ以降、倫理・道徳を社会に宣誓し、主観的意志によって独自の道を進む職業人がプロフェッショナルの源流となりました。

　さて、あなたはこのケースに対し、何を問題の本質として抽出し、どんな世界・どんな事業・どんな会社を理想としてイメージし、主観的意志を持った答えを出すでしょうか。いったい誰のための治療薬なのでしょうか──？

モラルジレンマ追加ワーク②：
缶詰工場にて

　もう1つケースを紹介します。これは自分の仕事生活・人生を直撃する題材です。生きていくこと自体が脅かされようとする状況のなかで、どう判断するかといった問いになります。

ケース：缶詰工場にて

　あなたは父親が創業した水産加工品の缶詰工場K社を引き継ぎ、経営しています。

　かつては、小規模ながら自社で魚類の生鮮材料を仕入れ、加工し、缶詰にして出荷していました。が、時代とともに、零細会社は大手水産加工メーカーのバリューチェーンの中に組み込まれ、K社はいまでは生鮮材料の加工と缶詰め工程だけを行うようになりました。

　生鮮材料である魚は、大手メーカーの本部が一括して買い取ったものがK社に入ってきます。加工方法、味付けの調合もすべて大手メーカー本部から指定されるマニュアルに従う仕組みです。そして加工品の缶詰めを行い、支給されたラベルを貼り、大手メーカーの倉庫に向けて出荷する。K社はただ、それだけに特化した会社になったのです。

　しかし業績的には、その大手の下請け加工会社になったおかげで、安定的な成長が続き、従業員も100人近くになった。父親の代から比べれば3倍の規模に拡大しました。

　K社が加工する主力商品は「ウナギの蒲焼」缶詰。「国産ウナギ使用」というのが一つ

の売り文句で、支給されるラベルにもそれが目立つよう表示されています。

しかしあなたは、ある時期から大手メーカーから入ってくる材料の生鮮ウナギの変化を感じ取っていました。時期を同じくして、大手メーカー本部から、「身をよりふっくら仕上げるための調理技術」との説明で、加工処理の新たな工程がいくつか加えられました。

あなたにとっても、ましてや現場の加工従業員にとっても、以前よりウナギの質が低下しているのは明らかでした。が、本部から指示された新しい調理技術で缶詰された状態では、差がわからないほどにはなっていました。

やがて、あるところから、あなたはそのウナギが外国産である確証を得ます。しかし、あなたは事の成り行きを見過ごすしかありませんでした。自社は、直接的に偽装に関わっていないからです。大手メーカー本部が仕入れた材料を加工し、大手メーカーの倉庫に納入する仕事を請け負っているにすぎないのです。

偽装への疑念は、当然職場全体に広がっていきました。そしてとうとう、工場長があなたのもとにやってきました。従業員の誰かが、偽装の疑いのあることを外部に漏らすかもしれないとの助言でした。あなたは深く悩んだ末に、大手メーカーの担当者とその件で話をしました。先方の反応はこうでした――。

● 調達しているウナギはあくまで国内産である（との口頭での返答）
● 今後、取引をするもしないもK社の意思に任せる

それは無言の圧力にも思えました。大手メーカーの枠組みからはずれて単独で事業をやっていくことは、不可能なことに思えます。100人にもなった従業員を雇用し続けることはできないでしょう。

□問1

あなたはK社の社長として、この状況でどういう判断をしますか？

□問2

もしあなたがK社の社長ではなく、K社の一従業員だったとして、この偽装事実を知ったら、どう考え、どう行動するでしょう？

「観念的」に答えが出せても
「現実的」に行動できるか

このケースは、雪印食品による牛肉偽装を西宮冷蔵が告発した事件（2002年）を模したものです。大企業の下請けとして存続する小規模会社が、大企業の不正事実を知り、いやおうなしに巻き込まれていくときに、小規模会社の経営者はどうするかという設定です。

このケースの問1は"観念的"には、答えが明らかなように思えます。すなわち、「大手メーカーの不正をあばくべき」です。

1つ前のケースでやった製薬メーカーP社の場合は、少なくとも、発展途上国の多くの人間を救えるからという「大義」がありましたし、社会もある部分、その大義を支持する可能性がありました。

しかし、今回のK社のケースにはそうした「大義」がない。もちろん100人の従業員の雇用を守りたい、自分自身の家庭を守りたいという経営者の大義はありますが、それはある種の自己保身であり、社会一般からは、同情こそ受けたとしても、積極的支持までは受けられないでしょう。

ですから、ここは「勇気」だけの問題になります。勇気を持って、大手メーカーに進言をし、不正をやめさせるようはたらきかけるか、勇気を持って、大手メーカーから離れ、独立して一から事業をやりなおすか、です。

そのとき、確率的にはきわめて低いでしょうが、大手メーカーが改心をし、みずからの非を世間に公表して、K社とともに再出発することがあるかもしれない。

しかし現実としては、たいてい不正が何らかの形で公になり、大手メーカーも大打撃を受け、K社はつぶれてしまうか、瀕死の重傷から再起を図ることになるでしょう。

ただ、再起を図るときに不正をきちんと糺したのかどうかは、大きな分かれ目になる。だから、答えは「大手メーカーの不正をあばくべき」なのです。

しかし、観念的には誰しも不正をあばくべきだと考えますが、現実的に、勇気を持って不正をあばけるかどうかは、ほんとうに我が身になってみないとわかりません。

人間は弱いものですから、不正と知りながら、ついつい流れに身を任せてしまうことは往々にして起こるものです。

実際はどうだったかと言うと、西宮冷蔵の社長は雪印食品という大顧客の不正を勇気を持って告発しました。それは一人間としての信念がそうさせたのでした。

しかし、その後の会社再建は血の滲むような死闘となりました。

「知の俯瞰」と「情の慮り」を踏まえ「肚を据える」

ちなみに、この手の問題の根本解決は、むしろ予防にこそあったのかもしれません。

そもそもK社の経営として、事業のリスク分散という基本が忘れられていたことが問題の始まりだったように思います。

K社は売上のほとんどを大手メーカー1社に依存する状況となっていた。つまり、手持ちの卵を1つのカゴに全部盛っていたのです。

そのため、大手メーカーが産地偽装という不正をした時点で、すでにK社は存続の危機ランプが点灯したといえます。

ふだんから取引先を1社に集中せず、分散して持っておく経営が必要でした。

いずれにせよ、こうした自分の会社も、生活も、家庭も、人生もすべてが失われるような事態に遭遇したとき、何が思考の羅針盤となるのでしょうか。

それはおそらく論理ではなく、客観でもないでしょう。損か得かといった経済合理性でもない。損得の計算はすべきですが、それのみの尺度で判断してしまうと、のちのちに後悔を生むことになるでしょう。

結局は、知による俯瞰と、情による慮りを含んだ上で、意による「自分は何者であるか／ありたいか」から逆算して判断するしかないのでしょう。

自分が肚を据えられる理念・信念から導き出した一つの判断のあとに状況が生まれ、次の判断をする。そして次の状況が生まれ、判断をする。そしてその次の状況が生まれ……と、「自我を形成し、自我を現し、自我を検証する」ように進んでいくことで、自分にとっての最善の道が得られるのではないでしょうか。

そしてまた、そうした理念や信念に引かれて集まってきた協力者こそ真の仲間・同志ということにもなるでしょう。

主観的意志のない討議
〜正解を当てにいく・情緒に漂う

　私はこのようなモラルジレンマのケースを企業内研修で何度もやっていますが、受講者のディスカッションを観察していると、ある部分、どうしても答えが深まっていかない2つの傾向があります。

　1つは「アタマで正解を当てにいく」傾向、そしてもう1つは「情緒的な意見で表層にとどまる」傾向です。

　1つめの「アタマで正解を当てにいく」傾向というのは、何かこれには合理的・戦略的に正しい答えがあるものとして、これまでに知識として習ってきた経営学修士課程的なセオリーやフレームワークを駆使して、論理矛盾のない"優秀な答え"を作成しようとする姿勢です。

　そこでは、分析フォーマットの空欄にキレイな答えを埋めることが作業の目的となってしまい、結果的に出されたものはこぢんまりとしていて、行間からほとばしる意志の力のようなものが感じられません。

　2つめの「情緒的な意見で表層にとどまる」傾向は、ただただ、「地球環境の保護は大事だ」「1日に数多くの子どもたちがエイズで死んでいくことは悲しい」「理不尽な発注元を懲らしめればいい」といったように感情が前面に出て、原理原則だけが短絡的に行き交って議論が表層で漂うことです。

　コンセプチュアル思考がモラルジレンマのケースを通して求めたい主観的意志の答えというのは、論理・客観を踏まえ、そこを超えたところにつくり出す主観であり、情緒的な意見を超えたところで肚に据える意志です。

　複数の利害や政治的力学が複雑に交錯し、理不尽が横行し、苦悶の状況を乗り越える力は結局のところ主観的意志です。

　日本のビジネス現場の討議には、ときに鋭い分析や批評はありますが、状況をブレークスルーできる主観が起きません。あるいは、ときに情ばかりに流されて、人をリードする意志がどこからも湧いてきません。

　その観点から、こうしたモラルジレンマの演習で何がよい答えか、何がよい討議かと言えば、確固たる基軸のもとに知情意を深く統合して、強く独自の意志をつくりあげることができているかどうかです。

「知・情・意」の大きな融合
独自の世界観を生み出す思考のダイナミズム

「改良・改善のイノベーション」と
「革命のイノベーション」

　日本人の民族コンピテンシーの1つとして、きめ細かな感覚と手先の器用さ、そして他を模範とし自分流にアレンジすることがあげられます。ある基本形や枠組みが示されれば、そこからどんどん改良・改善を加えていく、そしていつしか、その分野の世界で最もていねいなものづくり・サービスづくりをやる、それが今日の日本経済の足腰をつくったとも言えます。

　しかし、そうやって先行する模範を追いかけていく間はよかったのですが、いざ自分たちが最前線に立ってみると動きは鈍ります。そうこうするうちに、他のところが今までとはまったく異なる基本形や枠組みを創出します。それはこれまでの秩序を打ち破るもので、日本人は慌ててまた、その新しい模範の研究をし、追いかけることになります……。

　既存の枠組みのもとで、不断に改良・改善を行うことはとても大事なことです。しかしこれはもはや日本だけのお家芸というより、どこの国も、どこの企業も当然やること・最低限

やることになりつつあります。そのため、先行品にキャッチアップする力は、どこも大きな差がなくなってきているのが現状です。

　むしろ今日の問題は、改良・改善だけに満足しているとリスクが高まるということです（図表7-4）。

　それは、**既存の枠組みを破壊する革命的な製品・サービスが現れ、それまで積み上げてきた事業上の優位性が瞬く間に消失すること**がごく普通に起こるようになったからです。市場に非連続的変化が起こり、パラダイムが変わります（**図表7-5**）。

　タイプライター機の「オリベッティ」や銀塩写真フィルムの「コダック」に代表されるように、いわゆる「イノベーションのジレンマ」によってトップブランドが市場から消えていく例はこれからも出てくるでしょう。

　新しいパラダイムをつくり出し覇権を取る企業は、「在り方」を変えます。枠を破るコンセプトを起こします。先導的なビジョンを描きます。独自の事業哲学・世界観・目的観を持ちます。そして、これらを具現化するために手段として技術を磨き、駆使します（**図表7-6**）。この「手段としての技術」というのが留意すべき点です。

日本人は手先が器用なだけに、技術向上がすぐ目的化します。それが悪いことではありませんが、こだわった技術はたいてい小さなアイデアと結びつくだけで、できあがる製品はいつもこぢんまりまとまったものになります。「イノベーション」という概念が輸入された当初、日本ではこれを「技術革新」と訳しました。いかにも技術信仰の国のとらえ方で、これは狭く閉じた発想の訳語です。

イノベーションが、新しい結合あるいは新しいとらえ方によって新しい価値や枠組みを生み出す大きな概念であることは本書で何度も触れてきました。

本来のイノベーションの意味のもとでは、技術は重要な要素ではあるものの、決定的な要素ではありません。ほんとうに大きなイノベーションは、大きな概念と大きな技術が結びついたときに起こります。

大きな概念が大きな技術を従える場合もあるでしょうし、大きな技術が大きな概念を呼び起こす場合もあるでしょう。いずれにせよ、日本人はそうした大きなダイナミズムを起こすことが苦手だと言われています。

図表7-4｜改良・改善のイノベーション

しかし、「改良・改善」だけで満足しているとリスクもふくらんでくる……

イノベーションのジレンマによってトップシェア企業が衰退した事例は数々ある

「改良・改善」やるのはもはや当然・最低限のことになりつつある。

事業の進化

学習効果

改良・改善

改良・改善

時間・時代

図表7-5｜革命のイノベーション

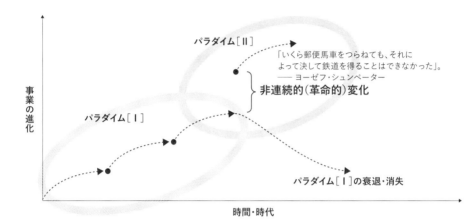

事業の進化

パラダイム[Ⅱ]

「いくら郵便馬車をつらねても、それに
よって決して鉄道を得ることはできなかった」。
── ヨーゼフ・シュンペーター

非連続的（革命的）変化

パラダイム[Ⅰ]

パラダイム[Ⅰ]の衰退・消失

時間・時代

図表7-6｜革命のイノベーションの「在り方」次元の変化

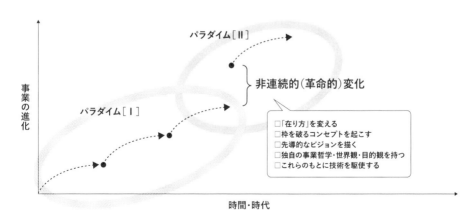

事業の進化

パラダイム[Ⅱ]

非連続的（革命的）変化

パラダイム[Ⅰ]

□「在り方」を変える
□枠を破るコンセプトを起こす
□先導的なビジョンを描く
□独自の事業哲学・世界観・目的観を持つ
□これらのもとに技術を駆使する

時間・時代

「意志を宣言するアップル」vs 「性能説明をする日本メーカー」

そんなようなことが如実に表れたのが2011年春の携帯端末機商戦です。1つの教訓として振り返ってみましょう。

その春、アップルは『iPhone4』の広告を展開していました。宣伝のためのポスターやリーフレット、ウェブページには次のようなコピーが載っています──「すべてを変えていきます。もう一度。」「見たこともない、電話のかけ方を。」「マルチタスキングとは、こうあるべきです。」。

一方、日本の端末機メーカーの宣伝コピーはどうだったか。「最薄部8.7mmのエレガントデザインと磨きぬかれた映像美の世界。」(ソニー・エリクソン・モバイルコミュニケーションズ『Xperia arc SO-01C』)、「トリプルタフネスケータイ 耐衝撃構造×防水×防塵」(NECカシオモバイルコミュニケーションズ『N-03C』)、「ボタンが押しやすい10.4mmスリムケータイ」(パナソニック モバイルコミュニケーションズ『P-01C』)、「バカラのきらめき、歓びのかたち。」(シャープ『SH-09C』)。

図表7-7｜携帯端末機における広告表現の違い

この違いは何なのか？

日本の端末機メーカーの広告コピー		アップル『iPhone4』の広告コピー
・「最薄部8.7mmのエレガントデザインと 磨きぬかれた映像美の世界。」 （ソニー・エリクソン『Xperia arc』） ・「トリプルタフネスケータイ 〜耐衝撃・防水／防塵構造」（NEC『N-03C』） ・「ボタンが押しやすい約10.4mmスリムケータイ」 （パナソニック『P-01C』） ・「バカラのきらめき、歓びのかたち。」 （シャープ『SH-09C』）	VS	・「すべてを変えていきます、もう一度。」 ・「見たこともない電話のかけ方を。」 ・「マルチタスキングとはこうあるべきです。」
↓ 他社と比べて 「機能」の優位性を説明している		↓ 自分たちが考える あるべき「スタイル」を提案している

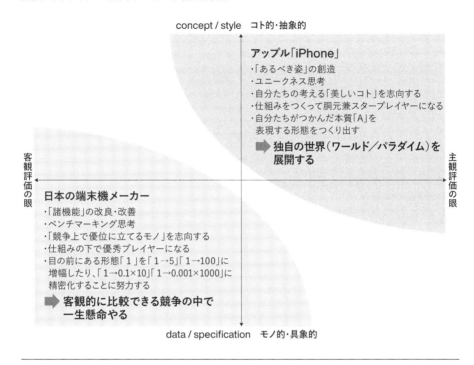

　アップルと日本メーカー勢とでは、明らかに商品の訴え方に違いがある（図表7-7）。この違いは何なのか？　そしてこの違いはどこから生じているのでしょうか？

　アップルは自分たちが考える携帯端末機の「あるべき姿」を提示し、主観的な意志を宣言しているように見えます。

　一方、日本メーカーはハード的な性能優位を謳うばかりです。それは客観的で説明的な言葉です。

　図表G-8に示したように、アップルはコンセプトやスタイルといった「コト的」なものを創造することを志向し、抽象的な次元から主観評価の眼をもって商品づくりをしています。

　ちなみにここで言う「コト」とは、商品の差異化手法としてよく用いられる記号論的な付加価値（たとえば、ある商品に伝説的な物語を付与することによりステータス性を醸し出すことができる）のような情緒的要素としてのコトではなく、もっと「根っこにある何か大きな事柄」という意味で用いています。

一方、日本メーカーはこぞって、データやスペック（仕様・性能）といった「モノ的」な出来栄えにこだわり、具体的な次元から客観評価の眼で商品づくりをしている。

この両者の違いを見て、それが単にコトからのアプローチとモノからのアプローチの違いであると片付けるわけにはいきません。要は「本質」をつかまえているかどうかの問題です。

結論から言ってしまえば、アップルは抽象次元と具体次元を大きく行き来し、彼らなりの本質をつかみ、自分たちが信じる姿の商品を創造したのです。

日本メーカーは本質をつかまないまま、ただ単にモノ的な性能優位性に頼った"わかりやすさ"だけで事業を進めていたといえます。それは一時期先行したノキア社やモトローラ社の端末機を追い落とすには有効でしたが、結果的には、スマートフォン市場のパラダイム移行にはついていけませんでした。「ガラケー」という言葉が示すように、ガラパゴス化した極東の島国市場で、かろうじて生き残るのが精一杯でした。

図表7-9｜どこにまなざしを向けるか

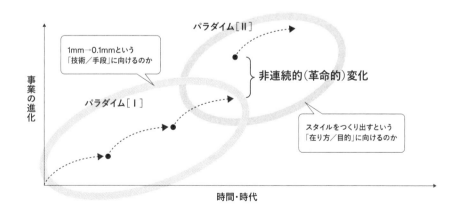

この2011年前後に起こった携帯端末機市場のパラダイム変化において、言い方を変えれば、アップルと日本メーカーとではまなざしの向ける先が異なっていたのでしょう。アップルは、スタイルをつくり出すという「在り方／目的」にまなざしを向けていました。ところが、日本メーカーは1mmのモノを0.1mmに薄くするという「技術／手段」に向けていたのではないでしょうか。その差こそ、「新しい枠組みの創造者」と「既存の枠組みの中の優秀者」を分かつ分岐点となりました（図表7-9）。

本質〈essence〉と形態〈form〉

さてここで再度、「本質〈essence〉」と「形態〈form〉」という言葉を使って、さらに理解を深めたいと思います。

アップル『iPhone』のこれまでの成功は、アップルみずからがとらえた本質的なものを基軸として、それを巧みに形態（携帯端末機のハードやソフト、そしてビジネスモデルといった目に見えるもの）に落としたことにあります。つまり「essence→form」の流れです。

もちろんアップルとて、最初から本質が明快にわかっていたわけではありません。プロトタイプ（試作品）というモノを何度も何度も起こし、仮説として抱いた本質を研ぎ澄ましていくという「form→essence」の流れも同時に起こしていきます。そのような「essence → form/inside-out（内から外へ）」を主導的プロセスとしながら、本質と形態を強く往復する運動が特徴です。

さて、伝統的に優れたモノづくりをする日本人の思考はどうでしょう。それは本来的には「form → essence/outside-in（外から内へ）」を主導とした往復運動と言えます。
「神は細部に宿る」を体現した伝統工芸品、あるいは茶道や華道、柔道、剣道、能、歌舞伎など「型」を究めて本質にたどりつく修業などはその典型です。日本人は古来、外側の形から内側の本質へ迫っていく思考運動を高度にやれる民族なのです。

しかし問題は昨今の日本の工業製品がどうかです。携帯端末機市場を例に取れば、日本メーカーはやはり「form」から入っています。しかし、そこから「form」を究め、「essence」の次元に上がっているでしょうか……。

残念ながら「form」の次元に拘泥し、相対

図表7-10 ｜ 「本質」と「形態」からの考察

アップル『iPhone』は
①本質と形態の往復をやっている。
どちらかというと「essence →form」
つまり「inside-out」が主導的プロセス。

日本古来の優れたものづくりや修行は
①本質と形態の往復をやっている。
どちらかというと「form → essence」
つまり「outside-in」が主導的プロセス。

日本の携帯端末機メーカーは
②形態次元でとどまっている
「form → form」
つまり「outside-out」の動きに
なってしまっていないか。

的競争を繰り返すだけではなかったでしょうか。つまり、「form→form/outside-out」の運動にとどまってしまったのでした（図表7-10）。

大きなイノベーションを呼ぶ思考は技術中心ではなく人間中心

このように、本質をとらえ、それを具現化する思考というのは、抽象次元と具体次元とを大きく行き来する運動によってなされます。アップルはそのようなダイナミックな思考過程から、デジタル機器・デジタルライフのあるべ

き姿や体験価値・体験世界を考え、コンセプトを起こし、『iTunes』によるビジネスモデルを創出し、『iPod』をはじめ『iPhone』や『iPad』といった製品群を生み出しました。

製品・サービスの「在り方」を起点とし、そこにさらにみずからの事業の「在り方」を融合させ、ある一貫した世界観を醸し出すことに成功しています。そしてその世界観にユーザーも引き寄せられていきました。

大きなイノベーションを呼ぶ思考は、技術中心ではなく、人間中心です。人間中心であるとは、あいまいで不明瞭で、ときに揺らぎ、と

きに執着するような人間の想いや欲求の核にあるものをとらえ、そこから製品・サービスづくりを始めることです。そして、「お客様、あなたの欲しかったものはこういったものではなかったですか?」と言って形にして差し出す。そのために技術を使う。しかしそのとき、安易にユーザーにすり寄り、妥協したものをつくるのではなく、みずからの主観意志のもとに半歩先のものを提案していく、そんな考え方に立つのが真に優れたイノベーターと言えます。

たしかに、消費者から日々寄せられる具体的な声を分析し、商品開発に役立てることは欠かせません。しかしそれら客観的分析アプローチから可能になるのは改良や改善であって、革命的な商品の創出ではありません。なぜなら消費者は目の前にある商品については、不満や不具合を具体的に語れますが、いまだ体験せぬ夢の商品、ましてや事業の在り方に関してはうまく語れないからです。本書まえがきでも書いたように、消費者の声分析はクルマのバックミラーのようなもので、後ろはよく見せてくれるけれど、決して前の景色を見せてくれるわけではないのです。

だからこそ、消費者の声を超えて、つくり手こそが大胆に主観的な直観で仮説を立て、あ

いまいさの中へ深く入り込んでいかねばなりません。そしてそれを形にして、しつこくお客様に差し出すことを繰り返す。その過程で主観的・直観的に持っていた仮説は確信的な本質となり、既存の枠を破るイノベーティブな何かが見えはじめます。アップルはそれをやっているのです。

「品質はいいけど面白みがない」製品

他方、日本メーカー勢はそれに比べ、残念ながら思考が「form」の次元で硬直し、縮こまっています。「essence」が潜むあいまいさの次元に思考を切り込むことなく、モノを見つめて細かに修正したり調整したりすることにもっぱら手をかけます。主観意志をもって洞察の光を入れるのが怖いのかもしれません。あるいは、モノをていねいにつくることの成功体験に依っているのかもしれません。いずれにせよ、そこから出てくる製品や広告メッセージはどれもハード的な性能を謳うだけになってしまう。

昨今の一般消費財の開発・製造現場は、スピード化と生産効率化のプレッシャーが過酷

です。システマチックに大量にモノづくりを行う大きな組織の製造業であればあるほど、アイデア出しから技術検討、コスト検討、意思決定などにかかわる思考作業をできるだけ効率化させたいという誘惑にかられます。そのため思考の過程は分業化され、多数決が用いられ、計画が立てられ、数値目標に向かって直線的になる。「次の製品は現行より何ミリ薄くできます」「他社より安く商品化できそうです」──そういった「form」の次元でモノづくりを考えるほうが、多くの関係者がわかりやすいし、社内承認も得やすい。モノの薄い厚い、コストの安い高いは、万人に客観的明瞭であるがために、組織を動かすにはラクなのです。しかしその思考は、言うなれば「安易な迎合の思考」です。

物的なわかりやすさで済ませようとする思考の場合、**図表7-11**の下に描いたように、着想と試作の往復運動はどことなく機械的に硬直化してしまいます。そこからは突拍子もなく独創的であるとか、パラダイムを変えるようなエポックメーキングなものが出づらくなります。「品質はいいけど、面白みがないね」と言われる日本の製品の多くはこの回路にはまっているともいえます。

アップルが大組織にもかかわらずその硬直化を免れてきたのは、故人となってしまったスティーブ・ジョブズ氏の人柄と、彼の夢想から降ってくる無理難題に技術陣が試作で応えようとする強靭さもありました。

事業概念を「在り方」
次元にシフトさせる

本書スキル5〈意味化〉の箇所で触れた「目的と手段」のフレームを使って結論的に言うなら、アップルと日本メーカーの違いは事業の目的目線、すなわち事業意志の置き所のレベルにあるといえます。

図表7-12に示したように、日本メーカーの目的目線は「form／処し方」次元にあり、1mm→0.1mmによる差異化品づくりを目指しています。ところがアップルの目的目線は「essence／在り方」次元にあり、携帯情報端末機が実現する新しいライフスタイルの創造を目指しています。その高さの目線においては、日本メーカーが目的とする「薄さを何ミリにして他社製品に勝つ」とか「コストを何％下げて業界シェア何位を保持する」といった外形的な目標は手段に置かれます。

抽象と具体の2次元を往復する大きな思考運動

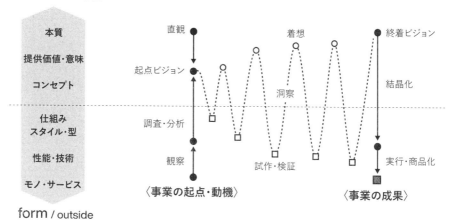

具体次元にとどまる小さな思考運動

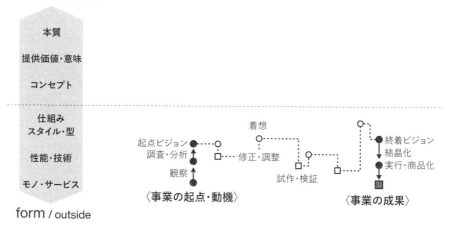

以上、2011年の携帯情報端末機の市場から私たちは何を引き出すことができるでしょうか──コンセプチュアル思考の観点からすると、それはみずからの製品・サービス・事業に新しい概念の光を当てて、目的を「在り方」の次元に上げよということです。

モノやサービスが「form／処し方」すなわち具体次元でコモディティ化するなか、そこから抜け出る道は同じ次元で競争を繰り返すことではありません。事業の概念を変え、新しい次元で世界を起こすことです。実際、目的の目線を上げて、みずからの存在を「essence

／在り方」という抽象次元にシフトする動きが広がっています。

人材紹介から「マッチング事業」へ

リクルートはかつて単なる営業力一本槍で突き進む人材紹介会社でした。業界で圧倒的シェアNo.1を固持するという数値目標が事業の目的としてあり、それが良くも悪くも同社のアイデンティティを形成していました。

それがいまでは、事業の目線を上げて、「マッチング」の事業を行う存在へと生まれ変

図表7-12 ｜ **「目的目線＝意志の置き所」がどのレベルにあるか**

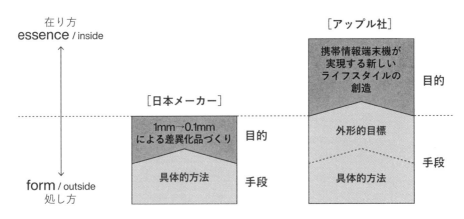

わりつつあります。

同社は「まだ、ここにない、出会い。」という
ミッションフレーズを掲げ、一方に個人を束
ね、もう一方に企業を束ね、個人と企業をつ
なぐ支援をすることに事業概念の転換を行っ
たのです。その目的のもとでは、人材紹介事
業（「リクナビ」「リクルートエージェント」など）や、理容
店・飲食店支援事業（「ホットペッパー」など）は手
段になります（図表7-13）。

通信教育から
「よりよく生きる支援」へ

また福武書店は、かつては学生向け通信
教育『進研ゼミ』で市場シェア1位を狙い、維
持することを目的にする会社でした。1970〜
80年代、この市場で先行し君臨していたのは
『科学』と『学習』という強力な商品を展開し
ていた学習研究社（現学研ホールディングス）でし
たから、後発の福武書店は何としても規模を
拡大し、市場の覇権を取りたかったのです。そ
して「赤ペン先生」の添削指導サービスを武
器に躍進し、その後業界最大手に登りつめる
ことができました。

そこで同社は目的目線を上げます。「人がよ

りよく生きるための支援サービス会社になり
たい」と。そしてラテン語の「bene（よく）＋
esse（生きる）」を組み合わせ、ベネッセコーポ
レーションとして生まれ変わるわけです。

いまではその目的のもとに、通信教育事業
はじめ、育児支援事業や介護施設事業を手
段として手がけています。

健康の測定から
「健康をつくる」事業へ

タニタも「処し方」次元から「在り方」次元
へと事業概念をシフトした企業の1つです。

同社は長らく、ヘルスメーター（体重計）の製
造で他社と機能やシェアを争う会社でした。
その次元においては、そこを勝ち抜くという
のが事業目的としてありました。

しかし近年はそのフェーズを越え、みずか
らの事業のとらえ方を「単なるハードウエア
メーカー」から“はかる”を通して人びとの健
康をつくる会社」へと変えていったのです。

タニタは「在り方」の次元で目的を持ったこ
とにより、健康器具のデジタル化をどうするか、
「タニタ食堂」などの食品・食堂事業をどうす
るかが、1つの基軸のもとで力強く一貫して行
える企業になりました。

図表7-13 ｜ 事業概念を「在り方」次元にシフトさせる

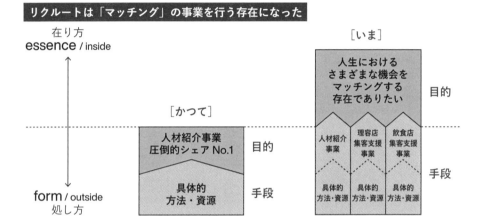

リクルートは「マッチング」の事業を行う存在になった

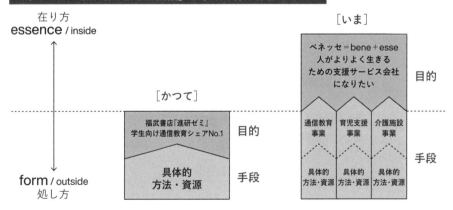

ベネッセは「よりよく生きる支援」の事業を行う存在になった

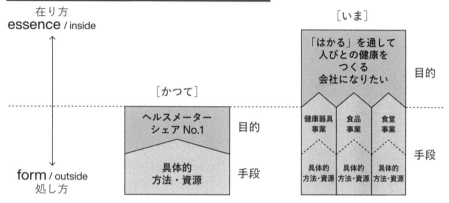

タニタは「健康をつくる」事業を行う存在になった

在り方
essence / inside

［いま］

「はかる」を通して
人びとの健康を
つくる
会社になりたい

目的

［かつて］

ヘルスメーター
シェア No.1

目的

健康器具
事業

食品
事業

食堂
事業

具体的
方法・資源

手段

手段

具体的
方法・資源

具体的
方法・資源

具体的
方法・資源

form / outside
処し方

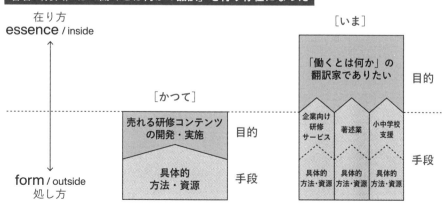

著者（村山）は「働くとは何かの翻訳」を行う存在になった

在り方
essence / inside

［いま］

「働くとは何か」の
翻訳家でありたい

目的

［かつて］

売れる研修コンテンツ
の開発・実施

目的

企業向け
研修
サービス

著述業

小中学校
支援

具体的
方法・資源

手段

手段

具体的
方法・資源

具体的
方法・資源

具体的
方法・資源

form / outside
処し方

目的を「在り方」次元で定めると手段は独自性を増す

ちなみに、こうした目的目線のシフトアップは企業組織のみならず、個人事業あるいは個人のキャリアも同様です。

たとえば、私は個人事業主として研修事業を行い、すでに18年が経ちました。独立当初は事業目線が「売れる研修コンテンツの開発・実施」であり、大手の競合会社に対しどう差異化してアピールし、存続していくかが目的となっていました。

しかし、そうした「処し方」次元での差異化を考えれば考えるほど、大手と同じ土俵に引き込まれ、結局、安さとか小回りの利き具合とかの競争となり消耗戦になるのでした。

そこであるときから私は、自分は何の価値を売る職業人でありたいのかという目線で考えるようになりました。自問していくうちに出てきた答えが、「働くとは何かの翻訳家でありたい」という自己定義です。

そこを基軸にしたときから、他との競争から解放され、コンテンツづくりがガラリと変わりました。目的観・世界観を同じくするお客様が少数ですが安定的に現れるようになり、自然と研修事業が回るようになったのです。

さらには「在り方」次元で目的が定まると、その手段となる著述の仕事にも明確な方向性が出てきます。

本書のような出版企画を考えるときも、書店に並ぶヒット本をながめてどんなテーマで書こうとか、マーケティング上こうだからこれを書こうとかの発想ではないために、独自性のある切り口が生まれます。

また、目的成就のための活動アイデアも豊かに湧いてきます。小中学校のキャリア授業支援を行うようになったのもその流れです。

個人のキャリアにおいて「処し方」次元で、稼がなきゃ、競争に勝たなきゃ、能力をつけなきゃ、というのが目的化すると、視野や発想が狭まり、行き詰まり、ストレスも増大します。

そんなときはいったん目線を上げて、「在り方」の次元で目的を抱き、そこから手段や方法を見晴らすことです。すると採るべき選択肢が、これまで意識しなかった文脈からすーっと見えてきます。そうなればしめたもので、キャリアがダイナミックに展開しはじめる可能性があります。

科学や論理だけで
行き着く先は「均質化」

昨今、思考法の分野では、ロジカル思考やクリティカル・シンキングといった「知の思考」が広く普及しました。しかし同時に、こういった思考に過信や誤解も生じています。

ビジネスの現場のやりとりをながめていると、「科学的・論理的に考えればすべてが解決できる」とか、「客観が優れていて主観は劣る」のような認識に染まっている感があります。

そのために、意志決定者は二言目には「エビデンス（根拠となる事実）は何だ」と部下に迫り、客観的材料がなければ何も決められないような状況にもなっています。直観や直感からくる発想は、実に見下げられているのです。

しかし、いかに「知の思考」に精を出したところで、「form／処し方」の具体次元で争っているかぎり、どこも行き着く先は似通ってきます。科学や論理は万人に共通する答えに向かうといった性質があるがゆえに、皮肉にも均質化という結果を招くわけです。

どこもかもが科学的合理性に基づいて、リバースエンジニアリングをやり、ベンチメーキングをやり、性能競争、価格競争をやる。『ゴルディアスの結び目』になぞらえて言えば、皆が他社と同次元で結び目を"解く"ことに躍起になっている姿です。

しかし、その同じ次元で、同様の手立てで有効な答えを見出すことは難しい。そこで必要なことは、結び目を"断つ"という異次元からの答えに気づくことです。

福井謙一の言葉を紹介しておきましょう。

「結局、突拍子もないようなところから生まれた新しい学問というのは、結論をある事柄から論理的に導けるという性質のものではないのです。では、何をもって新しい理論が生まれてくるのか。それは直観です。まず、直観が働き、そこから論理が構築されていく。（中略）だれでも導ける結論であれば、すでにだれかの手で引き出されていてもおかしくはありません。逆に、論理によらない直観的な選択によって出された結論というのは、だれにも真似ができない」

本田宗一郎の言葉も加えます――

「私の哲学は技術そのものより、思想が大切だというところにある。思想を具現化するための手段として技術があり、また、よき技術のないところからは、よき思想も生まれえない。人間の幸福を技術によって具現化するという技術者の使命が私の哲学であり、誇りである」

――『私の手が語る』より

さらにもう1つだけ、アルバート・アインシュタインの言葉です――

「科学的方法は、諸事実が相互にどのように関係しあっているか、また相互にどのように条件づけられているか、ということ以上には何物をも教えることができないからです。

これこれであるという知識は、これこれであるべきだ、ということへ直接通じる扉を開いてはくれないのです。こうこうであるということの知識を、いくら明瞭に完全にもつことができても、人間の願望の目標が何であるべきかを、それから演繹することはできないのです。

客観的な知識は、ある種の目的を達成するための、強力な道具を提供してはくれますが、究極的な目標そのもの、およびそれに到達しようとする憧れは、他の源泉から生まれねばなりません。

また論ずるまでもないことなのですが、我々の生存や活動は、そのような目標とそれに相応する諸価値を設定して初めて意味を持つことができるのです」

――『晩年に想う』より

クセやアクのある強い意志が
ブレークスルーを呼び込む

科学や論理、それをもとにした技術や思考は重要です。しかし万能ではありません。科学や論理は、物的・具体的な「form」の次元では切れ味鋭い道具ですが、心的・抽象的な「essence」の次元、すなわち在り方や意味を掘り起こし、主観的意志や直観を湧かせる場面においては、下地や補助にはなっても、主導的に機能するものではありません。

私たちがみずからの事業に科学や論理を真に生かそうとするなら、そこに「意の思考」を掛け合わせるべきです。そのとき見えてくる答えには、ひょっとすると論理からの逸脱や非経済的な要素があるかもしれません。意志的な飛躍や意図的な無駄があるかもしれません。しかしそこにこそ、製品・サービス・事業があるフェーズから脱し、新たな輝きを放つ道筋に変わる可能性があります。

エポックメーキングとなる事業というのは、論理を積み重ねれば自動的に生まれてくるものでは決してなく、誰かがどこかでクセのある、アクの強い主観的な意志で状況をブレー

クスルーしたのです。

日本人は情になびきやすい民族であり、そのために「論理コンプレックス」のようなものがあります。昨今の論理思考ブームもそうした論理に対する引け目を克服したいという思いがあるのでしょう。しかしそれが仇となって、ビジネス現場では論理の枠にはまらなきゃいけないという圧迫が、発想や意志を硬直化させる弊害を生んでいます。いたずらに論理の枠の中に閉じこもり、抜けや漏れを気にしすぎるがゆえに思考が縮こまっています。

さて、本書でこれまでやってきたワークにおいても、思考が縮こまっていないでしょうか。その答えはどれだけ「在り方」の次元で深く掘り下げられたものだったでしょうか。自分の書いたワークシートをちょっと振り返ってみてください。

たとえば〈ワーク5-A〉──自事業の最上位に来る目的は何だったでしょう？ それはパラダイム変換を起こすような高い視座で考えられていたでしょうか？

また〈ワーク5-D〉──あなたが考えた「提供価値宣言」は「処し方」次元に引っ張られて

図表7-14｜ワークの振り返り自問

〈ワーク 5-A〉

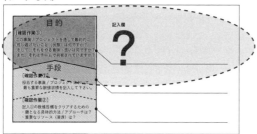

［振り返り自問①］

自事業の最上位に来る目的は何だろう？
それはパラダイム変換を起こすような
高い視座で考えられているだろうか？

〈ワーク 5-D〉

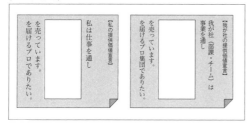

［振り返り自問②］

「私／我が社の提供価値宣言」は
「処し方」次元に
引っ張られているだろうか
それとも
「在り方」次元から
湧いている言葉だろうか？

〈ワーク 4-C〉

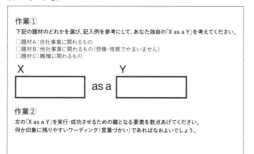

［振り返り自問③］

「アズ・ア」モデルで考えた中核的価値は
どれほど独自のもので
どれほど既存の製品・サービスの
在り方を変えるものだろう？

いないでしょうか？　「在り方」次元から湧いている言葉になっているでしょうか？

さらには〈ワーク4-C〉──「アズ・ア」モデルで考えた中核的価値はどれほど独自のもので、どれほど既存の製品・サービスの在り方を変えるものでしょう？（図表7-14）

夏目漱石の教え
「智に働けば……」

さて、本書はコンセプチュアル思考をさまざまな角度から扱ってきました。人間の思考は複雑な活動であり、そもそも、人間の思考をどう種類分けするかもいろいろな見方ができます。そんな中で本書は、人間の精神のはたらきの根源的要素である「知・情・意」に紐づけて思考をとらえました。

たびたび述べてきたとおり、知の思考、情の思考、意の思考にはそれぞれに適した領域があります。思考自体を比べてどれが優か劣かということはありません。ただ、これら3つの思考をどう使うかには、良し悪しがありそうです。

夏目漱石は『草枕』の冒頭でこのような名句を残しました。

> 「智に働けば角が立つ。情に棹させば流される。意地を通せば窮屈だ」

文豪は、知・情・意を偏って用いるとこんなデメリットがあるよということを実に端的な表現で教えてくれています。

本書の主張も同じで、3つの思考を融合させるように大きく動かすことが、よい思考であり、よい答えにたどり着くための方法です。

やはりこの点でもアップルは3つの思考の融合をうまくやっていると言えます。ここで言うアップルとは、1997年スティーブ・ジョブズがCEOに復帰し、『iMac』を皮切りに、『iTunes Store』などを展開していく時代のアップルです。まずは知の思考による戦術・技術をタフに駆使し、そして情の思考においてはデザインや共感性をたくみに操る。そして何より、意の思考による理念・哲学を瀕死の危機にある組織内に注入し、劇的な復活を遂げたのでした（図表7-15）。

ジョブズCEOは再び経営トップに就いた後、「Think different.」のキャンペーンを開始します。そこで彼は「アップルは職人であり、

図表7-15│アップルにおける「知・情・意」の融合

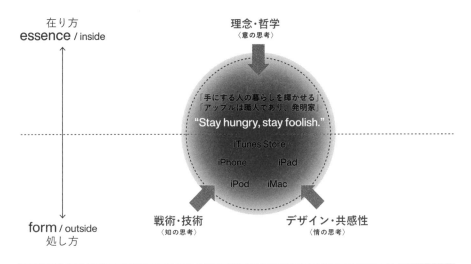

発明家」との宣言を発し、「手にする人の暮らしを輝かせる」存在になろうと呼びかけました。

また後年、スタンフォード大学で行った伝説の演説では、みずからの信条である「Stay hungry, stay foolish.」という言葉を紹介しました。演説の文脈からすると「常に求めつづけよ、何ものにも染まらず無垢でありつづけよ」といったニュアンスでしょうか。

そのようにアップルは、単なるハイテク企業ではなく、また単にクールな工業デザインができるだけの企業でもなく、さらには単にコンセプトに長けるだけの企業でもありません。

それら3つを融合させ、独自の世界観を打ち立てながら、携帯情報端末機の在り方を変えていった希有な企業です。

独自の世界観を持つ
企業・ブランドたち

よくよく観察してみれば、独自の世界観を持った企業・ブランドは、知・情・意の3つが揃っています。それらの融合により、客観を超えて「強力な主観的意志＝独自哲学」のもとに進み、顧客を引きつけています。と同時に、それらの企業・ブランドは、それまでの事業・製品・サービスの在り方を大きく変えることをしてきました。

たとえば「知」を主導として大きな融合をしている代表は、グーグルやメタ、アマゾン・ドット・コム、P&Gです。

彼らは情報収集の在り方を変え、人をつなげる在り方を変え、物を買う在り方を変え、マーケティングの在り方を変えました。たしかに彼らはIT技術や科学的な方法論といった「知」を駆使しますが、それだけにとどまらず「情」や「意」の思考をしっかりと融合させています。だからこそ容易に時代の変化に埋もれていかず、競合に打ち負かされないとも言えます（図表7-16）。

また「情」を主導として大きな融合をしている代表は、ザ・リッツ・カールトンやディズニーランド、フェラーリなどがあげられます。

これらの企業がなぜ、これほど感性に満ちた空間や娯楽、道具をつくり出すことができるのでしょうか。それは単にデザイン力があるとか、優秀なクリエイターを揃えているからということではありません。やはり上質で洗練された美の価値を生み出すために、確固たる哲学を持っているからです。そしてそれを具現化するためのスキルをもったエキスパートや職人たちを育てているからです。そのように「意」と「知」が深いところで「情」と結びつかなければ、他から抜きん出る感性的魅力がたっぷりのものはできあがりません。

さらに「意」を主導として大きな融合をしている例として、無印良品や任天堂、ジョンソン・エンド・ジョンソンをあげておきましょう。

無印良品はまずもって、そのネーミング自体がきわめてコンセプチュアルです。そしてあのような他にない世界観を醸し出す製品群をこしらえてきました。流行や消費者の変わりやすい嗜好性に影響を受けやすい家庭雑貨・衣料の分野で、これほどまでに軸がぶれずに

やってこられたのは、創業時の「意」が卓越したものであり、かなり不変・普遍のものだったからです。そして「情」「知」がそれに力強く応えています。

また、任天堂も「意」の強い企業です。家庭用ゲーム機の在り方を変えてきた存在と言っていいでしょう。デジタルゲームの雄ですから、「知」が優れているのは当然ですが、同社のゲームにおける課金の議論やものづくりの姿勢をみていると、理念が主導して技術を従えている様子がうかがえます。他のゲームメーカーが技術任せに「売れるなら何でもやる」という姿勢とは対照的です。また同時に、いかにも「Nintendo」らしい世界観をつくり出すゲームキャラクターづくりも理念に呼応しています。

製薬企業においては、知・情・意の3つが揃うことはなかば当然かもしれません。すなわち、研究・開発・製造技術があり、患者に寄り添い、医療アクセスの敷居を下げて社会貢献する、といった融合です。ところが製薬企業とて株式を上場する会社がほとんどですから、株主からの利益圧力も増しています。すると往々にして、「知」への偏重が起こり、「情」や「意」が後退しがちになります。

そんななかでもジョンソン・エンド・ジョンソンは、「我が信条 (Our Credo)」のもとで事業推進を行う企業として有名です。

1943年に起草された同社の「我が信条」は、今日多くの企業が掲げる「バリュー」や「クレド」といった理念価値・行動規範のお手本となったものです。

この「我が信条」が重大な役割を果たしたのは、1982年に起きたいわゆる「タイレノール事件」のときです。

事件の詳細は省きますが、同社の経営陣はこのとき、甚大な損失が出ることが確実であるにもかかわらず、「我が信条」の最上位にある「第一の責任は顧客に対するものである」を忠実に守ったのでした。

ジョンソン・エンド・ジョンソンのこのときの判断と行動は、経営史に語り継がれる1つの意思決定の在り方を示すものとなりました。ちなみに同社の「我が信条」では、株主に対する責任は4番目にきます。

図表7-16 │ 「知・情・意」を融合させる企業例

・在り方を変える事業・製品・サービス
・独自の世界観を持つ事業
は「知・情・意」の大きな融合によって
生み出される

意

Volition
在り方・哲学
意味・コンセプト

Intellect
科学分析・戦術
技術・方法論
（エンジニアリング）

Emotion
デザイン・アート
美的・感性的訴求
共感性

知 　　　 情

「知」主導による大きな融合

- グーグル、メタ
- アマゾン・ドット・コム
- プロクター・アンド・
  ギャンブル（P＆G）

「情」主導による大きな融合

- ザ・リッツ・カールトン
- ディズニーランド
- フェラーリ

「意」主導による大きな融合

- 無印良品
- 任天堂
- ジョンソン・エンド・
  ジョンソン

では総括ワーク6-Bを行います。これもある種のロールモデル探しです。優れた事例を見つけ、そこから知・情・意の融合具合を学び取る作業になります。

世の中を広く見渡すと、「あれは●●の製品の概念をくつがえした！」とか、「ああいう事業の在り方は以前には全くなかった！」「あそこは組織の在り方を根底から変えた！」というような事例があります。そうした在り方の革命、概念の創造を起こした大きな事例は、おそらく知・情・意の融合が見事になされているでしょう。そこが引き出すポイントです。

模範から学び取った後は、みずからの担当仕事への振り返りです。

この総括ワーク6-Cをやるにあたっては次のような自問をしてみてください──「私たちの製品は既存の概念をくつがえすほどのものだろうか？　多少の改善や改良で満足していないだろうか？」「私たちは事業の在り方を根底から変える挑戦をしているだろうか？　単に事業を回していくことだけに忙しくしていないだろうか？」「私はみずからの職種について、既存の定義を打ち破り進化させているだろうか？　既存の職種の枠に閉じこもって、ただミスなく業務を処理し、生産性を上げること

だけに追われていないだろうか？」。

おそらく現状路線にとどまっている人は、担当する仕事において知や情や意を部分的に使うだけで、3つの大きな融合にまでは至っていないでしょう。

たしかに、知や情や意を部分的に使うことで改良・改善はできますし、ときにヒット商品を出すこともできます。

しかし、フェーズを変える革命や時代を画する伝説の商品を生むことはできません。既存の枠の中で整った成果を求めることを超えて、枠をはみ出して新しい世界を拓く、本書はそれをおおいに促します。

総括ワーク6-B │ 知・情・意の融合模範を探す

知・情・意の大きな融合によって
● 事業の在り方・概念
● 製品/サービスの在り方・概念
● 会社（組織）の在り方・概念
を変えた／つくりだした模範を探してみましょう。
その模範事例において、知・情・意はどのように優れているでしょう。
空欄に書き込んでください。

ワークシート6-B │ 知・情・意の融合模範を探す

意

Volition
在り方・哲学
意味・コンセプト

Intellect
科学分析・戦術
技術・方法論
（エンジニアリング）

Emotion
デザイン・アート
美的・感性的訴求
共感性

知　　　　　情

あそこは組織の在り方
を根底から変えた！

あれは●●の製品の
概念をくつがえした！

ああいう事業の在り方は
以前には全くなかった！

模範事例：
Intellect 知
Emotion 情
Volition 意

総括ワーク6-C │ 担当仕事における知・情・意の融合

模範から学び取った後は、みずからの担当仕事への振り返りです。

あなたは、知・情・意の大きな融合によって

● 担当事業の在り方・概念

● 担当製品/サービスの在り方・概念

● 担当職務/職種の在り方・概念

を変える／つくりだすほどに根本的な仕事をやっているでしょうか。

もし、そこまでいっていないとしたら、知・情・意の取り組みの何ができていて、何が足りないのでしょうか。空欄に書き込んで整理しましょう。

ワークシート6-C │ 担当仕事における知・情・意の融合

意

Volition
在り方・哲学
意味・コンセプト

Intellect
科学分析・戦術
技術・方法論
〈エンジニアリング〉

Emotion
デザイン・アート
美的・感性的訴求
共感性

知　　　　　情

私はみずからの職種について、既存の定義を打ち破り進化させているだろうか?

私たちの製品は既存の概念をくつがえすほどのものだろうか?

私たちは事業の在り方を根底から変える挑戦をしているだろうか?

模範事例:

Intellect 知

Emotion 情

Volition 意

補講：「より多く売る」の誘惑に引き込まれるな

芸術家が行う創造活動は純粋にそれ自体を目的にできるので何の制約もありません。ですから枠を打ち破るような独創性が出やすくなります。ところが、仕事や事業におけるアイデア発想は、その先に必ず顧客を置かねばなりません。顧客の需要にかない、より多く売ることが宿命づけられます。したがって、いたずらに尖ったユニークアイデアよりも、無難に数量が期待できるアイデアのほうが優先されます。

たとえば、ある試作品4点を消費者調査にかけたとします。10人に10点満点（0点：全く買わない〜10点：絶対買う）で採点してもらった結果が下表です。あなたが担当者なら、どの案がよいと思うでしょう？（図表7-17）

おそらく私たちの多くは、平均スコアの高さからA案を最良のものとして選び、開発を進めるでしょう。あるいは、2番目に高いC案の要素をA案に加えて補強するかもしれません。そうやって多数から受け入れられ、失敗リスクが小さそうなアイデアに引っ張られていきます。

私はかつて消費財メーカーに勤め、商品開発を担当していました。当時の部門長は独自性や革新性を第一に置く人で、「市場を見るな、生活を見ろ」「一生活者として欲しいものを起こせ。そのために自分自身が第一級の生活者感性を持て」をモットーに現場を指揮

図表7-17 ｜ 消費者調査データをどうとらえるか

ある試作品の消費者調査結果

	評価者（10名）										平均スコア
	イ	ロ	ハ	ニ	ホ	ヘ	ト	チ	リ	ヌ	
A案	5	6	7	7	8	7	5	6	4	8	6.3
B案	2	1	3	9	1	2	1	2	9	2	3.2
C案	7	7	6	6	5	8	6	7	4	5	6.1
D案	3	2	2	4	4	3	3	2	5	4	3.2

していました。そういうカルチャーで育った私からすれば、この消費者調査において有望な候補は、断然B案です。独創性・差異化という観点で、B案は力強い何かを持っていそうだからです。9点が2つも付いたということはよほどの魅力です。

多くの担当者にとって、B案は敬遠すべきであり、採用しないでしょう。それはなぜでしょうか。「極端な趣味の2人にたまたまウケただけ」「ユニークだろうが、それが傑作なのか、駄作なのかが評価できない」「上長をうまく説得できない」などの理由だと思います。

「多数にわかりやすい」への傾倒が独創性を衰えさせる

業界を問わず、市場に出回る製品・サービスがどこも似通ってしまうのは、結局のところ、マス（大きな数量）への誘惑によって、現状最も売れ筋の商品を真似して出した方が無難という考え方が蔓延するところにあります。リスクの大きい独創的なアイデアは排除されてしまうのです。

また、消費者は自分の中ですでに顕在化し

ている欲求、すなわち不備や不満を埋めてくれることにお金を払いやすくなります。ですから、商品のつくり手は改良的なアイデアによる「ボコ発想」に集中します（図表7-18）。

前掲の消費者調査において、もしかするとB案は「デコ発想」によって潜在的な欲求をくみ取り、強い提案をしているのかもしれません。革命的商品というのはたいていそのように、当初は多数から見向きもされません。B案は革命的商品に化けるかもしれないし、逆に、先取を気取っただけの駄作に終わるかもしれません。果たしてあなたはそれを拾い上げ、最終商品へと育む勇気があるでしょうか？……それをその時点で見破る評価眼、直感も含めて、優れた商品開発者の資質なのでしょう。

欧米キャッチアップの時代を終え、日本のメーカーが「商品スペックで勝って、事業で負ける」というようなことがあちこちで起こるようになりました。それは表現を変えると、「処し方を改良することでは勝っているけれど、在り方を起こすことで負けている」とも言えます。

もちろん改良的アイデアは大事です。これは日本人が持つ強みとして保持すべきものだ

と思います。しかし、現場では依然、「多数に
わかりやすいこと＝より多く売れそうなこと」
が優先され、着実に改良を行い、着実に売れ
そうなアイデアへの傾斜が続いているように
見受けられます。そうした傾斜の中では、独創
的な発想を出そうとすることも、それを評価す
る眼も衰えていきます。

　量への誘惑から離れ、尖った発想、非連続
的な発想、在り方を起こす発想ができる個と
組織文化をどう涵養できるか、これは古くて

新しい課題です。

「分析のもとのビジョン」か「ビジョンのもとの分析」か

　事業の取り組みには「分析」と「ビジョン」
が必要です。分析なきビジョンは自己満足の
絵空事になりますし、ビジョンなき分析はタコ
壺の中の理屈遊びになります。この2つが相
まってこそ、事業は現実の中で形を現します。

図表7-18 ｜「ボコ発想」と「デコ発想」

ボコ発想のほうが多数の支持を得やすいが……

ボコ発想

この不備、不足、不満、
不具合な部分を
埋めようという発想

デコ発想

●●というのは、
本来こうあるべきだ！
という強い提案を
押し出す発想

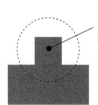

顕在化している欲求・需要に対し、
・改良/改善を加える
・低コストでやる
・効率/効果を狙う

潜在化している欲求・需要を洞察し
・革新的な表現で提示する
・発明/発見をする
・インパクトのある手法を提案する

図表7-19 | ビジョンと分析

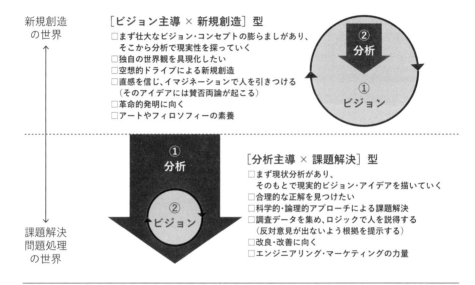

新規創造
の世界

[ビジョン主導 × 新規創造] 型
□まず壮大なビジョン・コンセプトの膨らましがあり、
　そこから分析で現実性を探っていく
□独自の世界観を具現化したい
□空想的ドライブによる新規創造
□直感を信じ、イマジネーションで人を引きつける
　（そのアイデアには賛否両論が起こる）
□革命的発明に向く
□アートやフィロソフィーの素養

[分析主導 × 課題解決] 型
□まず現状分析があり、
　そのもとで現実的ビジョン・アイデアを描いていく
□合理的な正解を見つけたい
□科学的・論理的アプローチによる課題解決
□調査データを集め、ロジックで人を説得する
　（反対意見が出ないよう根拠を提示する）
□改良・改善に向く
□エンジニアリング・マーケティングの力量

課題解決
問題処理
の世界

ただそのとき、分析が主導か、ビジョンが主導かによって結果的にできあがってくるものが大きく違ってきます。

「分析主導」型は、現実の課題解決に目を向けます。そして調査や分析、論理、技術応用によって改良・改善を目指していくものです。まず分析ありき。末端の問題処理ありき。そしてそこから現実的なビジョン・アイデアを起こす。その結果、細部に工夫を凝らし機能的で

はあるものの、全体としてこぢんまりとしたものができあがります（図表7-19）。

他方、「ビジョン主導」型は空想から始まり、コンセプトを起こし、世の中にないものをつくり出そうという意志が駆動源になります。そのおおいなる構想のもとに分析や技術がくる。

分析主導型とビジョン主導型はどちらも有効なプロセスです。ただ、昨今の職業人・学

生の教育をながめるに、論理や分析、課題解決のための技術に向けた能力育成に偏っている感があります。そちらのほうが取り組みがわかりやすいですし、お金にもなりやすいからでしょう。

空想する力を育むことは、現代の功利主義の流れのなかでは容易に軽視されやすくなっています。しかしそういう時代だからこそ、ビジョン・コンセプトを描けない分析屋や技術屋を増やすのではなく、ビジョナリーであり、かつ、分析もできる、技術にも詳しいという人材が待ち望まれます。

「客観を超える主観」へと跳躍せよ

以上、本書を通じてみてきたように、革命的アイデア、パラダイムを変える概念、独自の世界観を打ち立てるビジョンは、強い主観的意志から生まれます。コンセプチュアル思考の目的の1つは、この主観的意志を起こすことでもあります。

ただ、ビジネス現場のやりとりではよく、「それって主観的な見方だよね。もっと客観的

にながめないと……」というフレーズが出てきます。たしかに、表層的な決めつけや感情的な偏見からくる主観は、弱くて、的を射ないものが多い。しかし、深い把握・深い決意から出る主観であれば、それは独自性としてむしろ研ぎ澄ませていくべきものです。

哲学者ニーチェは、「この世界に事実というものはない。ただ解釈があるのみ」と言いました。私たちは結局、主観的解釈で自分の生きる世界を決めていくのです。

客観や論理・科学は、ものごとをとらえる土台として、また、多くの人を納得させる手段として重要なものです。が、それらは一般化を目指すものであり、仕事・事業において独自の創造を目指す上で、最終的な道筋を示してくれはしません。

そのことを踏まえ、ものごとのとらえ方を3つのフェーズに分けて整理しておきましょう（図表7-20）。

フェーズIは「フワフワした主観」。この状態はいまだ思考が脆弱であり、ここにとどまっているかぎり、自分がいくら感情的にその事業アイデアに熱を上げても、周囲を説得できな

いでしょう。ただ、時代を何となく感じている、流行の変化を漠然と認識するといった場合はこのフェーズでも十分ではあります。

　自分の意見を通す、自分のアイデアに周囲を巻き込むといったことが必要なときは、2番目の「固い客観」フェーズに入らねばなりません。思考の地固めは分析や論理を通じて、万人に説明がつく根拠を示すことです。

　そしてこの固い地面を踏み台にして意志的に跳躍する。それがフェーズⅢ「客観を超える主観」です。その独自の主観は、当初は誰も理解する人がいないかもしれません。でもそれが後に万人を感服させる考え方になる場合もあります。──「そうか、そういうものの見方があったか!」「こんな●●見たことない!●●の概念が変わった!」と言わしめる大きな製品・サービスは、常に1人の人間のこうした勇気ある主観から生まれたものです。

図表7-20 客観を超える主観

客観を超える主観

・根拠を踏んで跳躍する
　想像と創造
・信念的なとらえ方
・理想を意志的につくりだす

少数にしか
（あるいは本人にしか）
わからない独自性。
だが、後に万人が気づき、
そこについていくことも
起こりうる

まわりの何人かでさえ
説得できない

フワフワした主観

・根拠があいまい
・雑駁なとらえ方
・状況を気分的にながめる

万人に説明がつく

固い客観

・根拠を持つ／示す
・分析的なとらえ方
・事実を批判的（クリティカル）
　に考える

論理が示せる範囲 ← ┆ → 論理がその時点で示せない範囲

［フェーズ I ］　　　　［フェーズ II ］　　　　［フェーズ III ］

近瀬太志のコンセプチュアル奮闘記

◯終◯

近瀬は会社に出て、自分の机の片づけをしていた。来週、会社は新年度を迎え、大胆な組織変更を行う予定である。

近瀬にも異動の命が下り、新規事業開発室サブリーダーの任が与えられることに。その部署はK本部長が中心となって動いていたプロジェクトを前身とするものである。社長直轄の少数精鋭のチームで、今後の社のゆくえを模索する特命を帯びている。

数ヶ月前、近瀬は梶川と共同で行っていた販促メディア『プラネット・ウォーキング』の刷新案を社内にプレゼンテーションした。その内容がK本部長を動かすところとなり、新部署への参加となったのだ。

梶川｜「新しい席に引っ越しですね」

近瀬｜「あ、梶川さん。この部ではいろいろお世話になり、ありがとうございました。特に『プラネット・ウォーキング』のプレゼンでは」

梶川｜「いえ、あれはほとんど近瀬さんの成果ですよ。でもこのメディアを刷新するいいタイミングだと思います。単に中途半端な観光情報を届けるだけでは、もはやお客様を動かすことはできません。で、その後の宿題だったメディアの名称変更はどうなりそうですか?」

近瀬｜「その件は新しい部署で最初の企画会議の議題になりそうです。私の本命案は『Beyond the Horizon～知平線の先へ』です。この会社はこれからも旅行は売っていく

でしょう。でも、大きな枠組みでは、自分を発見するサービスを売っていくことになります。物的にも心的にも、お客様がみずからの知平線を超えることをお手伝いする存在になる。そうしたときに、この言葉が出てきたんです」

梶川｜「地平線の『地』を『知』に置き換えたところが意味的な広がりを感じますね。素敵な案だと思います」

（中島部長が部屋に入ってくる）

中島｜「近瀬さん、さみしくなるなあ。でも期待してるよ。新規事業開発室から実験的にやりたい施策があればいつでも相談にきてください。現場で力を貸すから」

近瀬｜「ありがとうございます。部長とやりとりするなかで、自分の発想のカベが少しずつ取り払われた気がします。『自己発見』というコンセプトもそこから芽生えたものでした」

中島｜「旅行代理店というような呼称や自己定義は明らかに古い。早晩、私たちには新しい概念の言葉が必要になっていたと思う。当社が『自己発見エージェント』を目指すというのは、1つの有力な方向性にちがいないでしょう。是非、新しい部署でさらに検討してください」

近瀬｜「はいっ。まさに自分の名前のとおり"太い志"をもって、旅行商品・旅行会社の概念を変えるような大きな答えを見つけます」

あとがき

「概念的に考える力」の重要性を提起してから10年の時が経ち

　私が思考法のジャンルで1冊の本『キレの思考・コクの思考』（東洋経済新報社）を上梓したのが2012年12月。あいまいで不安定な世界の事象をどうとらえ、どう本質をつかみ、どんな概念を起こしていけるのか——概念的に考える力の重要性を説いた同書は、残念ながら初版止まりとなってしまったものの（電子書籍は現在でも購読できます）、企業の経営者・人材育成担当者の一部からは強い支持があり、私はその後、営々と企業内研修プログラムとして内容面の深化に力を注いできました。

　ウェブサイト『コンセプチュアル思考の教室』（https://www.conceptualthink.com/）の拡充も進み、ここ数年、研修の問い合わせ・実施件数が顕著に増加しました。「VUCA」と呼ばれる時代に、どんな思考法が主導になるのか、あるいは思考自体をどうとらえなおしていくのかということに人びとの目が向きはじめたからではないでしょうか。

　書店に行けば「●●思考」と題する本はたくさん並んでいますし、ネットで「思考法」と検索すれば実にたくさんのものが出てきます。その多くは、論理や分析を志向し、スピードや生産性を追求し、ものごとの処理や功利を狙う思考法です。一方には奇抜なアイデアを生み出す発想法も少なからず見受けられます。また一方には、単に記憶力や頭の回転力をさびさせないためのクイズ本もたくさん出ています。

　私自身、こうした思考本をたくさん読み、楽しんでもきました。しかし、これまでに紹介されている思考法において何かごっそりと大きなものが抜けているというような感覚をずっともってきました。その抜けているものこそ「概念的に考える能力」ではないかと気づき、『キレの思考・コクの思考』の刊行に至ったのでした。

　同書では人間の思考を3つの軸でとらえ、それを「思考球域（Thought

Sphere)」として提示しました（下図）。球域の「具象的×ロジック的×客観的」の部分を［キレの思考］、「抽象的×イメージ的×主観的」の部分を［コクの思考］と名づけ、概念的に考える力を後者に紐づけたのでした。

　それから10年の間に、さまざまなお客様から研修の依頼をいただき、そこでもまれ、私の中でまさに「コンセプチュアル思考」についての思考が熟成をはじめました。そして今回、あらためて書籍として広く世に紹介できる機会を得ました。本書がはたして読者からどのような反応をいただけるのか、それを非常に楽しみにしております。

　このあとがきでは、なぜ私がこの思考をビジネスパーソンに向けて教育プログラム化したのか、私の職業人としてのバックグラウンドと合わせて説明を加えたいと思います。そのことがコンセプチュアル思考をさらに理解する助けにもなるでしょう。

3軸による思想球域（Thought Sphere）

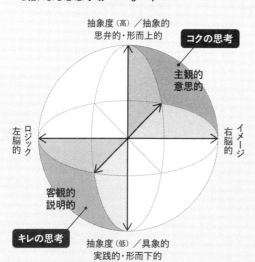

『キレの思考・コクの思考』では思考を大きく2つに分けてとらえ、3軸による「思考球域（Thought Sphere）」を提示した。3軸とは──

①思考の上下軸＝抽象的／具象的
②思考の左右軸＝ロジック的／イメージ的
③思考の前後軸＝主観的／客観的

これら3軸で表される球体の「具象的×ロジック的×客観的」の部分を［キレの思考］、「抽象的×イメージ的×主観的」の部分を［コクの思考］と名づけ、概念的に考える力を後者に紐付けた。

1冊の本がキャリア針路を変えた

　1992年、私はビジネス雑誌の記者をしていました。記者生活丸3年を過ぎ、年齢も30歳。仕事盛りで生意気盛り、自分の名刺には「日経：NIKKEI」の文字もあって取材アポ（依頼）は易々と取れ、向かうところ敵なしで、ガンガン取材に出歩き、記事を書いていました。そんなときに1冊の本に出合います。私の人生・キャリアのコースを変えた最大級の1冊、それが──

　Richard Saul Wurman著『Information Anxiety』（1989年刊行）
　翻訳本：『情報選択の時代』松岡正剛訳

　著者のワーマンは、自身を"Information Architect"（情報建築家）と名乗っています。それがまずもって新鮮でした。ちなみに私自身も肩書きを"Conceptual Craftsperson"（概念工作家）としていますが、これは多分に彼の影響です。またワーマンはこの著作の後、「TEDカンファレンス」を立ち上げ、一躍有名になりました。現在、「TED」（https://www.ted.com/）のウェブサイトには、数々の名講演が集積されています。

　さて、　同書の紙面からはこんな単語が目に飛び込んできます──"Information Explosion"（情報爆発）、"Information Anxiety"（情報不安症）、"Understanding Business"（理解ビジネス）など。私はこの本を読んでからというもの、「情報」というものを軽く受け流せないようになりました。出版社で雑誌の編集という情報ビジネスに携わっていながら、実は「情報」のことを深く考えたことはありませんでした。

　当時は、ともかく面白いネタを刈り取ってきて、文章に書き起こし、写真を添えれば、それなりに読まれる記事になり、雑誌になったのです。「情報商品は鮮度と切り口さ」と、幼稚な哲学で悦に入っていたのかもしれません。

　情報の本義は「情報の受け手に力を与えることだ」とワーマンは言います。力

を与えるためには、その情報が"理解"されなければならない。情報量が爆発する時代にあって、情報をつくり出す人間は無数にいるが、情報を理解させようとする人間はきわめて少ない。「情報を生業としていくなら、これから自分が採るべき方向は情報を理解させる仕事、そして受け手に力を与える仕事ではないか」——自分の針路が変わった一瞬でした。

そしてまさに1993-94年は、ワーマンの言った情報爆発が現実として感じられました。インターネットブラウザの『Netscape Navigator』がリリースされ、現在のようにワールドワイドウェブから、無尽蔵ともいえる情報が机上のPC画面に投影される状況になったのです。一般人の誰もが情報のつくり手となって、それをネットに放てる時代に突入しました。

衝撃を受けた1枚のチャート図

そしてワーマンが同書で紹介している1枚の図がさらに私にインパクトを与えます。イェール大学のエドワード・タフテ教授が描いた『ナポレオンの行進』と名づけられたチャートです（Edward tufte Napoleons marchでネット検索をかけてみてください）。
このチャートにはワーマンによって次のような説明が付けられています——「この線図は、歴史と地理的な要素が混じっためずらしい地図だ。ナポレオンの軍隊のモスクワ遠征の往路とフランスへの帰路を示したものである。グレーの部分はモスクワへの道筋、黒は帰路を表す。線の厚みは旅の間の各地における軍隊の人数を示す。ここには人員の消耗度がはっきりと表れている。いちばん下には気温が記録されており、帰路の冬の気候が実際にどんなに苛酷だったかがうかがえる」。

このチャートを最初に見たとき、あまりに見事な絵図だったので、私は息をのんでただただ見つめるだけでした。ナポレオンのモスクワ遠征が、無謀で過酷な出来事であったことは知っていましたが、その状況をどんな文章より、また、どんな写真より、その図は鮮明に表していました。表しているというより、見ている者

の内に"理解"という1本の筋を突き通してしまうのでした。

　情報が軽々とつくり出され、軽々と消費される、その繰り返しにもはや関心がなくなった私にとって、人の内にどう情報理解という建築物を生じさせるか、それこそが関心事となりました。

　そして私は1994-95年と「情報の視覚化」を研究テーマに、米国に留学します。留学先に選んだのは、ドイツの機能主義的デザイン運動「バウハウス」の教育思想の流れを汲むシカゴのイリノイ工科大学デザイン大学院「インスティチュート・オブ・デザイン」です。私が自身に課したテーマはたとえば、朝刊の一面記事を1枚の図に表すとどうなるか。あるいは、あいまいな概念をどう理解イメージに置き換えることができるか、など。つまりは、情報や概念の核にある本質をつかみ、それを肚落ちしやすい表現に変える方法論の探求です。

　この留学期間中もがいたことが本書で触れた抽象化や概念化、モデル化の源流になっています。ちなみに同大学院の卒業レポートで描いた図が下です。哲学者ベルクソンが『創造的進化』の中で書いた言葉――「生命には物質のくだる坂をさかのぼろうとする努力がある」を1枚に表現したものです。

　私はこの留学前後の過程で「情報のつくり屋」から「情報の理解促し人」へとキャリアのコースを変えました。さらにその後、「情報の理解」とは結局「概念の形成」につながっていくことに気づいていきます。

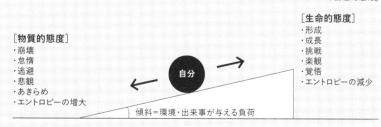

「生命には物質のくだる坂をさかのぼろうとする努力がある」

――アンリ・ベルクソン『創造的進化』

[生命的態度]
・形成
・成長
・挑戦
・楽観
・覚悟
・エントロピーの減少

[物質的態度]
・崩壊
・怠惰
・逃避
・悲観
・あきらめ
・エントロピーの増大

自分

傾斜＝環境・出来事が与える負荷

キャリア研修から始めた「観・価値軸・在り方」を
考えさせるワーク

　1995年に米国から帰国し、私は教育系の出版社に転職をします。「情報の理解促し人」を深めようとするなら、「世の中で何が売れた／売れない」といった経済情報を扱うより、「人がどう知識を吸収し、どう知恵と生きる力に変えていくか」が問われる教育コンテンツを扱うほうが適切だと思ったからです。

　そしてさらに数年が経ち、教育コンテンツを開発する上で出版物という静的メディアづくりでは飽き足らなくなります。研修といった動的・人的な場で試したいと考え、2003年に企業向け研修事業で独立を決意しました。

　創業時、私はいわゆる「キャリア開発研修」のジャンルで勝負することにしました。当時、このジャンルの研修は大手研修会社が開発したものがひな形になっていて、主にはスキルや知識を棚卸しし、数年後のキャリアプランを書かせるという「能力・計画アプローチ」を採っていました。それに対し私が採ったのは「観・価値軸アプローチ」です。

　個人のキャリアを推進・形成する要素はいろいろありますが、その主導的要素を「能力・計画」とみるか、「観・価値軸」とみるか。その違いでもあります。本書の言葉で表すなら「処し方」観点か、「在り方」観点かの違いです。研修事業としてつくりやすい、展開させやすいのは明らかに前者です。私はあえて後者を選びました。そちらのほうがより本質的な教育だと信じるからです。

　ともあれ私はキャリア開発研修のプログラムづくりにあたって、「観・価値軸・在り方」をあぶり出させる内省ワークを準備せねばなりませんでした。その過程で生み出してきたのがまさに本書で紹介した「成長とは何かを自分の言葉で定義せよ」（→49ページ）とか「基盤価値の言語化」（→231ページ）、「提供価値宣言」（→238ページ）などだったのです。

　私はしだいに次のような教育上の考え方にたどり着いていました。すなわ

ち、知識は直接的には意志を生むものではないこと。知識は概念として、自分の内にある理（ことわり）に取り込まれることによって意志を生じさせること。いろいろな概念が意識の地層として重なることで観が醸成されること。そしてそこから自分を方向づける価値軸が立ち上がってくること（このあたりの論議については拙著『スキルペディア』をご覧いただければ幸いです）。

これらをもとに私独自のキャリア開発研修プログラムの構築を進め、実際、さまざまな顧客企業で上記のような内省ワークを行いました。するとこうしたものごとを定義したり、本質をつかんで言葉や図で表現したり、軸となる価値を表明したりする能力にはかなりの個人差があることがわかってきました。さらに言えば、得意とする人はごく少数で、大多数がこれを苦手とすることも把握できました。

概念的に考える力が脆弱であることは、意志を起こす力、ひいては自律的に生きる力が脆弱になることにつながってきます。私はビジネスパーソンに向けた教育としてキャリアを考えさせることと並行して、概念的に考える力を養わせることが不可欠ではないかと感じはじめました。それが「コンセプチュアル思考」に特化したプログラムの切り出しを図ることになったきっかけです。

「独自の何かを起こす」という思考態度

私は会社勤めを17年間やり、そのうちの10年間は出版物の記者・編集者としてキャリアを積みましたが、それ以外は新商品や新事業の開発に携わっています。その経験もまた私を「コンセプチュアル思考」へ導く要素であったように思います。

大学新卒で最初に入ったのが文具・オフィス家具メーカーのプラス。私はここで3年弱、文具の商品開発を行います。当時の商品開発本部長は今泉公二さん（後に同社社長）、そして商品開発部長が岩田彰一郎さん（後に事務用品通販会社アスクルを創業）。この2人のもとで独自の商品づくり思想を学びました。彼らの口ぐせは

「市場を見るのではなく、生活を見よう」「一生活者として欲しいものを起こしなさい。そのためにまず、自分自身が第一級の生活者としての感性を持ってください」「コンセプトは何か。世の中に何を提案するものなのかが力強く語れない状態での企画は通らない」など。

　こうした上司のリーダーシップとそれを反映した組織文化は、新人の商品開発担当者である私のまっさらな意識に強い影響を与えたのはいうまでもありません。私はもうかれこれ36年間働いてきましたが、振り返れば常に「発明・提案型」の発想、「生活者起点」の発想をベースにしてきました。市場がどうだからこうするとか、競合他社がどうだからこう改良するとか、既存の枠組みの中でどう優位性を得るか、などの比較相対で発想をすることはほとんどないように思います。あくまで自分の主観的意志をもとに、何を独自に起こすかという思考態度です。これはまさに「コンセプチュアル思考」的だといえます。

偶発的な点と点が必然的な線・面・立体になるとき

　また私は会社員として、いわゆる創業オーナー系の企業であるプラスとベネッセコーポレーションで働き、同時に、日経BPとNTTデータという非オーナー系企業で働いたことも幸運でした。私が経験したオーナー系企業の2社は、よい意味での家父長的家族の雰囲気がありました。そして何よりもトップが打ち出す理念や熱が求心力を生み出し、組織全体を動かしていくのでした。そこには長所も短所もありますが、「理念ドリブン（理念が駆動となる）」の組織というものが私にとっては標準の感覚として植え付けられていきました。

　その点、非オーナー系企業の2社は「技術ドリブン」であった印象です。在職中、社長が誰であったかは思い出せません。組織を動かしていくのは、特定のリーダーや理念による求心力というより、「日経」とか「NTT」といった企業ブランドのもとで技術や品質を磨く自負心であったような気がします。

　こうした企業では組織内に巨大なモメンタム（運動量が生じさせる勢い、悪くすれ

ば惰力）がはたらいているので、へたに新規に事を起こさずとも、既存の枠の中で改良・改善を加えていればそこそこの品質が保たれ、ブランド力で問題なく売れていきます。ですから思考として重宝されるのは、「1→1.1」に精緻化したり、「1→2」に増大させたりする発想になります。そこに客観的な裏付けデータが揃えば文句なしです。社内の承認は通ります。私はもっぱら「0→1」を直観的に提案する発想でしたから、周囲から浮いていました。

　本書のあちこちで「改良・改善のイノベーション」か「革命のイノベーション」か、「目標数値達成のための機械論的」組織観か「理念による自律創発的」組織観か、といった比較議論をしました。その観点は私のこうした経験からきています。

　このように私はさまざまな業種・職種を経験し、ときに事業現場を離れ、デザインスクールとビジネススクールの2つの大学院で学んできました。またここでは詳しく触れませんでしたが、持続的に哲学や宗教の勉強も重ねてきました。それらは必ずしも計画に基づいた動きではなく、自分の観や在り方や価値軸にすなおに従った結果の行動でした。

　キャリア形成には偶発の作用が無視できない。むしろみずからの意志のもとに偶発をつくり出し、ダイナミックにキャリアを展開していくことが大事である——米国スタンフォード大学のジョン・クランボルツ教授が唱えた「Planned Happenstance Theory（計画された偶発性理論）」の神髄です。私もまさに偶発を意図的につくり出し、そこからみえてきた選択肢を懸命に生かす努力を重ねてきました。いま振り返ると、点と点では結び付きそうにないこうした出来事や行動のすべてが、実はこの「コンセプチュアル思考」の教育プログラムをつくるための必然の道筋だったように思えます。

日本人は抽象概念をたくみに表現する力を持っている

　「コンセプチュアル思考」という思考法ジャンルはいまだ確立されたものではありません（日本だけの話ではなく、欧米においても）。しかしとても根本的な部分の思

考にかかわるものなので、確立させる価値が十分にある思考法です。この未開拓の思考法を提起すること自体がひとつの大きな概念起こしであり、本書の執筆は私にとってワクワクする作業となりました。

　日本人は真似るのが得意です。ロジカル思考やデザイン思考なども積極的に輸入して、すぐさま自分のものとしてアレンジし、普及させていきました。しかし、コンセプチュアル思考については真似ようにも真似る母体がなく、静観の構えです。確かにカッツは「コンセプチュアル・スキル」の重要性を説きましたが、教育方法論として構築するには至っていません。それを誰がやるか──?
　私はそれが日本人であっても十分に可能だと思っています。いや、むしろ日本人だからこそできるとさえ考えています。なぜなら、コンセプチュアル思考は全体論的であり、直観的であり、東洋的思考と親和性があるからです。

　よくよく振り返ってみれば、日本人は能や茶、日本庭園など、高度な抽象概念を美の型に落とし込むユニークな芸術表現を持っています。また現代においても、知・情・意を見事に融合させ、独自のものを世界に押し出す事例がさまざまな現場で起こっています──トヨタ自動車の『プリウス』しかり、『無印良品』『旭山動物園』しかり、そして日本の高級旅館で施される「おもてなし」しかり。日本人は古来、仕事というものを「道」に変える精神をごく普通に持ってきました。そこでは技術・美の心・哲学を（あえて分化せずに）統合して成果物をこしらえます。それはまさに「コンセプチュアル思考」的です。

　その観点から、概念的に考える思考法こそ日本で開発が進み、ロジカル思考、デザイン思考に続く第三の思考リテラシーとして広く普及していくことを私はおおいに期待しています。そしてまた本書がその礎の一部分になるなら、書き手としてこんなうれしいことはありません。

「枠の外から×権威に依らない者から」
出た特異のものをきちんとみる眼

　出版社にとって、欧米でヒットしたビジネス本や、著名な大学・コンサルティングファームの名を冠したスキル本を刊行することはたやすいことです。一方、概念工作家と名乗る一介のコンサルタントが書いた新規の思考本企画を扱うことはリスクが大きい。よほど内容の目利きができないかぎり、書籍化の判断は難しいものです。さらには目利きができたとしても、読者がそれを求めるかどうかはまったくわかりません。

　実のところ、本書の原稿は2016年時点でほとんどできあがっていました。当時私は国内の出版社8社に企画の提案を行ったり、サンプル原稿を送ったりしたのですが、案の定、どこからも反応はありませんでした。しかしこのタイミングでディスカヴァー・トゥエンティワン社にあらためて着目いただき、このような書籍として生まれ出たことは感無量です。

　私は先ほど、コンセプチュアル思考が日本で発達を遂げる可能性があると書きました。しかし発達を阻害する要素もあります。それは日本人が、既存の枠内に収まっていない「特異なものを容易に排除する、または評価しようとしない（できない）傾向性です。ましてやその「特異なもの」が権威に依らない者から出されれば、なおさら評価しません。しかし外の世界の権威からいったん高い評価がつくやいなや容易に飛びつくことになります……。日本人は自国の中にある真にユニークなものの価値をたいてい海外からの評価で知ってきました。こうした傾向性は、独自の概念を起こすことを目的とするコンセプチュアル思考では障害となります。

　本書もまた1つの概念、1つの新規の思考ジャンルを提起するものです。知・情・意という大きな枠組みに紐づけた論考でもあります。既存枠の外から差し出された本書に対し、願わくは、読者の大きな視野・長い時間軸からの吟味をいただければと思います。そして末永くみなさまの脇に置いていただける一冊

になれば幸いです。

　最後になりましたが、この本の編集・制作に関わっていただいたすべての方に御礼申しあげます。特に、このかさばる原稿とややこしい図表類と格闘して整理いただいた編集者の牧野類さん、デザイナーの加藤賢策さん、小林祐司さん。そしてこのコロナ禍において、本の印刷、製本、流通、販売を担ってくださる方々。紙の本という現物を扱い、書店という現地に運び並べる仕事はリモートワークがききません。感染リスクの高い現場で働いてくださる人がいてこそ、この本は広がっていきます。深く感謝申しあげます。

　また、この「コンセプチュアル思考」という技法やその背景にある設計思想に共感支援いただいた仙石太郎さん（株式会社リワイヤード代表、一般社団法人知識創造プリンシプルコンソーシアム共同代表）。そして何と言っても、本書の上梓にあたって推薦文を寄せていただいた一橋大学名誉教授の野中郁次郎先生。お二方のエールは、新しい思考ジャンルを孤軍奮闘で開拓する私にとって強力な援軍となりました。ありがとうございました。

　この2年にわたるコロナ禍が1日も早く収束し、世の中の人びとが懸念無く、自在に「意の思考」を巡らせ、みずからの事業・キャリアをよりよく発展させていくことができることを願いつつ。

2022年春

村山 昇

参考文献

第1章

・梅原猛／福井謙一『哲学の創造』PHP研究所

・Robert L. Katz『Skills of an Effective Administrator』Harvard Business Review（1974年9月号）

・ダニエル・ピンク『ハイ・コンセプト――「新しいこと」を考え出す人の時代』大前研一訳、三笠書房

・一條和生／徳岡晃一郎／野中郁次郎『MBB：「思い」のマネジメント』東洋経済新報社

・『Eゲイト英和辞典』ベネッセコーポレーション

・松下幸之助『実践経営哲学』PHP研究所

・ホンダ広報誌『Honda Magazine』2010年夏号

第2章

・中西進『ひらがなでよめばわかる日本語』新潮文庫

・P.F.ドラッカー『ドラッカー名著集 13　マネジメント－課題、責任、実践－上』上田惇生訳、ダイヤモンド社

第3章

・ハワード・シュルツ／ドリー・ジョーンズ・ヤング『スターバックス成功物語』小幡照雄／大川修二訳、日経BP社

・ブライアン・サイモン『お望みなのは、コーヒーですか？－スターバックスからアメリカを知る－』宮田伊知郎訳、岩波書店

・九鬼周造『「いき」の構造』岩波文庫

・アルバート・エリス／ロバート・ハーパー『論理療法』國分康孝／伊藤順康訳、川島書店

・野中郁次郎／紺野登『知識創造の方法論』東洋経済新報社

・村山昇『キレの思考・コクの思考』東洋経済新報社

・M.E.ポーター『競争の戦略』土岐坤他訳、ダイヤモンド社

・J.B.ベンジャミン『コミュニケーション』西川一廉訳、二瓶社

・ベルクソン『物質と記憶』熊野純彦訳、岩波書店

第4章

・ルイス・マンフォード『現代文明を考える』生田勉／山下泉訳、講談社学術文庫

・『エピソードで読む松下幸之助』PHP総合研究所編著、PHP新書

・イヴォン・シュイナード『社員をサーフィンに行かせよう』森摂訳、東洋経済新報社

・モンテーニュ『エセー（二）』原二郎訳、ワイド版岩波文庫

・川端康成『川端康成全集〈第10巻〉』新潮社

・佐藤信夫『レトリック感覚』講談社学術文庫

・サミュエル・スマイルズ『自助論』竹内均訳、三笠書房
・プラトン『国家〈上・下〉』藤沢令夫訳、岩波文庫

第5章
・松居直『絵本のよろこび』NHK出版
・小関智弘『職人ことばの「技と粋」』東京書籍
・マキアヴェッリ『君主論』河島英昭訳、岩波文庫
・P.F.ドラッカー『ドラッカー名著集2 現代の経営』上田惇生訳、ダイヤモンド社
・遠藤功『新幹線お掃除の天使たち』あさ出版

第6章
・『天文学辞典』地人書館
・P.F.ドラッカー『ドラッカー名著集7 断絶の時代』上田惇生訳、ダイヤモンド社
・P.F.ドラッカー『ドラッカー名著集1 経営者の条件』上田惇生訳、ダイヤモンド社

第7章
・J.デューイ／G.H.ミード『デューイ＝ミード著作集〈10〉倫理学』河村望訳、人間の科学社
・小林秀雄『人生の鍛錬』新潮新書
・R.デブリーズ／L.コールバーグ『ピアジェ理論と幼児教育の実践〈上巻〉』加藤泰彦監訳、北大路書房
・チェスター・バーナード『経営者の役割』山本安次郎訳、ダイヤモンド社
・本田宗一郎『私の手が語る』グラフ社
・アルベルト・アインシュタイン『晩年に想う』中村誠太郎／南部陽一郎／市井三郎訳、講談社文庫

あとがき
・リチャード・ワーマン『情報選択の時代』松岡正剛訳、日本実業出版社
・ベルクソン『創造的進化』真方敬道訳、岩波書店

ダウンロード特典

本書のなかで紹介されているワークシートを
下記の二次元バーコードより
ダウンロードすることができます。

ユーザー名 ▶ discover2828

パスワード ▶ conceptual

https://d21.co.jp/special/conceptual

こちらのワークシートを使い、繰り返しワークを行ったり、
チーム・グループ内でのワークに活用したりすることで、
コンセプチュアル思考の理解や、
自らの思考の深堀りにつながります。

コンセプチュアル思考 物事の本質を見極め、解釈し、獲得する

発行日 | 2022年2月28日　第1刷

Author ──────── 村山 昇

Book Designer ──────── 加藤賢策（LABORATORIES）

Figure Designer/DTP ── 小林祐司　伊比優

Publication ──────── 株式会社ディスカヴァー・トゥエンティワン

〒102-0093 東京都千代田区平河町2-16-1 平河町森タワー11F

TEL 03-3237-8321（代表）03-3237-8345（営業）／ FAX 03-3237-8323

https://d21.co.jp/

Publisher ──────── 谷口奈緒美

Editor ──────── 千葉正幸　牧野類

Store Sales Company

安永智洋　伊東佑真　榊原僚　佐藤昌幸　古矢薫　青木翔平　青木涼馬　井筒浩　小田木もも　越智佳南子　小山怜那
川本寛子　佐竹祐哉　佐藤淳基　佐々木玲奈　副島杏南　高橋雛乃　滝口景太郎　竹内大貴　辰巳佳衣　津野主揮
野村美空　羽地夕夏　廣内悠理　松ノ下直輝　宮田有利子　山中麻吏　井澤徳子　石橋佐知子　伊藤香　葛目美枝子
鈴木洋子　畑野衣見　藤井多穂子　町田加奈子

EPublishing Company

三輪真也　小田孝文　飯田智樹　川島理　中島俊平　松原史与志　磯部隆　大崎双葉　岡本雄太郎　越野志絵良
斎藤悠人　庄司知世　中西花　西川なつか　野﨑竜海　野中保奈美　三角真穂　八木眸　高原未来子　中澤泰宏
伊藤由美　蛯原華恵　俵敬子

Product Company

大山聡子　大竹朝子　小関勝則　千葉正幸　原典宏　藤田浩芳　榎本明日香　倉田華　志摩麻衣　舘瑞恵　橋本莉奈
牧野類　三谷祐一　元木優子　安永姫菜　渡辺基志　小石亜季

Business Solution Company

蛯原昇　早水真吾　志摩晃司　野村美紀　林秀樹　南健一　村尾純司　藤井かおり

Corporate Design Group

塩川和真　森谷真一　大星多聞　堀部直人　井上竜之介　王廳　奥田千晶　佐藤サラ圭　杉田彰子　田中亜紀
福永友紀　山田諭志　池田望　石光まゆ子　齋藤朋子　福田章平　丸山香織　宮崎陽子　阿知波淳平　伊藤花笑
伊藤沙恵　岩城萌花　岩淵瞭　内堀瑞穂　遠藤文香　王玮祎　大野真里英　大場美範　小田日和　加藤沙葵　金子瑞実
河北美汐　吉川由莉　菊地美恵　工藤奈津子　黒野有花　小林雅治　坂上めぐみ　佐瀬遥香　鈴木あさひ　関紗也乃
高田彩菜　瀧山響子　田澤愛実　田中真悠　田山礼真　玉井里奈　鶴岡蒼生　道玄萌　富永啓　中島魁星　永田健太
夏山千穂　原千晶　平池輝　日吉理咲　星明里　峯岸美有

Proofreader ──────── 株式会社鷗来堂

Printing ──────── シナノ印刷株式会社